JN423907

벤처와
리더십

벤처와 리더십

초판 1쇄 발행　2020년 2월 28일

지 은 이　박기호
발 행 인　이철성
편 집 인　김현정
출 판 팀　기경흔
북디자인　Design86

펴 낸 곳　호서대학교 출판부
출판등록　제452-2011-000004호
주　　소　충남 천안시 동남구 호서대길 12
전　　화　041)560-8591
팩　　스　041)560-8593
이 메 일　presseditor@hoseo.edu

I S B N　978-89-98741-20-4 03320
값　12,000원

• 이 책은 저작권자와의 계약에 따라 발행한 것이므로 본사의 서면 허락 없이는 어떠한 형태나 수단으로도 이 책의 내용을 이용하지 못합니다.
• 잘못 만들어진 책은 구입하신 서점에서 바꾸어 드립니다.

들어가는 말

21세기, 4차산업혁명시대에 진정한 리더십은 있는 것일까?

상식이 통하지 않는 시대, 법치가 짓밟히고 있는 시대, 정상이 비정상이 되고,
비정상이 정상처럼 드레싱 되고 있는 시대….
이 시대를 가슴 아프게 목도하고 있다.

벤처와 리더십, 낯선 용어다. 그러나….
인간은 누구나 스스로에게 셀프리더가 되어야 하고, 원하든 원하지 않던 크고 작은 조직의 구성원으로서 또는 조직의 리더로서 살아가야 하는 것이 현실이다.

가정에서는 가장, 주부, 맏형, 맏언니의 입장에서 리더십을 발휘하면서 살아간다.
학교에서는 선배로서 후배들을 대상으로 리더십을 발휘해야 한다.
직장에서는 선배직원, 팀장, 임원, 사장으로서 리더의 역할을 감당해야 한다.
교회에서는 교사, 성가대장, 권사, 장로, 목사로서 리더십을 발휘해야 한다.
조기축구회에서는 회장으로서, 아파트 혹은 마을 주부모임에서 회장으로서,
동창회 모임의 회장으로서 리더십을 발휘해야 한다.

리더가 된다는 것. 과연 쉬운 일일까?
막상 닥치고 보면 막막하다.
여러분은 살아가면서 반드시 습득해야 할 리더십을 훈련해야 한다.

본 서를 통해서 독자가 세상을 살아가는 동안 리더로서 자신감 있고, 타인 혹은 조직으로부터 인정받으며, 자신의 존재가치를 느끼며 살아갈 수 있기를 기대한다.
그래서 임종하는 순간에 나는 부족하지만 후회 없이 살았다고 스스로에게, 그리고 하나님 앞에 겸허하게 고백할 수 있기를 기대해 본다.

2020년 1월 15일
아프지만 아파하고 있을 수만은 없는 시대적 고통을 보면서…
저자 박기호 씀

CONTENTS

PART II

조직을 리딩하라(조직 리더십)

5장 조직의 비전과 목표 달성을 위한 리더

6장 성공적 리더십과 인재관리

7장 소통이 리더십의 근간

8장 리더와 권한위임(empowerment)

PART I

자신을 리딩하라 (셀프 리더십)

우리는 때론 자신이 누구인지? 내가 어떤 사람인지? 내가 제대로 된 삶을 살고 있는 것인지에 대해 의문을 가지곤 한다. 그래서 나는 시간을 내어 여행을 한다. 혼자 떠나는 여행을 통해 나는 나 자신을 객관적으로 돌아보는 시간을 가진다….

1장
나는 누구인가?

목 차

학습목표

- 내가 누구인지를 돌아본다.
- 내가 좋아하는 것이 무엇인지를 생각해 본다.
- 내가 하고 싶은 일이 무엇인지 알아본다.
- 내가 미래에 가지고 싶은 직업은 무엇인지 생각해 본다.
- 나의 인생의 가치는 어디에 두고 있는가?
- 타인은 나를 어떻게 볼까?
- 나를 소개하는 글을 작성해보자.

1.1 나에게 나를 묻다

스티븐 코비의 저서 『The 7 Habits of Highly Effective People』은 국내에서는 『성공하는 사람들의 7가지 습관』이라는 제목으로 출판되었다. 본서는 개인이나 조직이 성장하기 위해 필요한 사항들에 대해 언급하고 있다. 스티븐 코비는 개인 혹은 조직이 실행해야 할 행동 수칙들을 목록화하여 '성공하는 7가지 습관'이라고 정의하였다. 사실은 원제목에 충실하게 번역하자면 '고도의 효과적 인간을 위한 7가지 습관' 즉 '효과성 높은 인간이 되기 위한 7가지 습관'이라는 의미가 더 정확하다는 생각이다. 암튼 이 책에는 이러한 습관들이 실생활에 왜 필요한지, 7가지 습관의 종류와 실천 방법 등에 대해 서술하고 있다.

[습관1]은 자신의 삶을 주도하라이다. 미래를 대비하는 자신의 인생에 대한 과정은 스스로 결정하고, 선택해야 한다. 성장하는 사람들은 자신이 할 수 없는 일에 집착하거나 외부의 힘에 반응하는 대신, 할 수 있는 일에 집중하며 자신의 선택과 결과에 책임을 지는 인간이어야 한다는 것이다.

[습관2]는 끝을 생각하며 시작하라이다. 자신의 삶의 방향성이 어디로 향하고 있는지 알기 위해서는 전반적인 인생목표를 포함해 최종목표를 정해야 한다는 것이다. 목표 혹은 목적이 없는 인생은 망망대해를 표류하는 돛단배와 같은 존재라 할 수 있다. 따라서 자신의 인생의 끝닿는 곳에서 자신의 비전을 명확하게 수립해야 한다는 것이다.

[습관3]은 일상 속에서 소중한 것을 먼저 하라이다. 긴급함이 아니라 중요성을 기반으로 업무 우선순위를 정하고 습관 2에서 정한 목표성취를 돕는 계획을 세워야 한

다. 수립한 계획을 기반으로 우선순위에 따라 업무를 수행해야 하는 것이다. 살다보면 긴급한 일을 위주로 처리하다 보면 정작 중요하고도, 필수적인 일을 놓치고 살아가는 자신의 모습을 보곤 한다. 따라서 당장 급한 일 보다는 장단기적 계획 하에서 중요한 일이 무엇인지를 구분하는 것이 중요하다.

[습관4]는 윈(win)-윈(win)을 생각하라이다. 협상의 원리는 승승전략을 도출해 내는 것이다. 즉 협상의 결과가 한쪽만의 일방적 승리로 결론이 난다면 이는 올바른 협상의 결과라고 볼 수 없다. 상호간에 도움이 되는 해결책을 추구해야 한다.

[습관5]는 먼저 이해하고 다음에 이해시켜라. 조직 내에서 상호 존중하는 환경을 조성하고 문제를 효과적으로 해결하기 위해서는 타인의 말을 경청하고 열린 자세를 가져야 한다. 이로써 상대도 같은 태도를 보이도록 유도할 수 있다.

[습관6]은 시너지를 내라이다. 혼자서 달성할 수 없는 목표를 이루기 위해 팀을 활용하거나 같은 의지를 가진 사람들과의 협력을 도모할 수 있어야 한다. 팀원들의 최대성과를 이끌어내기 위해 유의미한 실행계획과 팀의 목표를 설정하고, 이에 대한 공감대를 이루는 것이 중요하다.

[습관7]은 끊임없이 쇄신하라는 것이다. 장기적으로 성공하기 위해서는 체력관리와 봉사활동, 독서를 통해 몸과 마음, 영혼을 건강하게 유지하고 쇄신하므로써 성장을 위한 기본적인 태도를 만들 수 있는 것이다.[1)]

스티븐 코비는 성장하는 사람의 7가지 습관을 제시하였으나 이 같은 습관을 위해 노력하기 위해서는 가장 우선적으로 자신에 대한 이해가 선행되어야 한다. 따라서 나는 누구인가? 내가 하고 싶은 일은 어떤 것들이 있는가? 여행가고 싶은 나라는 어디인가? 내가 가장 좋아 하는 일은 무엇인가? 내가 가장 좋아하는 음식은 무엇인가? 등등에 대해 자신에게 조용히 물어볼 필요가 있다.

1) 스티븐코비, 성공하는 사람들의 7가지 습관(The 7 Habits of Highly Effective People)

활동지 양식 ①

- 스스로에 대한 새로운 사실을 깨닫기 위한 활동입니다.
- '자신에 대한 이해'를 위해 솔직하게 작성해 보세요.
- 작성한 내용은 수업종료 전에 제출해야 합니다.

[나는 누구인가?]

장점	내가 좋아는 책 종류
좋아하는 운동	취미

[하고 싶은 일]

여행을 가본 나라는?	가보고 싶은 나라는?
만나고 싶은 사람은?	좋아하는 음식은?
절친의 이름을 적어보세요.	내가 생명을 바쳐서라도 도와줄 수 있는 친구는 몇 명인가요?
내가 제일 행복을 느끼는 시간은?	좋아하는 동물, 곤충 혹은 식물은?

1.2 나의 직업관을 알아본다

(1) 직업에 대한 관점 혹은 자세

여러분은 직업관에 대해 생각해 본적이 있는가? 자신의 미래를 성장시키기 위한 직업관이 무엇인지 알아보자.

직업관이란 직업에 대해 가지고 있는 가치관이나 태도를 말하며, 개인의 진로 결정과 직업 생활에 많은 영향을 미친다. 직업은 종류에 따라 하는 일이 다르고, 같은 직업이라도 개인마다 부여하는 가치가 다르다. 직업을 단지 생계 수단으로 생각하느냐, 아니면 하늘이 내려 준 천직으로 생각하느냐에 따라 직업에 임하는 자세가 달라질 수 있다. 따라서 직업을 바라보는 관점을 어떻게 자신의 의식 세계 속에 자리매김하는가 하는 것이 매우 중요하다. 직업관은 관점에 따라 여러 가지로 나눌 수 있다. 첫 번째는 책임감이다. 책임 의식은 직업에 대한 사회적 역할과 책무를 충실히 수행하고, 책임을 다하는 자세를 말한다. 직업을 가진 다는 것의 의미는 단순한 돈벌이 수단이 아닌 자신이 맡은 일에 대해 책임감을 가지고 임해야 한다는 것이다. 두 번째는 봉사의 자세이다. 봉사 의식은 직업 활동을 통해 공동체에 대한 봉사 정신을 가지고 실천하는 자세이다. 자신이 맡은 일을 자신의 위치에서 자신의 능력을 최대한 발휘하므로써 자신의 발전은 물론이고 조직의 발전, 나아가서 국가의 발전과 인류의 발전에 이바지 할 수 있다는 관점으로 접근해야 한다. 세 번째는 직분 의식이다. 직분 의식은 자신의 직업이 사회나 기업, 다른 사람을 위해 중요한 역할을 하고 있다고 믿고, 자신의 활동을 수행하는 자세를 말한다. 봉사의 자세와는 달리 직분의식은 의무감과 사명감을 요구하는 직업관이라 할 수 있다.

네 번째 천직 의식은 자신의 직업이 자신의 능력과 적성에 꼭 맞는다고 여기며, 그 일에 열성을 가지고 성실히 임하는 자세를 말한다. 즉 타고 나면서부터 자신에게 주어진 직업이라고 생각하는 자세이다. 다섯 번째 소명(calling) 의식이다. 자신이 맡은 직업을 하늘의 부름을 받아 맡겨진 직업이라고 생각하고 최선을 다하는 자세를 말한다. 다시 말해 하늘이 내려준 직업이라고 생각하는 자세이다. 자신에게 내려진 하늘의 명령, 이를 직업관으로 가지는 사람이라면 직업을 단순하게 돈벌이 수단으로만 생각진 않을 것이다. 예를 들면 아프리카 오지나 밀림지역의 원주민들을 대상으로 선교를 위한 목적으로 하는 선교사의 경우는 철저한 소명의식아래 죽으면 죽으리라는 각오를 가지고 기꺼이 소명의식으로 길을 선택하는 경우이다.

여섯 번째는 전문가로서의 자세를 가지는 것이다. 전문가 의식은 자신이 속한 직업 분야의 전문 지식과 교육을 바탕으로 성실히 수행해야만 해낼 수 있다는 자부심을 가지고 직무에 임하는 자세를 말한다. 특정분야의 전문가로서의 실력을 연마하고, 관련분야에서의 많은 경험을 터득하므로써 전문가로서의 면모를 발휘하는 자세이다.

(2) 바람직한 직업관의 기준

바람직한 직업관이라 함은 천직 의식과 소명 의식, 직무에 대한 성실성, 전문가 정신과 창조성, 책임 의식과 협동성 등을 지니는 것으로, 이러한 직업관을 지닐 때 미래사회의 변화에 성공적으로 대처할 수 있다. 따라서 직업이 개인에게 행복한 삶의 수단이 되기 위해서는 직업을 통해 사회에 봉사하려는 건전한 직업관을 가져야 한다.

이상적인 직업관은 자기중심적 직업관, 조직 혹은 사회 중심적 직업관, 그리고 업무중심의 직업관 등의 세 가지 직업관이 적절히 조화되는 것이 바람직한 직업관이라 할 수 있다. 자기중심적 직업관이란 직업을 생계유지를 위한 활동과 출세를 위한 수단으로 보는 입장이며. 가장 세속적인 직업관으로 직업을 오로지 개인의 의식주 수단이나 사회적 지위나 명예를 얻기 위한 수단으로만 생각하는 이기주의적 직업관이라 할 수 있다. 조직 및 사회 중심적 직업관은 직업을 단순히 자기 자신이나 가족의 이익을 위하는 것으로 생각하지 않고 사회나 국가를 위하여 봉사하는 것, 봉사지향의 직업관으로 볼 수 있다. 오늘날 우리 사회가 지나치게 이기적으로 변하고 있기 때문에 이와 같은 직업관이 어느 때보다 필요하다고 할 수 있다. 마지막으로 업무중심의 직업관은 직업을 자아실현의 과정으로 이해하는 관점이며. 직업을 무엇을 얻기 위한 수단으로 평가하지 않고 일 자체를 목적으로 생각하는 것이다. 자기가 가지고 있는 재능을 일을 통하여 마음껏 발휘하고 그 자체를 즐기기 위하여 직업을 선택하는 경우라고 할 수 있다.

그리고 직업에 관한 소명 의식과 성실성, 전문성과 창의성, 협동성과 책임의식을 지니는 것이 바람직한 직업관이다. 또한 급변하는 지식·정보화 사회에서는 일을 수행하기 위해 필요한 것이라면 무엇이든지 하는 프로의식을 가진 직업관이 바람직하다 할 수 있다. 반면 바람직하지 못한 직업관이란 직업을 제도나 신분에 의해서 세습되거나 결정 지워지는 것으로 생각하는 직업관, 혹은 직업을 부의 축적이나 권력획득 또는 신분 상승의 수단으로만 생각하는 직업관, 직업을 생계유지를 위한 활동과 출세를 위한 수단으로 보는 직업관 등이 이에 해당한다.

(3) 직업탐색

자신에게 적합한 직업을 선택하기 위해서는 자신의 적성과 능력에 맞는 직업을 선택해야 한다. 무엇보다도 원하는 직업의 특성과 정확한 정보를 얻는 것이 중요하다. 직업을 탐색할 때에는 각종 행사 참여, 다양한 매체 활용, 면담 및 상담, 현장 체험, 인터넷 활용과 같은 방법 등을 활용할 수 있다. 바람직한 직업의식을 갖기 위해 보장되어야 할 사회적 여건이라면 직업 선택의 자유가 보장되어야 한다. 모든 사람은 선택한 직업에서 성실히 노력해야 하며, 성실히 노력한 사람은 직업의 종류나 학력에 관계없이 노력한 만큼 정당한 대가가 주어져야 한다. 취업의 기회는 모든 사람에게 공평하게 주어져야 하며, 개인은 적성, 흥미, 능력, 성격 등에 따라 직업을 선택해야 한다. 모든 사람이 직업을 생계유지의 수단뿐 아니라 사회적인 역할 분담 및 봉사, 자아실현의 수단으로 생각하도록 사회적인 풍토가 조성되어야 한다.

직업선택에서 무엇보다 중요한 것은 자신의 꿈, 진로, 관심사 등에 관련하여 자신이 존경하고 닮고 싶은 사람을 발굴하고, 그 분들을 멘토로 생각하며, 그들을 닮아가도록 노력하는 것이다. 청소년은 부모, 교사, 친구 등을 비롯해 대중매체, 책 등에 등장하는 훌륭한 유명인, 연예인, 역사적 위인 등을 보며 꿈을 키워나가는 것이다.[2)]

---

2) 티칭백과

활동지 양식 ❷ 나의 직업을 탐색하다.

[나의 직업에 대하여….]

직업으로서 하고 싶은 일(희망 직업분야)	사회에 기여하거나 타인에게 도움여부는?

- 위의 4개 직업중 3개를 제외하고 하나만 선택한다면 어떤 직업을 선택할 건가요?

- 그렇게 선택한 이유는 무엇인가요?

- 여러분은 왜 직업을 가져야 하는지 생각을 적어보세요.

1.3 내가 가치 있다고 생각하는 일은?

가치관이라 함은 가치에 대한 관점을 말한다. 가치 의식이라고도 한다. 가치관은 사회적 사고양식과 일상생활 속에서의 의식의 결합 속에서 형성되며, 그 개념은 두 가지의 측면을 내포한다고 볼 수 있다. 첫째는 그것은 어떠한 행위가 옳고 어떠한 행위가 틀린 것이냐 하는 도덕적 판단의 기준이다. 둘째는 어떠한 상태가 행복하고, 어떠한 상태가 불행한가를 판단하는 가치관이다. 양자는 서로 함께 생활이나 행동을 판가름하는 기준이 된다고 볼 수 있다.

최근에는 사회적으로 많은 이슈들에 대한 선악 혹은 참과 거짓에 대한 판단에 대하여 혼란이 빚어지고 있다. 소위 상식적인 선에서 판단되는 일들이 상식적이지 않게 결정되거나 판단되어 짐으로써 혼란의 근원이 되고 있다. 점점 우리사회가 상식보다는 법적 판단에 의존하는 경우가 많아지는 현상이 과연 바람직한 사회현상인지에 대해서는 토론의 여지가 있다고 본다. 인간은 나름의 가치관을 가지고, 판단할 수 있는 능력이 있으며, 상식이 무시되는 사회는 정상적인 사회라고 하기는 어려울 것이다. 물론 상식적으로 판단이 어려운 애매모호한 이슈에 대해서는 입장을 달리할 수는 있다. 이 같은 경우에는 좋고 나쁜 것을 확실하게 가릴 수 있는 권위 있는 존재는 찾을 수 없다. 이러한 상황 속에서 사람들은 다만 '나'의 행복이라는 측면에서만 생활의 기준을 찾게 된다. 그러나 사회와의 결합관계를 잃은 가운데서 구하는 이 기준은 불안정한 것이고, 그만큼 한편에서는 사람들을 불안으로 몰고 가는 원인이 되기도 한다.[3]

인생가치관은 인생이라는 여정 속에서 자신이 가치 있다고 생각하는 것이 무엇인지? 그 가치를 지키거나 유지하기 위해서 나는 어떤 자세를 가지고 살아야 하나? 하는 것이 삶을 살아가는 태도 형성에 중요한 요인이 될 수 있다.

3) 글로벌 세계 대백과

활동지 양식 ❸ 가치 있는 인생이란?

- 가치 있는 인생이란?
- 가치 있는 인생을 살다간 사람들을 살펴봅시다.
- 나는 인생을 살아가면서 무엇에 가치를 두고 살고 있는지 생각해 봅시다.
- 어떤 가치가 나를 이끄는가?(양식2).[4)]

- 여러분이 의사결정을 하는데 어떤 가치를 중요시 하는지 10개를 선택해 보도록 합시다.
- 핵심가치관은 무슨 일을 결정할 때 가장 중요하다고 생각하는 가치관을 말합니다.
- 매일 매일의 삶속에서 어떤 일을 하든지 결정의 가치가 되는 항목을 나열하세요.

[의사결정의 핵심가치]

중요도 순위	핵심가치 항목

1) 앞서 나열한 5개의 가치를 중요도 순위를 매겨 보세요.
2) 5가지의 가치중 덜 중요하다고 생각되는 가치를 차례로 지워 봅시다. 가장 중요한 가치 한 개만 남겨 둡니다.

- 남아있는 가장 중요한 가치는 무엇인가요?

- 그 가치가 내게 중요한 이유는 무엇인가요?

4) 출처: 본 양식은 한국청년기업가정신세터의 새로운 모색과 창조를 수정, 보완하였습니다.

1.4 나의 진정한 관심사는 무엇일까?

- 나의 관심사는 무엇인지 생각해 봅시다.
- 어릴 적부터 자신이 주로 관심을 가졌던 물건 혹은 일(분야)은 무엇이었나요?
- 장래 자신이 하고 싶은 일 혹은 전문가가 되고 싶은 분야는 어떤 것인가요?

활동지 양식 ④ 나의 진정한 관심사는?

- 여러분의 관심사를 최소한 5개 이상 적어 보도록 합시다.
- 관심사에 대해 흥미를 느끼게 된 원인이 무엇인지 생각해 보세요.

관심분야	관심을 가진 이유	관심사 최근활동	직업희망 여부

1.5 타인이 바라보는 나는 어떤 사람일까?

- 내가 보는 나의 좋은 점과 나쁜 점은 무엇이 있나요?
- 타인이 보는 나의 좋은 점과 나쁜 점은 무엇이 있을까요?
- 타인이 보는 나의 좋은 점과 나쁜 점에 대한 본인의 생각과는 어떤 차이가 있는지 생각해 봅시다.

활동지 양식 5 타인의 눈을 통해 나를 본다.

- 타인의 눈에 현재의 내 모습이 어떻게 보여 지고 있는 지를 알아보세요.
- 친구 혹은 지인에게 나의 장점(좋은 점)과 단점(개선해야 할 점)을 적어 달라고 하세요.
- 주위 친구들이 나를 바라보는 것과 내가 나 자신을 바라보는 것과의 차이점을 적어 보세요.

[타인의 눈에 비치는 나의 모습]

구분	번호	친구(지인)가 바라보는 나	내가 생각하는 나와의 차이점
장점 (좋은 점)	1		
	2		
단점 (개선할 점)	1		
	2		

1.6 나를 소개하는 글을 작성해보자

자기소개서는 인사담당자가 지원자의 성격과 태도, 회사에 대한 지원동기와 직무역량 등의 정보를 얻기 위해 활용하는 서류이다.

지원하는 기업이 자신을 채용하도록 설득하기 위해서는 지원 직무를 분석하여 직무에 맞는 지식과 역량, 경험을 구체적 사례를 스토리텔링(story telling) 형식으로 제시할 때 효과가 클 수 있다.

[자기소개서 작성 시 유의사항]

구분	유의사항
진정성 있게 작성	• 억지로 부풀린 내용이 없어야 하며, 설득력 있게 작성
직무를 먼저 이해	• 자신이 지원하는 직무에 대한 확실한 이해가 바탕
인사담당자 입장고려	• 자기소개서를 보며 흥미나 호감을 느끼도록 하는 경우 면접장에서 직접 확인 • 읽는 이의 입장을 고려하여 읽기 편하게, 요점을 명확하게 강조하여 작성
주어진 항목에 적합한 답변	• 기업이 알고 싶어 하는 성향, 역량을 제시하고 그에 맞는 적절한 답변을 해야 함.
자기소개서는 면접의 근거자료	• 면접관은 자기소개서를 바탕으로 질문 • 부풀리고 거짓된 내용은 발각될 가능성이 다분하므로 진실만을 써야 함.
나만의 이야기	• 타 지원자와의 차별화를 위해 나만의 스토리를 작성하는 스토리텔링이 중요 • 자신이 업무를 수행할 준비가 되어 있음을 보여줘야 함.

활동지 양식 ❻ 자기 자신을 소개하는 글을 작성해 보자.

● 제시된 항목들에 대하여 자기소개서를 작성해봅시다.

● 자신이 원하는 회사의 원하는 부서를 가상하여 작성하거나, 원하는 회사가 없을 경우 11번가의 마케팅팀에 입사지원서를 제출하는 것을 가정하시오.

작성항목	작성내용
자신의 성장과정	
본인 성격의 장단점	
직무경험 및 경력	
지원동기	
입사 후 포부	

생각해 보는 코너

자신을 이길 수 있는 유일한 수단은 자신이다.

천사는 날기 위해 다리가 필요하지 않다.

- 스탄 데일

폴란드의 바르샤바를 여행할 기회가 있었다. 나는 여행 가이드에게 사람들을 만나고 싶다고 말했다. "성당이나 박물관은 이제 그만 갑시다. 우린 사람들을 만나보고 싶어요. 그러자 가이드는 충격을 받은 듯했다. 이름이 로버트인 그는 우리에게 말했다. "날 놀리시는군요. 당신들은 미국인이 아닌 게 틀림없어요. 아마 캐나다인일 거예요. 절대로 미국인은 아녜요. 미국인은 사람들을 만나고 싶어 하지 않아요. 우린 미국 텔레비전의 여러 방송을 보고 있는데, 미국인은 사람들에게 관심이 없어요. 그러니 어서 진실을 말하세요. 당신들은 캐나다에서 왔거나 아니면 영국인들이죠.

그는 농담을 하고 있는 게 아니었다. 매우 진지했다. 그러나 그의 말이 사실이지 않은가! 미국의 영화와 텔레비전의 여러 프로그램에 대해 서로들 얘기를 나눈 끝에 마침내 우리는 그것이 사실임을 인정했다. 그러나 그런 미국인들이 많은 반면에 그렇지 않은 미국인도 많으니까 어서 우리에게 사람들을 만날 수 있게 해 달라고 로버트를 설득시켰다. 결국 우리의 요청이 받아들여졌다. 로버트는 우리를 회복기의 환자들을 수용하는 병원으로 데려갔다. 그 병원은 나이든 여성들을 수용하는 곳으로 최고령의 환자가 백 살이 넘은 할머니였다. 그녀는 들리는 바에 의하면 전에 러시아 제국의 공주였다. 그녀는 우리에게 여러 나라의 언어로 시를 암송해 주었다. 이따금 정신이 흐려질 때도 있었지만, 그럼에도 불구하고 그녀의 우아함과 매력은 여전히 빛을 발하고 있었다. 그녀는 우리가 떠나는 걸 원치 않았다. 하지만 우린 떠나야만 했다. 간호사, 의사, 수행원, 병원 관리자들과 함께 우리는 그 병원에 수용된 85명의 여성들 모두와 웃고 포옹을 하고 손을 잡았다. 어떤 여성들은 나를 '아저씨' 라고 부르며 자기 손을 잡아 달라고 까지 했다.

자신을 이길 수 있는 유일한 수단은 자신이다

나는 기꺼이 그렇게 했다. 시든 육체 속에서 빛나는 그들 영혼의 아름다움을 보고 나는 눈물을 흘리지 않을 수 없었다. 그러나 그 여행의 가장 큰 충격은 마지막 그 병원의 한 환자를 만난 것이었다. 그녀는 병원에서 가장 젊은 여성이었다. 올가라는 이름을 가진 여성으로, 올해 58세였다. 지난 8년간 그녀는 침대 밖으로 나오길 거부하며 그녀의 병실에 홀로 앉아 있었다. 그녀의 사랑하는 남편이 죽었기 때문에 그녀는 더 이상 살기를 원치 않았다. 한때 병원 의사였던 이 여성은 8년 전 달리는 열차에 몸을 던져 자살을 시도했다. 열차는 그녀의 목숨 대신에 두 다리를 앗아갔다.

상실감으로 인해 수많은 고통의 문들을 지나온 이 가슴 아픈 여성을 보는 순간 나는 큰 슬픔과 연민이 느껴져 나도 모르게 그녀 앞에 무릎을 꿇었다. 그리고 뭉툭하게 잘려진 그녀의 다리에 입을 맞추었다. 마치 나 자신보다 더 큰 어떤 힘이 나를 압도하고 있는 듯했다. 나는 그녀의 뭉툭한 다리를 어루만지며 영어로 말을 했다. 사실 나중에야 나는 그녀가 내 말을 이해한다는 걸 알았을 뿐이다. 하지만 그건 아무래도 상관없는 일이었다. 내가 무슨 말을 했는지 나 자신도 거의 기억할 수 없었으니까.

나는 그녀의 고통과 상처에 대한 내 느낌을 말했다. 그리고 그녀가 자신의 경험을 바탕으로 머지않아 전보다 더 큰 자비심과 사랑의 감정을 갖고 환자들을 치료할 수 있게 되리라고 말했다. 사회주의 국가에서 해방돼 큰 변혁기에 처한 그녀의 조국 폴란드는 어느 때보다도 더 그녀를 필요로 하고 있었다, 파괴되고 황폐해진 그녀의 조국이 이제 다시 소생하고 있듯이 그녀 역시 과거의 상처로부터 소생해야만 했다.

나는 그녀를 보는 순간 부상당한 천사가 생각났으며, 그리스어로 천사는 앙겔로스 angeles인데 그 뜻은 '사랑을 전하는 자, 신의 심부름꾼 이라는 뜻이라고 그녀에게 말해주었다. 그리고 천사는 하늘을 나는 데 다리가 필요하지 않다는 점을 그녀에게 상기시켰다. 15분쯤 지나자 병실 안에 있던 모든 이들이 연민의 감정에 떠밀려 흐느껴 울기 시작했다. 나는 올가를 올려다보았다. 그 순간 올가의 얼굴이 빛나기 시작했다. 그녀는 당장 휠체어를 갖다 달라고 간호사에게 말했다. 그리고 8년 만에 처음으로 침대에서 내려오기 시작했다.

출처: 마음을 열어주는 101가지 이야기, 잭 캔필드/마크 빅터한센

? 지금까지 여러분들이 겼었던 가장 힘들었던 일이나 고통스러웠던 일이 있었다면 적어보고, 극복을 위해 어떤 노력을 해 보았는지 아래에 적어 봅시다.

2장
리더십이란 무엇이며, 왜 배워야 할까?

목 차

학습목표

- 리더십의 정의를 학습한다.
- 리더십에 대한 오해를 풀어본다.
- 리더의 역할에 대하여 학습한다.
- 리더십의 구성요소에 대해 학습한다.
- 팀원들에게 동기부여를 하는 방법을 이해한다.
- 리더의 자기학습 6단계에 대해 학습한다.

2.1 리더십이란?

리더십(leadership)은 공동의 목적을 달성하기 위해서 구성원들의 지지와 도움을 기반으로 올바르게 이끌어 가는 사회적 영향 과정이다.[5] 라고도 정의할 수 있다. 즉 조직의 목적을 달성하기 위해서 구성원을 일정한 방향으로 이끌어 성과를 창출하도록 인도하는 능력이다. 앨런 케이스(Alan Keith)는 "리더십은 궁극적으로 조직의 목표를 수립하고 이를 달성하도록 사람들의 힘을 결집하고, 방향성을 제시할 수 있는 능력이다."라고 정의하였다.

리더십은 조직 운영을 위해 매우 중요하며, 상황별로 다르게 정의된다. 일반적으로 리더십은 조직의 문제점을 개선하고 조직이 환경 변화에 적응하게 하며, 구성원에게 동기를 부여한다. 일찍이 마키아벨리는 리더가 성공하려면 능력을 반드시 갖춰야 한다고 주장했다. 그래야 리더가 기회를 인식하고 포착할 수 있으며 상대보다 생각이 앞서고 그들과 하는 싸움에서 승리할 수 있다고 설명한다. 아무리 주도면밀하게 계획을 수립할 지라도 예기치 못한 상황을 만날 경우 조직의 위기가 올 수 있다. 그러나 유능한 리더는 위기를 기회로 인식하고 경쟁자보다 더 빨리 반응하여 새로운 기회를 모색할 수 있어야 한다고 마키아벨리는 주장하였다. 앤 마리(Ann Marie E. McSwain)는 "리더의 능력이란 경청하고, 관찰하는 능력을 말하는데 의사결정을 위하여 소통에 힘을 쏟고, 구성원들의 의견을 반영하여 의사결정시 투명성과 명확한 절차를 통해 목표를 제시하되 강요하지 않아야 한다. 리더십은 환경을 대상으로 한 것이지, 예정된 것에 반응하고 문제를 인식하고 변화 관리가 아닌 실질에 부합하게 개선하려는 변화를 제안하는 것만은 아니다."라고 주장하였다. 리더십을 연구하는 학자 버나드 배스(Bernadrd Bass)는 "리더란 책임과 목표를 완수하려는 강한 동기

5) Chemers, M. M. (2002). Meta-cognitive, social, and emotional intelligence of transformational leadership: Efficacy and Effectiveness. In R. E. Riggio, S. E. Murphy, F. J. Pirozzolo (Eds.), Multiple Intelligences and Leadership.

와 열정, 인내와 문제를 해결하려는 모험심, 창의성, 자신감, 결과를 대상으로 한 승복, 스트레스, 절망, 구성원을 대상으로 하는 인내를 감수해야 하는 특징을 보인다." 라고 주장하였다.[6)]

급변하는 환경에서 요구되는 리더의 역량을 여러 가지 측면에서 제시할 수 있다. 조직의 리더가 가져야 할 능력으로 미래의 변화의 추이를 내다보는 선견지명력 및 통찰력, 변화의 물결을 조직의 전통과 문화에 자연스럽게 녹아들게 하는 능력, 출현 가능한 새로운 발명품이나 글로벌 환경의 트렌드를 볼 수 있는 세계관, 전체를 보는 눈과 부분을 아우르는 시각, 경쟁자들과 다른 당사자들의 여러 반응을 이해하는 주변을 잘 파악하는 능력, 환경 변화에 능동적으로 대처하고 지속으로 재검토하고 수정 보완하는 능력 등이 요구된다.

비행조종사의 리더십[7)]

선장의 리더십[8)]

6) 제임스 맥그리거 번스.《역사를 바꾸는 리더십》
7) https://t1.daumcdn.net/cfile/tistory/2212254055DAA/4417
8) http://www.donga.com/news/article/all/20181102/92696031/1

2.2 리더십에 대한 오해풀기

[오해 1] 리더는 타고 날 때부터 결정된다.

리더는 타고 나는 것이 아니다. 리더는 태어날 때부터 결정되는 것이 아니라 후천적인 노력에 의해 결정되는 경우가 훨씬 더 많다. 물론 선천적이거나 집안의 이력에 따라 태어나면서부터 리더의 위치가 결정되는 경우도 있을 수는 있으나 많은 경우는 훈련되어 지는 것이다. 대기업의 2세 혹은 왕정시대의 세자 등의 경우는 리더의 위치를 타고 나는 경우도 있다. 그러나 많은 수의 리더는 교육과 훈련과정을 통하여 양성되어 진다.

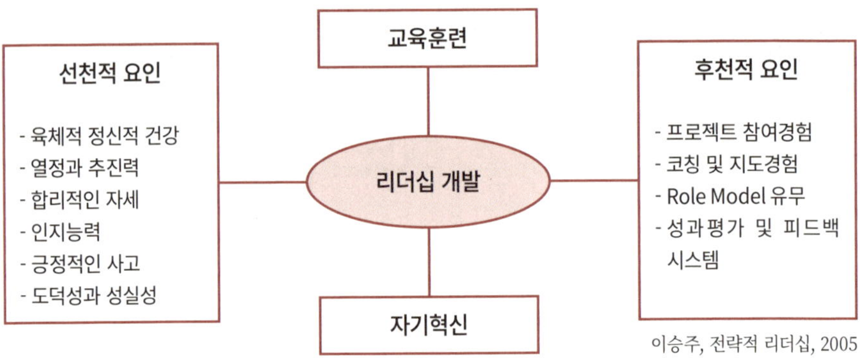

이승주, 전략적 리더십, 2005

리더십을 만드는 선천적, 후천적 요인

[오해 2] 카리스마가 있어야만 리더가 될 수 있다.

물론 카리스마적 성격이 리더십에 영향을 전혀 주지 않는다고 할 수는 없다. 그러나 카리스마적 성격이 리더십 발휘를 위해 꼭 필요한 것은 아니다. 즉 카리스마적 성격이 필요조건일 수는 있으나 충분조건은 아니라는 것이다. 지식정보화시대에서 리더는 추종자들과 원활한 의사소통을 잘 하고, 휴먼네트워크를 원만하게 형성하는 것이 중요하다. 서번트리더십의 정신이 관심을 끌고 있는 이유이다.

[오해 3] 리더십은 조직 내에서 최고위층에만 해당하는 것이다.

리더라고 해서 조직의 최고위층만을 의미하는 것은 아니다. 리더는 말단 직원부터 중간관리자, 그리고 최고위층 직위에 이르기까지 리더로서의 역할이 가능하다. 대리는 후배직원들의 리더, 과장은 소속과 구성원들의 리더, 팀장은 팀원들을 대상으로 리더로서, 그리고 기업의 대표이사는 회사 임원진 혹은 전 직원을 대상으로 리더십을 발휘할 수 있는 것이다.

[오해 4] 리더십이란 상식적인 수준의 개념이다.

리더십은 100년 이상의 오랜 기간 동안 많은 연구가 진행되어 왔다. 물론 리더십 관련 내용들이 비상식적일 수는 없다. 매우 상식적이긴 하나 이론적으로 사례연구들이 많으며, 리더십에 대해서는 많은 전문적인 이론과 지식들이 제시되어 있다. 이 같은 이론과 지식을 바탕으로 미래 리더가 되기를 원하는 사람들은 노력과 학습을 기울여야 할 것이다.

[오해 5] 리더십 발휘 유형은 어떠한 환경에서도 변하지 않아야 한다.

올바른 리더십은 환경변화에 매우 유연하여야 한다. 즉 급변하는 환경변화에서는 리더십의 발휘유형도 변화의 상황에 적합한 리더십이 발휘되어야 한다. 카멜레온은 색깔의 변화에 매우 민감한 동물이다. 카멜레온의 몸 색깔은 주변 환경의 색깔변화에 매우 빠르게 적응한다. 따라서 리더십이란 환경변화에 매우 유연하고도 신속하게 적용되어야 하며 따라서 리더십의 유형을 지속적으로 변화하여야 한다.

[오해 6] 리더는 모름지기 실수하면 안 된다.

조직의 구성원들은 사람들이다. 사람이란 불완전한 존재이므로 언제든지 실수할 수 있고, 실패할 수도 있는 것이다. 리더 역시 완벽할 수가 없다. 따라서 리더 역시 실수할 수도 있고, 실패할 수도 있다. 구성원들은 리더 역시 실수할 가능성이 있음을 인지해야 한다. 따라서 리더와 추종자들이 상호보완적인 역할을 수행하면서 상호 협력관계를 끊임없이 이루어 가야 한다. 실수로부터 새로운 것을 학습하고, 개선된 방향으로 나아가야 한다.

[오해 7] 리더는 개인적인 일을 절대 추종자들에게 표현하면 안 된다.

리더는 추종자들과의 운명공동체라고 할 수 있다. 다시 말해서 기쁜 일은 같이 기뻐하고, 슬픈 일은 그 슬픔을 같이 나눌 수 있어야 한다. 이것은 공과 사의 구분을 하지 말라는 의미는 아니다. 리더 역시 사람이기 때문에 고민과 염려가 없을 수 없다. 사적인 일이라 하더라도 이를 서로 위로하고 조언을 아끼지 않을 때 팀워크는 더욱더 단단하게 형성될 수 있다. 따라서 개인적인 일이라 하더라도 고통을 나눈다는 생각으로 서로 나누어야 한다.

[오해 8] 리더는 추종자들과는 특별히 구별되는 존재이다.

누구나 리더가 될 수 있다. 리더는 특별한 사람은 아니다. 훈련된 사람일 뿐이다. 따라서 리더는 추종자들에 대해서 탁월한 초능력을 가진 사람은 아니다. 따라서 리더는 추종자들에 비해 특별히 구별되는 존재는 아니라는 것이다. 물론 역할의 차이, 훈련받고, 경험이 많고 적음의 차이는 있을 수 있으나 특별한 존재는 아니라는 의미이다. 결론적으로 누구나 교육, 훈련을 통해 리더가 될 수 있고, 노력여하에 따라서는 탁월한 리더가 될 수도 있는 것이다.

[오해 9] 나는 리더십이 없어서 리더가 될 수 없다.

오해1에서도 언급하였듯이 리더는 타고 나는 것이 아니다. 따라서 리더십이란 훈련과정을 통하여 만들어 지는 것이다. 물론 사람에 따라 성향차이가 있기 때문에 리더십의 스타일이나 유형이 달라 질 수는 있다. 그러나 누구나 노력여하에 따라 리더가 될 수 있으며, 사회적 활동이 많아지고, 리더십 역량은 어디든 필요한 능력이라 할 수 있다.

[오해 10] 리더에게는 절대적으로 순종해야 한다.

조직의 리더는 조직을 이끌어 가야 한다. 따라서 일정 부분 추종자들이 리더의 의중을 따라 주고, 후원해 주는 것이 중요하다. 그러나 리더 역시 사람이기 때문에 리더의 의견이 전적으로 옳다고 할 수는 없다. 따라서 리더가 판단을 잘 못하거나 올바르지 않는 의사결정을 하는 경우 추종자들은 자신들의 소신을 리더에게 표현할 수 있어야 한다. 반면 리더는 추종자들의 의견을 경청하고, 자신을 돌아 볼 수 있는 자세를 가져야 한다.

[오해 11] 리더는 고독해 하거나 외로움을 느끼면 안 된다.

조직의 구성단위 혹은 조직 전체를 이끌어 가는 리더들은 어쩌면 고독한 역할을 감당해야 할 경우도 있을 것이다. 예컨대 기업을 이끄는 CEO의 경우 월급날이 다가오면 직원들의 월급을 지급해야 한다. 그러나 회사 사정이 좋지 않을 경우에는 이를 해결하기 위해 남모르는 고통의 시간들을 감내해야 할 경우도 빈번하다. 팀을 이끄는 팀장들의 경우는 팀원들과 경영진의 중간관리자로서 역할을 감당하는 과정에서 팀원들에게 말 못할 사안들을 가지고 고민해야 할 경우도 있으므로 고독하거나 외로움을 느낄 수도 있다.

2.3 리더의 역할과 리더십의 구성요소

1 리더십의 구성요소

리더십을 올바르게 발휘하기 위해서는 여러 가지 요소가 구성되어야 한다.

첫 번째는 추종자 즉 팔로워(follower)들이다. 리더십은 추종자들이 있어야 올바르게 발휘될 수 있다. 추종자들의 많고 적음은 문제가 되지 않으나 추종자들이 아예 없다면 리더십의 발휘는 불가능 하다. 물론 셀프리더십의 경우는 자신에 대한 관리이므로 다른 차원이라 할 수 있다.

두 번째는 책임감(responsibility)이 있어야 한다. 리더십은 단순한 권한, 지위, 계급, 특권이 아니라 책임이다. 리더는 의사결정의 주도권을 쥐고 있는 동시에 자신이 내린 결정이나 선택에 대해 무한 책임을 져야 한다.

세 번째는 인센티브이다. 리더는 조직 내 구성원들에게 꿈과 비전, 조직이 달성해야 할 미래 목표를 제시하고, 그들이 목표달성을 위해 최선을 다하도록 인센티브를 제공할 수 있는 능력이 있어야 한다. 성과에 대해 적절한 보상이 따라 주지 않을 경우 리더십에 힘을 싣지 못할 수도 있다.

네 번째는 경영성과이다. 리더의 능력은 최종적으로 성과에 의해 평가를 받는다. 아무리 뛰어난 리더라 할지라도 성과를 내지 못하는 리더는 좋은 평가를 받지 못하게 되는 것이다.

다섯 번째는 시대적 요구에 잘 적응할 수 있어야 한다. 4차 산업혁명 시대가 도래하면서 리더는 산업화 사회의 리더십 스타일을 탈피하여 정보화 사회에 걸맞은 리더십을 발휘해야 한다. 최근에는 사회 전반적으로 젊은 리더를 요구하는 시대가 되었다. 그 이유는 새로운 사회 환경 변화에 능동적으로 적응할 수 있는 리더가 필요하다는 의미이고, 유연한 사고와 신속한 의사결정을 필요로 하는 시대이기 때문이다.

2 리더의 역할

조직을 이끄는 리더의 역할은 조직의 특징과 시대적 변화에 따라 여러 가지로 구분할 수 있다.

1) 목표설정자로서의 역할

리더는 조직 외적으로는 조직의 대표자이고, 조직 내적으로는 조직의 미래 비전을 설계하는 역할을 충실하게 수행해야 한다. 조직이 나아가야할 미래상 즉 비전과 목표를 수립하고, 이를 달성하기 위한 실행계획을 수립하고, 실행성과를 모니터하는 역할을 충실하게 해야 한다.

2) 코디네이터의 역할

리더는 조직의 대표자로서 내외적으로 조직의 현안문제를 합리적으로 해결하기 위하여 업무조정 및 조직 내 갈등 문제를 치유하고 조정하는 역할을 수행한다. 즉 리더는 조직의 문제 혹은 조직을 둘러싸고 있는 각종 문제들을 조정하고, 해결하기 위한 방안을 마련하여야 한다. 이를 통하여 조직 구성원들의 다양한 욕구와 의견을 수렴하고 조직 전체를 하나로 결집하는 코디네이터의 역할을 해야 한다.

3) 멘토로서의 역할

리더는 조직의 멘토로서 역할을 해야 한다. 전문성과 대표성을 가진 리더는 조직 내 구성원들이 가지고 있는 현안들을 경청하고 이에 대한 해결점을 모색하거나 발전적 의견을 도출할 수 있도록 도와주고 조언을 해야 한다. 리더가 성공적인 멘토로서의 역할을 할 수 있기 위해서는 스스로 끊임없이 배우고, 생각하며, 노력하는 자세가 지속적으로 유지 되어야 한다. 그리하여 조직 구성원들이 리더를 존경하고, 배울 점이 많은 사람이라는 인식이 형성되도록 모범을 보이는 것이 중요하다.

4) 내부혁신의 매니저

리더는 내부 혁신을 선도하고, 이를 관리, 지원하는 매니저의 역할을 해야 한다. 조직의 내부 혁신은 급변하는 기업환경에서 지속적으로 진행되어야 할 과제이다. 고인 물은 썩을 것이고, 어항의 물고기를 잘 살도록 하는 길은 어항의 물을 정기적으로 신선한 물로 갈아주어야 한다. 조직 역시 끊임없이 혁신하려는 자세가 필요하다. 그러나 혁신은 쉬운 일이 아니다, 조직 최고 리더 혼자서 아무리 혁신을 외치더라도 실현 가능성이 약하다. 따라서 조직 전체가 혁신의 필요성을 인식하도록 유도하고, 실행계획을 조직 단위별로 스스로 만들고 실행계획을 수립해야 한다. 리더는 이들 모든 활동을 관리 지원해주는 매니저의 역할을 수행한다.

3 리더가 가져야 할 기술

성공적인 리더십을 발휘하기 위해서는 리더가 가져야 할 여러 가지 기술들이 필요하다. 시간과 장소에 따라 카리스마 있는 리더가 필요하기는 하지만 리더가 공식적으로 부여 받은 권한과 권력만으로 사람들을 이끄는 데는 한계가 있다. 또한 정보화 사회에서의 리더는 명확하게 정의된 목표를 달성하기 위해 영향력을 행사하고, 동기를 부여하는 역할을 해야 한다, 동기 부여를 위해 요구되는 기술에는 다음의 것들이 있다.

1) 설득력 있게 말하고 글을 쓰는 의사소통 기술

조직 구성원들은 리더가 제시하는 비전과 이를 실행하기 위한 방안을 제시할 경우 공감을 한다면 문제가 없겠으나 많은 경우에는 리더의 생각과 다를 수가 있다. 그럴 경우 조직의 방향성에 대한 공감을 형성하는 과정이 필요하다. 조직의 미래전략 혹은 달성 목표 등에 대해 전사적인 공감대를 형성하려는 리더의 설득력이 매우 중요하다. 리더가 생각하는 조직의 미래를 설득력 있게 전달하고, 글이나 각종 구호들을 개발하여 조직 내 혹은 외적으로 의사소통을 활발하게 해야 한다. 즉 설득력 있게 말하고, 글을 써서 의사소통하는 기술이 매우 중요하다.

2) 상대방의 말을 경청하는 대인관계 기술

조직을 이끄는 리더는 때로는 자신과 반대되는 의견을 말하는 구성원들과 대화를 하기도 하고, 관련 부서간의 의견조율을 하는 과정이 끊임없이 발생한다. 그 같은 대화의 과정에서 상대방의 말을 경청하는 자세를 가져야 한다. 사람들은 일반적으로 자신의 주장만을 하다보면 상대방의 의견이나 주장을 무시하거나 듣지 않으려 하는 경향이 있다. 그렇게 될 경우 원만한 대인관계 형성에 어려움이 발생하게 되고 리더십의 영향력이 줄어 들 수 있다. 따라서 자신이 맡은 조직단위 혹은 조직간 의견을 조율하는 과정에서 상대방의 말을 경청해 주는 자세가 중요하다.

3) 불가피한 불화와 긴장을 해결하는 갈등해소 기술

갈등은 의지를 지닌 두 성격의 대립 현상이며, 그 성질에 따라 외적 갈등과 내적 갈등으로 크게 나뉘며, 분쟁이라고도 한다. 외적 갈등이란 사람과 사람, 또는 사람과 환경 사이에 발생하는 상호 대립현상이라고 할 수 있으며, 내적 갈등은 한 인물의 심리적 갈등을 의미한다.[9] 조직을 운영하는 과정에서는 사람과 사람간, 조직과 조직간, 조직과 환경간 갈등이 빈번하게 발생한다. 이 경우 리더는 불가피하게 발생하는 불화와 긴장의 원인을 파악하고, 원인에 대해 대안을 제시하고 갈등을 해소하는 역할을 담당해야 한다.

4) 서로 다른 집단을 결속하는 협상기술

협상 또는 교섭은 분쟁이 발생했을 경우 양 당사자가 대화로 분쟁을 해결하는 방법을 말한다. 원래 사회의 불협화음을 해결하기 위해 적용하던 용어이다. 국가 간의 협상은 교섭을 하기 위해 외교관들이 회의를 개최하여 만나기도 한다.[10] 조직 내에서는 좁게는 개인 대 개인 간 이해충돌, 팀과 팀 간의 업무적 협상, 팀장과 팀원 간 연봉협상, 회사와 회사 간 사업상 협상 등 수많은 협상의 상황 하에 있다, 협상이 필요할 경우 리더는 양측이 모두 윈-윈할 수 있는 방안을 유도할 수 있도록 중재할 수도 있고, 리더 자신이 직접 다른 조직과 협상을 통하여 해결점을 찾아내는 협상의 기술이 있어야 한다.

5) 목표달성을 위한 조직구성원들을 설득하는 동기부여 기술

동기 부여 또는 모티베이션(motivation)은 어떤 목표를 지향하여 생각하고 행동하도록 하는 일이다. 동기부여는 인간을 포함하여 동물이 행동하는 원인이 된다. 행동의 방향성을 정하는 요인과 그 행동의 정도를 정하는 요인으로 분류할 수 있다. 동물이 행동을 하는 경우, 그 동물에는 어떠한 동기부여가 작용하고 있는 것으로 생각할 수 있다. 또 그 행동의 정도가 어떤 지에 따라 그 동기부여 크기의 차이를 생각할 수 있다. 리더는 조직의 목표달성을 위해 구성원들을 설득하여 공감대를 형성하는 것이 중요하다. 동기부여를 위해서는 설득력도 중요하지만 성과달성시 인센티브 부여 등의 추가적인 제도적 지원도 중요하다.

---

9) https://ko.wikipedia.org/wiki/갈등
10) https://ko.wikipedia.org/wiki/협상

2.4 동기부여 방법[12)]

조직의 비전을 실현하기 위해서는 리더는 각종 실행활동에 대해 도움이 되거나 방해가 되는 사람들에게 주의를 기울여야 한다. 조직이란 생물체와 같은 존재이므로 단순한 존재가 아닌 것이다. 따라서 이 같은 상황 하에서 리더는 정치적 측면과 개인적 측면을 잘 관리할 필요가 있다. 조직 구성원들에게 동기를 부여하는 방법을 살펴보자.

1 조직 내 정치적인 구도를 주시해야 한다.

1) 리더에게 도움이 될 사람과 방해가 될 사람을 파악해야 한다.

조직운영을 위해서 여러 가지 유무형의 자원들을 활용할 수 있다. 그들 자원중 가장 다루기가 까다로운 자원이 인적자원이다. 리더가 비전을 수립하고 이를 실행하는 과정에서 방해가 되거나 걸림돌이 되는 사람들이 있는지를 면밀하게 살펴야 한다. 급속한 조직의 변화를 필요로 하는 경우 이와 같은 갈등상황이 존재할 수 있으며 리더는 이를 잘 해결해야 한다.

2) 조직 내에서 이해관계자들간 연합을 구축해야 한다.

능력을 인정받는 리더는 설득적인 의사소통 기술이 있는 리더이다. 협력관계의 구축에 매우 중요한 기술이라 할 수 있다. 리더는 자신의 방향성을 향해 추진하기 위해서는 조직 내외적으로 네트워크관계를 구축하여 입체적인 지원을 받을 필요가 있다.

12) 하버드비즈니스프레스(이상욱옮김), 리더십의 기술, 2008

3) 중요한 역할을 맡길 사람을 신중하게 선택해야 한다.

기업을 운영하는 주체는 역시 사람이다. 따라서 유능한 사람을 기용하여 적절한 일을 맡기는 것이 비전달성을 위해 중요한 일이다. 조직 혁신의 과정에 중요한 역할을 맡길 사람은 신중하고도, 세심하게 선택해야 하는 이유이다.

4) 혁신적 변화가 필요한 경우 과감하고 대담한 조치를 취해야 한다.

리더가 조직의 대대적인 변화를 추진하고자 할 경우 모든 사람들을 참여시켜서 공감대를 형성해야 한다. 예컨대 조직 개편을 해야 할 경우 밀실에서 일부 사람들만이 참여하여 결정하는 것이 아니라 신속하고도 공정하게, 투명하게 추진하는 것이 바람직하다.

5) 필요하다면 작은 조치부터 실행해야 한다.

조직의 저항을 감안한다면 극적인 조직 변화를 꾀하고자 할 경우 무리가 있을 수도 있다. 따라서 변화에 대한 기술적, 정치적 저항이 예상될 경우에는 성공을 쉽게 보여 줄 수 있는 작은 단위의 변화를 시도하여 사례를 만드는 것도 필요하다. 경영성과의 개선성공 사례를 본다면 조직원들이 더 큰 혁신을 추구할 지라도 공감할 수 있는 계기를 마련하게 되는 것이다.

2 리더가 이끌고 있는 추종자들을 돌보아야 한다.

1) 팀원들의 동의를 확보해야 한다.

조직의 비전, 사명, 그리고 실행계획 등에 대해 팀원들이 이해하고 있다는 확신이 들 경우 이를 성공적으로 달성하기 위해서는 팀워크가 중요하고, 공동의 노력이 절박함을 느끼도록 설득해야 한다. 구성원들에게 그들이 하고 있는 일에 대해 계속 흥비를 갖도록 하고, 가치 있는 일임을 인식시켜야 한다.

2) 변화에 대한 저항을 대비해야 한다.

인간에게는 변화를 두려워하는 경향이 있다. 변화의 결과가 틀림없이 좋은 성과가 있을 것이라는 믿음이 있다 하더라도 막연한 두려움을 느끼는 것이 정상적이다. 따라서 변화가 감지가 되면 두려워하게 되고, 저항의 형태로 발현된다. 따라서 변화에 대한 두려움을 인정하고, 무시하는 것이 아니라 공개적으로 맞서는 것이 중요하다. 다시 말해서 저항의 강도가 너무 커서 추진이 불가능할 경우라면 아프지만 조직을 도려내는 작업도 필요하다. 암이 발생한 경우 더 확산되기 전에 조직을 도려내야 하는 것과 같은 원리이다.

3) 성공을 인정하고 격려해 주어야 한다.

전략을 실행하는 과정에서 발생하는 크고 작은 성공에 대해서는 아낌없이 박수쳐주고, 격려를 해주어야 한다. 성과의 성질에 때라 인센티브를 부여하고, 회식자리를 마련해주어 격려해 주도록 한다. 팀원들의 사기를 진작할 수 있는 어떤 방법도 좋다.

4) 새로운 소식을 계속적으로 알려주어야 한다.

인간은 이슈가 되는 상황에서 배제되고 있다는 사실을 매우 싫어하는 경향이 있다. 무시당하거나 배제되었다는 생각을 하기 때문이다. 쟁점 상황에 대해 끊임없이 진행 중인 소식을 알려줄 경우 문제해결을 위한 적극적인 조력자의 역할을 기꺼이 감당해 낼 것이다.

5) 비전에 계속 전념해야 한다.

리더가 비전달성을 위해 끊임없이 노력하고, 헌신적으로 참여하는 모습을 보면 팀원들에게 모범이 될 수 있다. 팀원들은 기꺼이 리더와 함께 해야 한다는 책임감과 의무감을 가지게 될 것이다.

6) 팀원 각자가 리더십 기술을 갖도록 활력을 주어야 한다.

팀원들이 리더십 마인드를 형성하고, 팀원 개개인이 리더의 마음으로 업무에 임할 경우 리더에게는 큰 힘이 될 수 있다. 따라서 팀원들에게 리더십을 가르쳐주고 코칭을 하면 이들은 리더를 더욱 신뢰할 것이고, 팀원들의 수준이 상승하여 생산성을 올릴 수 있으며, 리더에 대한 충성심과 협동심이 증가할 것이다.

3 신뢰하는 환경을 조성해야 한다.

신뢰가 바탕이 되는 팀은 응집력이 높은 팀이 되도록 해 준다. 즉 팀워크가 탄탄할수록 팀원들은 능률적으로 업무에 임하게 되며, 개인과 팀의 미션 달성을 위해 노력한다. 신뢰기반의 팀워크를 조성하기 위한 행동양식은 아래와 같다.

- 팀구성원 모두를 존중하고 배려한다.
- 어떤 아이디어든 가볍게 여기지 않고 신중하게 검토한다.
- 자율적인 분위기에서 어떤 아이디어든지 제안할 수 있는 분위기를 조성한다.
- 언제나 공정하고, 친절하며, 정중하게 대한다.
- 팀의 운영을 투명하고, 공정하게 한다.
- 팀원을 깎아 내리거나 제삼자에 대해 뒷 담화를 하지 않는다.
- 정직하고, 실수나, 자신이 모르는 사실에 대해 솔직히 인정하라.
- 집단을 보호해야 한다. 외부의 공격으로부터 팀과 팀원을 방어하는 것이 중요하다. 팀을 지원해야 한다. 조직의 상하좌우 공격으로부터 우선적으로 보호해야 할 것은 자신이 리딩하는 팀이 우선이다.
- 책임을 전가하거나 잘못을 비난하는 행위에 대해 묵과하지 말고 지적하라.
- 교육훈련 등의 기회를 부여하여 팀원들이 지속적으로 성장하도록 도와주고, 직업적 성장과 개인적 성장을 하도록 코칭 하라.

팀원 간 혹은 팀 내의 신뢰를 확보하는 것은 매우 중요한 과제이며, 리더가 조성해야할 필수적 항목이다. 개인 간이든 조직 간이든 리더와 추종자들간 신뢰가 무너질 경우 모든 것이 끝장이라는 사실을 명심하자. 신뢰가 형성되어야 할 이유는 다음과 같다. 조직의 신뢰가 형성되면 구성원들은 리더를 신뢰하게 될 것이다. 구성원들을 결집하여 비전을 달성하고자 한다면 신뢰는 반드시 요구되는 덕목이다.

- 팀원들 사이에 신뢰가 강화될 경우 팀워크가 강화된다.
- 중요한 이슈의 발생 시 힘을 단합하여 최선의 방안을 도출할 수 있다.
- 직무수행 과정에서 발생하는 갈등을 최소화 할 수 있다.
- 상호 손중과 배려하는 팀 문화를 만들 수 있다.

- 성격 차이에 기반을 둔 것이 아니라 행동중심에 초점을 맞출 수 있다.
- 팀원들과 목표의식과 목적의식을 공유하기 쉽다.
- 상호 협조적 상황을 만들기 용이하며, 상호 성장의 시너지를 조성할 수 있다.
- 팀 내 혹은 조직 내 긍정적 태도와 이해력이 증진될 수 있다.
- 팀원들을 부당한 압력으로부터 보호할 수 있다.

4 리더십 스타일을 추종자들의 욕구에 맞추어야 한다.

추종자들의 경우 개인별로 보면 능력과 욕구, 성장 잠재력 등이 모두 다르기 때문에 그들을 동등한 잣대로 볼 수는 없다. 따라서 구성원들을 대할 때 융통성과 유연성을 가져야 한다. 추종자들의 특정 욕구와 능력에 따라 아래와 같은 행동특성을 가져야한다.

- 신입직원이나 새로운 기술에 익숙하지 않은 구성원들에게는 최대한 구체적인 업무지사와 지속적인 피드백을 제공해야 한다.
- 신기술을 배워서 적용을 하고 있는 팀원들에게는 지원을 아끼지 않아야 한다. 그들을 기술적으로 지원해 주거나 기술을 지도해 줄 수 있는 선배사원들을 배정해 주는 것이 좋다. 실수를 두려워하지 않는 분위기를 조성해야 한다.
- 능력은 있으나 소극적이고 내성적이어서 자신감이 부족한 구성원들을 격려하고 자신감을 가지고 능력발휘가 가능하도록 긍정적 강화를 지속적으로 해야 한다.
- 동기가 높고, 숙련된 팀원들에게 과감하게 권한을 위임해야 한다. 난이도가 높은 일에는 숙련된 팀원들에게 위임하되 불쾌하게 생각할 일은 위임하지 않는 것이 좋다. 그들에게 자유롭게 일할 수 있도록 권한을 과감하게 위양해야 한다.

2.5 리더의 자기학습 6단계

1 리더의 스트레스 극복방법

리더십은 원칙적으로 팀의 목표와 과제를 해결하기 위해 발휘된다. 그러다보니 개인적인 차원에서 많은 스트레스와 압박을 받을 수 있는 위치라고 할 수 있다. 리더 자신이 팀과제에만 몰두할 경우 자신은 물론이거니와 팀원들의 개인적 스트레스나 고통을 돌아보지 못하는 우를 범할 수 있다. 이 같은 상황 하에서 설령 과제를 완수해서 팀의 성과는 달성했을지언정 구성원들의 개인적인 불만족은 도를 넘어서 통제불능의 상황이 올 수도 있다. 따라서 조직의 목표만 바라보고 주위를 둘러보지 않는 리더는 바람직한 리더상은 아닐 것이다.

조직을 이끌어 나가는 리더들의 경우 그렇지 않은 구성원에 비해 스트레스 지수가 높을 수밖에 없다. 아무리 탄탄한 경력을 가지고, 자신의 팀에 이익을 가져오는 능력을 가지고 있더라도 팀운영과정에서 스트레스는 피할 수 없는 것이 현실이다. 리더의 스트레스는 팀 혹은 조직에 악영향을 미칠 수 있으므로 리더는 스트레스를 해결할 수 있는 본인만의 비결을 가져야 한다. 리더의 스트레스를 줄일 수 있는 방법을 살펴보자.

- 업무상 혹은 조직 생활 속에서 발생하는 걱정과 염려는 신뢰할 만한 친구 혹은 가족과 정기적으로 대화를 나누는 것이 좋다.
- 멘토를 확보하는 것이 좋다. 주저 없이 조언을 줄 수 있는 스승, 자신에게 도움의 말을 줄 수 있는 선배, 조직 내에서의 신뢰할 만한 인사에게 자신이 처한 상황을 적나라하게 상의할 수 있는 사람을 정하는 것이 좋다.
- 리더십 기술을 성장시킬 수 있는 각종 세미나 혹은 전문 능력개발 프로그램 등에 참여하여 자신을 객관적으로 돌아 볼 수 있는 기회를 찾아라.

- 일상에서 벗어나 자신을 돌아볼 수 있는 장소를 선택하여 조직 내 주요한 이슈들을 객관적인 시각으로 바라볼 수 있는 여건을 마련하라.
- 업무를 수행하는 과정에서 구성원들 간에 갈등은 피할 수 없다. 때로는 리더의 의견에 비판하는 구성원도 있을 수 있으나 이를 개인적 감정으로 이입시켜서는 안된다. 공적인 일과 사적인 일을 구분할 수 있는 냉철함으로 유지하도록 노력하라.
- 주변에 산책할 수 있는 장소 또는 스트레칭이나 심호흡법을 배워서 긴장을 이완할 수 있는 기법을 활용하는 것이 좋다.

팀을 이끌면서 받는 스트레스를 인정하라. 스트레스를 피한다고 스트레스가 해결되지는 않는다. 스트레스를 받아들이되 그 것에 짓눌리는 것이 아니라 생산적인 에너지를 얻어서 탈출하도록 노력하는 것이다. 진정한 리더는 스트레스를 감수하면서 임무를 끝까지 완수하는 것이다. 스트레스를 극복하고 목적을 달성했을 때 그 일의 가치는 더욱더 빛을 발할 것이다.

2 리더로의 변모과정(Daft)[13)]

Daft는 리더의 변모과정을 4단계로 제시하였다. 각 단계에서 나타나는 리더의 특성을 다음과 같이 제시하였다.

1단계 리더십에 대한 기본 개념도 없고, 자신의 리더십 능력 수준도 제대로 파악하지 못하는 무지무능의 초보적 단계이다.

2단계 리더십에 대한 기본 교육을 통해 리더십의 기본 개념을 알고 있으나 아직 리더십에 대한 경험부족으로 리더로서의 능력이 취약한 상태이다.

3단계 리더십에 대한 이해도 뛰어나고, 다양한 현장 경험과 치열한 자기혁신을 통해 리더로서의 자질과 능력을 배양해 가는 리더십의 학습던계이다.

---

13) 파워리더십, 김덕수 저, 2008

4단계 최고수준의 리더십을 보유한 상태로서 무의식중에도 자연스럽게 리더십을 발휘하는 수준이다. 리더십에 대한 최고수준에 도달한 상태라 할 수 있다.

3 리더의 자기학습 단계

리더십 역량을 높이기 위해서는 리더는 끊임없이 노력해야 한다. 자기학습과정이 매우 중요하며, 자기학습의 6단계는 아래와 같다.

1단계 미래의 바람직한 자신의 모습을 그려본다-내가 간절하게 바라보고 희망하는 리더십은 어떤 것인가?

2단계 현재의 자신의 상황을 진단한다-자신에 대한 SWOT분석을 실시한다.

3단계 리더십에 대한 구체적인 자기학습 목표를 설정한다-무엇을 버리고, 무엇을 선택할 것인가?

4단계 행동으로 옮길 수 있는 리더십 실행전략을 수립한다-리더의 절대덕목은 무엇이며, 어떻게 행동으로 옮길 것인가?

5단계 끊임없는 자기평가를 통해 장점은 살리고, 단점은 보완한다-피드백 평가를 생활화 한다.

6단계 훌륭한 리더로서의 면모를 가진다.

활동지 양식 ⑦ 자신의 리더십 경험을 적어 봅시다.

지금까지 살아오면서 리더로서 역할을 했던 경험을 적어보세요.

스마트폰으로 성공한 리더 혹은 실패한 리더중 한 분의 리더를 선정하여, 리더로서 이루었던 일을 적어보시오. 실패 혹은 성공한 내용을 적으시오.

내가 속한 가족, 학교, 직장 그리고 나라에 어떤 긍정적 차이를 만들 수 있을까를 고민해보고 적어 보시오.

본인이 가장 존경하고 배울 만한 리더 혹은 멘토는 누구인지?, 그렇게 생각하는 이유를 적어봅시다.

활동지 양식 ⑧ 리더가 되기 위한 자신의 6단계를 적어보세요.

1단계: 나는 어떤 분야에서 리더가 되고 싶고, 자신이 생각하는 리더십 유형은 어떤 것인가?

2단계: 자신에 대한 SWOT분석을 해보자.

▶ 나의 강점:

▶ 나의 약점:

▶ 기회요인(리더가 되기 위해 해야 할 일):

▶ 위협요인(리더가 되는 과정에서 걸림돌):

3단계: 리더십에 대한 구체적인 자기학습 목표를 설정한다-내가 개선해야 할 나쁜 습관은 무엇인가?

4단계: 나의 단점 혹은 개선점을 보완하기 위해 어떤 노력을 할 것인가?

5단계: 피드백 평가를 생활화 한다. 즉 매일 매일 자신을 돌아볼 수 있는 시간과 장소는 어디가 좋을까?

6단계: 훌륭한 리더로서의 면모를 가진다. 나는 어떤 리더가 되고 싶은가?

책 좀 읽어주세요, 아빠

- 마이클 포스터

인생이 갑자기 무너져 내리고 당신이 혼자 남겨졌을 때. 그때 당신의 머릿속에 기억되는 것들은 뭔가 크고 중요한 일들이 아니다. 한 해의 계획이라든가, 당신이 성취하기 위해 그토록 아꼈던 어떤 희망들이 아니다. 당신의 기억에 떠오르는 것들은 모두 사소하고 하찮은 것들이다. 그 당시에는 당신이 주목하지도 않았던 사소한 것들 말이다. 당신이 너무 바빠서 별로 주목하지도 않았던, 당신 손을 만지던 어떤 손의 감촉. 또는 당신이 귀담아 듣지도 않던. 희망에 찬 그 어린 목소리의 억양. 거실 창문을 통해 화요일 오후의 활기에 찬 거리 풍경을 응시하면서 존 카모디는 그 사실을 깨달았다. 그는 지금은 잃어버린 어떤 크고 중요한 일들을 생각하려고 노력했다 지라간 세월들, 계획들, 희망과 사랑. 하지만 그는 지금은 그것들에 생각을 집중할 수가 없었다. 적어도 이 오후엔 그것이 불가능했다.

그 중요한 것들은 그의 마음 뒤편에 깔린 먼 성운들과도 같았다. 그리고 지금 그가 기억할 수 있는 것들은 이상하게도 매우 사소한 것이었다. 지나간 세월들과 인생의 설계관점에서 보면 그것은 실제로 전혀 중요하지 않은 것이었다. 그것은 바로 이주 전, 어쩌면 삼주 전 저녁에 그의 어린 딸이 그에게 한 말일 뿐이었다. 이성적으로 분석하면 그것은 큰 의미가 담긴 게 아니었다. 보통의 아이들이 늘 하는 그런 종류의 말에 불과했다. 하지만 지금 그에게 기억나는 것은 그것뿐이었다.

특별한 날, 그는 정기 주주 총회에서 보고할 원고 초안을 들고 집으로 돌아왔다. 그것은 매우 중요한 원고였다. 그것의 성공 여부에 그의 미래가 달려 있고, 그의 아내와 어린 딸의 미래도 달려 있었다. 그는 저녁 식사 전에 그것을 재검토하기 위해 책상 앞에 앉았다. 모든 것이 정확하고 빈틈없어야 했다. 그만큼 그것은 그에게 중요한 사안이었다. 그가 원고의 첫 장을 막 넘기려는 순간에 어린 딸 마가렛이 책한 권을 옆에 끼고 들어왔다. 동화 그림이 풀로 붙여진 초록색 표지의 책이었다. 마가렛이 말했다. "아빠, 이 책 좀 봐주세요." 그는 흘낏 책을 바라보고 나서 말했다.

"좋은 책이구나, 새 책이니?

"네, 아빠.

마가렛은 말했다.

"이 책 좀 읽어 주세요."

그가 말했다.

"안된다, 얘야. 지금은 안 돼."

그가 주주들에게 보고할, 공장의 기계 교체에 대한 문장을 검토하고 있는 동안 마가렛은 그 자리에 그냥 서 있었다. 곧이어 소심하면서도 기대에 찬 마가렛의 목소리가 다시 들렸다. "아빠가 읽어 주실 지도 모른다고 엄마가 그랬단 말예요."

그는 타이핑된 원고 너머로 딸을 쳐다보면서 말했다.

"미안하다, 얘야. 책은 엄마가 읽어 주실 거야. 난 지금 무척 바쁘거든."

마가렛이 공손하게 말했다.

"아녜요. 엄마가 훨씬 더 바쁘세요. 한 가지만 읽어 주세요. 보세요,

그림이 있어요. 정말 예쁜 그림이죠, 아빠?

"오, 그래. 예쁜 그림이구나."

그가 말했다.

"정말 잘 그린 그림이야. 하지만 아빠는 오늘 밤 할 일이 있단다. 이 다음에…."

그런 뒤에 오랜 침묵이 흘렀다. 마가렛은 예쁜 그림이 그려진 페이지를 펼쳐 든 채로 그곳에 서 있었다. 한참 동안 마가렛은 아무 말도 하지 않았다. 그는 지난 12개월 동안의 마케팅 변동 사항과 지역적인 조건 변화에 따른 원인, 그리고 자사 상품 구매를 높이기 위한 수주간의 회의에서 얻어낸 광고 전략 등이 적힌 두 페이지에 걸친 원고를 자세히 읽어 내려갔다.

"하지만 정말 예쁜 그림이잖아요. 아빠. 이야기도 얼마나 재미있는데요."

마가렛이 다시 말했다

내 삶의 우선순위는 무엇인가?

"나도 안다." 그가 마지못해 대꾸했다.

"음. 이 다음에 꼭 읽어 주마. 지금은 혼자서 놀아라."

마가렛은 물러나지 않았다.

"아빠도 분명히 재미있어 할 거예요."

"그래? 물론 그럴 거야 하지만 나중에…"

"음. 좋아요."

마가렛이 마침내 말했다.

"그럼 다음에 꼭 읽어 주실 거죠?"

"그야 물론이지 약속하마."

하지만 마가렛은 가지 않았다. 그냥 착한 아이처럼 그 자리에 조용히 서 있었다. 한참 뒤 마가렛은 그의 발치에 있는 걸상에 책을 내려놓으며 말했다.

"시간이 나셨을 때 아빠 혼자서 읽으세요. 하지만 제가 들을 수 있도록 큰소리로 읽으셔야 해요. 알았죠?"

"그래, 알았다. 나중에 큰소리로 읽을게."

이것이 지금 존 카모디의 머릿속에 떠오르는 것이었다. 미래의 인생 설계 같은 게 아니었다. "혼자서 큰소리로 읽어 주세요. 저도 들을 수 있도록 큰소리로 말예요."하고 말하면서 수줍은 듯 그의 손을 건드리던 예의 바른 딸아이의 손길이 지금 그의 기억을 붙들고 있었다.

그래서 그는 마가렛이 쓰던 장난감들이 쌓여 있는 구석의 테이블에서 그 책을 집어 들었다. 그 책은 이제는 새 책이 아니었다. 초록색 표지에는 얼룩이 생겼다. 그는 책을 들어 예쁜 그림이 그려진 페이지를 펼쳤다. 이야기를 읽어 내려가는 동안 그의 입술은 단어들을 발음하느라 고통스럽게 일그러졌다. 그는 더 이상 아무 생각도 할 수 없었다. 늘 그랬던 것처럼 인생의 중요한 것들, 미래에 대한 그의 신중한 계획들, 그런 것들을 아무것도 기억할 수 없었다. 그리고 잔뜩 술에 취해 중고차를 몰고 거리를 질주하다 마가렛을 덮치고, 지금은 살인죄로 감옥에 갇힌 그 미치광이 같은 운전사에 대한 증오의 감정도 잠시 동안 잊을 수 있었다.

그는 마지막으로 마가렛이 가야하는 먼 길을 배웅하기 위해 옷을 입고 현관에서 조용히 기다리고 있는 아내도 깜박 잊었다.

"어서 가요, 여보. 이러다 늦겠어요."

아내가 나지막이 그를 재촉했지만 그는 그 소리조차 듣지 못했다. 존 카모디는 지금 동화책을 읽고 있는 중이었다.

"옛날에 검은 숲 속의 나무꾼 집에 한 소녀가 살고 있었어요. 소녀는 너무도 예뻤기 때문에 새들도 나뭇가지에서 소녀를 쳐다보느라 노래 부르는 걸 잊을 정도였어요. 그런데 어느 날 그 소녀는…"

그는 혼자서 그 책을 읽었다. 마가렛도 들을 수 있도록 큰소리로. 어쩌면 정말로 마가렛이 듣고 있을지도 모르니까. 눈앞을 가리며 흘러내리는 눈물이 방바닥을 흥건히 적시고 있는 사실도 인지하지 못한 채….

출처: 마음을 열어주는 101가지 이야기, 잭 캔필드/마크 빅터 한센

? 당신은 살면서 어떤 것에 관심이 있으며, 가장 중요하다고 생각하는 것은 무엇이고, 그렇게 생각하는 이유는 무엇인지 생각해 보고, 글로써 적어 보세요.

3장
셀프리더십을 알아보자

목 차

학습목표

- 셀프리더십의 정의를 이해한다.
- 셀프리더십 수립전략의 종류에 대해 학습한다.
- 셀프리더십의 형태가 어떤 것들이 있는지 이해한다.
- 셀프리더십을 위해 노력해야 하는 일들에 대해 생각해 본다.
- 셀프리더십의 사례를 알아본다.

3.1 셀프리더십이란?

1 셀프리더십의 정의

셀프리더십이란 조직 내에서 리더만이 조직원들을 관리하고 통제하는 것이 아니라 구성원들 모두가 스스로 자율적으로 관리하고 조직을 이끌어나가는 리더십을 의미한다.[14] 다시 말해 조직의 리더가 나 홀로 이끌어가는 형태로는 조직운영의 생산성 및 효율성, 효과성에 한계가 있을 수밖에 없다. 따라서 조직 구성원 개개인이 스스로 리더라고 생각하는 마인드 셋이 매우 중요하다. 다음은 다양한 학자들의 셀프리더십에 대한 정의이다.

만츠와 심즈는 "구성원 스스로가 자기 자신에게 영향력을 행사하기 위해 사용하는 사고 및 행동 전략을 셀프리더십이라고 정의하였다. 즉 스스로 높은 성과를 올리도록 이끌어주는 자율적인 힘이며, 셀프리더가 궁극적으로 달성하고자 하는 목표로써 성공하는데 필요한 모든 에너지를 공급해주는 엔진이다." 라고 하였다. 또한 넥(Neck) 등은 과업 수행을 위해 필요한 자기 지시와 자기 동기 부여를 고양시키며 스스로 자신을 리드하기위해 취하는 자율과 책임 있는 행동이다(Neck, Stewart & Manz, 1995) 라고 정의하였다.

셀프리더십은 첫째, 구성원 개인들에게 초점이 맞춰진 리더십이다. 즉 구성원들의 능력이 최대한 발휘 할 수 있도록 도와주는 지지자 역할 및 지원을 해야 한다. 이를 통해서 구성원 개개인이 리더가 될 수 있도록 하는 개념이 셀프리더십이다.

둘째, 구성원들에게 필요한 능력 개발 및 지지를 통해서 구성원 모두를 셀프 리더로 만들며, 이를 통해 셀프리더들과 리더가 함께 조직을 이끄는 것이다.

---

14) 백기복, 《조직행동연구》, 창민사, 2011, p411~414

셋째, 셀프리더가 된 구성원들은 각자의 역할 수행을 통해 직무 몰입과 주인의식을 경험한다. 구성원 개개인이 스스로 리더의 수준에서 일을 할 경우 직무에 대한 책임감과 몰입감이 높아 질 수 있으며, 조직의 리더로서 주인의식을 제고할 수 있다.

넷째, 기존 리더십의 경우, 리더의 영향력이 절대적이었으나 셀프 리더십에서는 구성원들과 함께 영향력을 발휘 하게 된다. 다시 말해서 기존의 리더 의존적 상황에서는 정보의 불균형 등의 원인에 의해 추종자들이 일방적인 팔로워십을 강요당하기도 했으나 ICT의 발전에 힘입어 지식정보화 사회에서는 경보격차가 좁혀짐으로써 개개인의 셀프리더십이 중요한 이슈가 되었다.

2 셀프리더십의 등장배경

4차 산업혁명시대의 도래로 조직은 지식정보화 사회에서 디지털혁명 사회로, 중앙집중화 시대에서 분산화 시대로 가는 과정 가운데 경쟁의 강도가 치열해지고 있다. 또한 조직을 실제적으로 이끌어 나가는 조직구성원들에 대한 관심이 고조되고 있고, 리더가 조직 구성원들을 이끌어 나가면서 조직의 효율성과 효과성을 극대화해야 하는 리더의 역할은 매우 중요해졌다. 기존의 전통적 리더십은 리더의 지시, 명령, 통제 등에 의해 타인에게 영향력을 행사하는 것을 강조 했다면 현대 사회는 강한 자율성을 갖춘 새로운 형태의 조직구성원을 요구하고 있으며, 이에 따라 조직원들이 자신의 잠재능력과 창의력을 충분히 발휘 할 수 있도록 하는 새로운 리더십이 필요하게 되었다. 이러한 배경 속에 새로운 관점의 리더십인 셀프 리더십이 등장하였다.[15)]

3 셀프리더십의 원리

셀프리더십이 발휘되기 위해서는 몇 가지 원리에 기반을 둔다.

첫 번째 원리는 자기 자신에 대한 이해이다. 자신의 장점, 단점, 성격적 특성, 가치관, 행동특성의 이해를 통해서 자기 자신에 대한 정확한 이해가 필요한 경우에 셀프리더십이 필요하게 된다.

15) 서문경애, 「간호사의 셀프 리더십과 직무만족, 개인성과간의 관계」 『간호행정학회』, 2005

두 번째 원리는 자기통제능력이다. 자신의 생각, 정서적 상황, 행동의 통제 외적인 요인에 의해서 통제 되었던 생각, 정서 및 행동에 대해서 스스로 통제가 필요한 경우에 셀프리더십이 발휘될 필요가 있다. 세 번째 원리는 자기 주도적 능력이다. 자신이 소속된 조직에 대한 주인의식과 주어진 직무에 대한 책임능력으로 행동을 하기 시작할 경우에 셀프리더십이 발현된다. 네 번째 원리는 자신감이다. 자신감이란 과거의 성취경험에서 나온다. 크고 작은 성취경험이 있는 사람은 그 경험으로 인해서 '할 수 있다'는 태도를 형성하게 된다. 이를 통해서 업무 관련 관심도 및 높은 역량의 업무 결과물을 만들어낼 수도 있다. 이 같은 원리들에 의해 셀프리더십이 발휘될 수 있다.

4 셀프리더십의 6가지 요인

셀프리더십의 개념은 리더는 다른 사람들을 이끌려 하기 전에 자기 스스로부터 제대로 이끌 줄 알아야 한다는 것이 셀프리더십 이론의 기반이며, 만즈(Manz)는 셀프리더십의 내용을 6가지 요인으로 구분하여 소개하였다.[16]

첫 번째, 자기관찰이란 '언제, 왜, 어떤 상황에서 내가 특정한 행동을 보이는가?를 스스로 알아보는 것이다. 예컨대 업무를 하는 시간보다 수다 떠는 시간이 많다?는 사실을 자기 스스로 관찰하고, 이를 돌아보는 행위를 말하는 것이다. 또 다른 예로 과도한 음주를 하는 습관이 있는 경우 이에 대해 자신을 객관적으로 돌아보고, 음주후 발생하는 과격한 행동 등을 스스로 돌아보고 이에 대해 개선방안을 생각해 보는 것이 예가 된다. 효과적으로 자기관찰과 변화의 포인트를 찾아내는 일은 자기관찰기록을 이용할 수 있다. 자기관찰기록에는 행동의 종류, 발생일시, 내외부적이유, 헤결방안 등의 내용으로 구성된다.

두 번째는 힌트전략으로 중요한 것을 잘 기억해 내고, 관심을 집중하기 위해 포스트잇이나 점검표와 같은 물리적 도구를 활용하는 전략을 의미한다. 자신이 해야 할 일을 일목요연하게 정리하여 To Do list(해결해야 할 일)를 작성하는 경우도 이에 해당된다. 개인적인 활동일지를 작성하는 예를 들어보면 자신이 개선하고 싶은 습관을 목록을 만들고 하나씩 습관을 고친 후 지워나가는 예, 연구자가 연구 활동의 일지를

16) Manz, C. C. and Neck, C. P. Mastering Self-leadership: Empowering Yourself for Personal Excellence, 2010.

포스트잇을 이용 업무관리[17)]

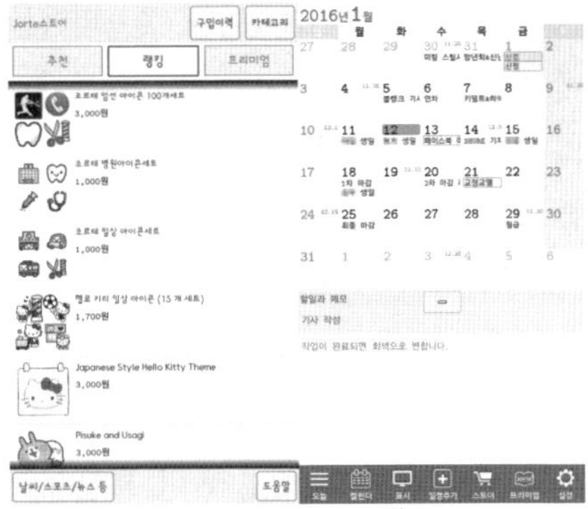

스마트폰 일관리 앱[18)]

작성하면서 관리를 하는 방식 등이 이에 해당된다.

세 번째는 자기목표설정이다. 개인이든 조직이든 목표 혹은 목적이 분명하게 설정되어야 한다. 목표가 없는 조직이나 개인은 망망대해를 표류하고 있는 돛단배와 같다. 목표라는 곳은 개인이나 조직을 안전한 곳, 바람직한 곳으로 인도하는 역할을 한다. 예컨대 자신의 장단기목표를 설정하고 이를 달성하기 위하여 끊임없이 노력하는 것이다. 인생의 전체를 놓고 장기적 목표를 설정하고, 이를 달성하기 위하여 단기적 목표를 설정하여야 한다. 목표설정의 과정이 주도면밀해야 하는 것은 당연하고, 실천계획을 수립하여 단계적으로 실행해 나가야 한다.

네 번째는 자기보상이다. 자신이 일을 잘했다고 판단될 때 스스로에게 부상을 하는 것이다. 예컨대 시험을 잘 보았거나, 힘든 알바를 잘 마무리 하였을 때 스스로 멋진 식사를 하거나 혹은 여행 등을 통하여 스스로에게 보상을 주는 것이다. 따라서 자기보상은 자신이 새로운 일을 성취하거나 새로운 목표로 이끄는 강력한 방법이라 할 수 있다. 이는 자신의 바람직한 행동에 대하여 긍정적인 물질적, 정신적 보상을 함으로써 다음 행동을 발전적으로 이끌기 위한 방법이다.

16) 네이버, 퍼블리(PUBLY)의 <일잘러의 정리법 - 업무 효율 극대화의 기술>
17) Smart PC사랑, 이달의 추천 APP: 일정관리 앱 4종 추천, 2016. 3. 2

다섯 번째는 자기벌칙이다. 셀프리더십을 통해서 자신을 바람직한 방향으로 이끌어 가는데 있어 효과적인 방법 중 하나가 자기벌칙을 활용하는 것이다. 자신의 행위의 결과가 바람직하지 않을 경우 건설적 자기벌칙을 함으로써 자신을 돌아보는 기능을 하는 것이다. 그러나 종종 많은 경우에 자기벌칙이 남용되어 습관적인 죄의식과 자기비하 또는 불필요한 자기비판의 함정에 빠질 염려가 있다. 따라서 부정적 자기벌칙 보다는 긍정적이고 발전적인 자기벌칙을 사용해야 한다는 것이다.

여섯 번째는 연습 혹은 훈련이다. 학생들이 시험을 보기위해 시험범위의 내용을 여러 번 반복적으로 학습을 한다. 또한 유명한 운동선수들의 경우 아침 일찍부터 끊임없이 연습을 하면서 실력을 쌓아간다. 따라서 연습이란 실전에 들어가기 전에 필요한 행동을 반복함으로써 자신의 문제를 파악하고 이를 개선하게 해 준다. 가수들의 경우 역시 인가가수가 되기 위해서는 끊임없이 연습하고, 실수를 수정 보완해 나가는 과정을 거치게 된다.

이상의 셀프리더십의 6가지 요인은 실천하기 어렵지 않은 요인들이라 할 수 있다. 조직의 바람직한 리더가 되기 위해서는 스스로를 잘 관리하고, 통제해야 하는 과정을 지속적으로 해야 할 것이다. 자신을 이길 수 있는 사람도 자신이며, 자신을 이길 수 없는 사람도 자기 자신임을 생가해 볼 때 자기 자신을 리딩하는 능력을 확보하는 것이 훌륭한 리더가 될 수 있는 전제조건이 될 것이다.

3.2 셀프리더십 전략

스티븐 코비는 자신의 저서[19]에서 개인적 차원에서 성장하거나 성공적인 삶을 위해서는 자신을 리딩할 수 있는 리더십을 발휘해야 한다고 주장했다. 코비의 주장에 근거하여 셀프리더십을 강화하기 위한 전략은 다음과 같다.

1 스티븐 코비의 셀프리더십 전략

1) 자신의 인생을 주도하라.

첫 번째 전략은 자신의 삶에 대해 주도적이 되어야 한다는 것이다. 인간은 선택의 자유가 있고 선택한 것에 대한 책임은 오직 자신에게 있다는 기본적인 원칙에 기반을 둔 것이다. 즉 동물과 인간 간에는 많은 종류의 차이점이 있다. 그중 가장 중요한 것은 인간을 창조할 때 조물주는 자유의지라는 것을 주었다. 다시 말해서 인간이 스스로 판단하고, 결정하고, 선택할 수 있는 능력과 권한을 주신 것이다. 따라서 인간은 살아가면서 내가 선택하고 행동한 것들에 대한 책임을 져야 한다는 것이다. 자신의 인생을 주도적으로 운영하면서 인생을 살면서 자유로움을 느낄 권리가 있고, 타인에게로 좋은 영향력을 확대할 수 있게 된다. 이를 가능하게 하기 위해서는 타인으로부터의 간섭이나 환경적 변화에 대해 반응적인 태도를 취할 것이 아니라 주도적인 자세와 행동을 취해야 한다. 자신에 대한 주도권을 잡고 나아갈 경우 주위 사람들이나 환경에 선한 영향력을 확대할 수 있다. 또한 자신은 물론 타인들의 운명을 바꾸는 데 도움을 줄 수 있는 변환자가 될 수 있다는 것이다.

주도적인 사람은 그들의 가치관에 가장 적합한 선택을 하기 위해 자유롭게 공간을

19) Stephen R. Covey, The 7 Habits of Highly Effective People, 2013

활용한다. 즉 외부로 부터의 자극이 인지되면 인간은 반응을 하게 된다. 이 자극과 반응 사이에 존재하는 공간을 잘 활용함으로써 합리적이고 논리적인 판단이 가능하게 된다. 자극과 반응사이의 여유 공간에서는 반응을 선택할 수 있는 자유의 힘이 존재하고 있고, 이를 통해 성장의 기회를 찾을 수 있다. 사람들이 자신의 영향력을 행사할 수 있는 것들에 집중할 때, 그들의 지식과 경험은 늘어나게 되고 신뢰성은 더욱 높아진다. 그 결과, 영향력의 범위는 더욱 넓어진다. 그러나 사람들이 그들이 통제할 수 없는 것들에 노력을 집중하게 되면, 영향력 행사를 위해 투입할 수 있는 시간과 노력을 빼앗기게 된다. 선한 영향력을 미치는 사람은 주도적인 삶을 살아간다고 볼 수 있으며, 주위 타인의 부정적인 관점이나 회의적인 사람들을 긍정적이고, 적극적인 사람으로 변화시키는 효과가 있다. 긍정적이고 적극적인 사람은 긍정적인 행동의 모델이 되어, 효과적인 습관을 전달함으로써 다른 사람들에게 긍정적인 사고방식을 심어주고 강화시켜 준다.

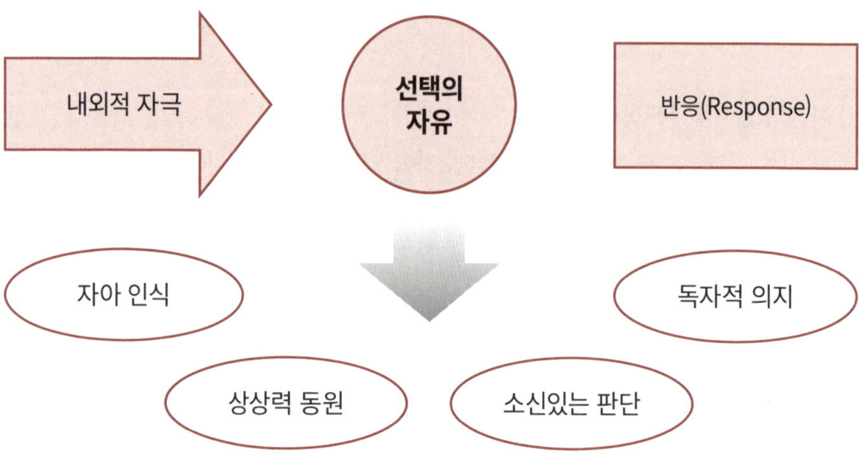

주도적 삶의 모형

2) 자신의 목표를 세우고 이를 달성하기 위해 실천해야 한다.

최근 미국 Success지에서 자신의 인생에 대해 목표가 있는 사람과 없는 사람의 삶의 결과를 비교하기 위해 1953년 예일대 졸업생들을 대상으로 22년 후를 추적하여 설문 조사한 연구 결과가 있었다. 목표를 세우고 살아간 사람과 그렇지 못한 사람들이 어떤 인생을 살고 있는지를 비교연구 하였다. 3개의 설문문항은 세워둔 목표가 있는가?, 목표를 기록해 두었는가?, 목표달성을 위해 계획을 세웠는가? 에 모두 응답한 상위 3% 계층이 나머지 97% 계층에 비해 무려 10배에 가까운 소득 격차를 보였다고 한다.[20] 연구결과에 의하면 전체 응답자의 27%가 목표에 관심이 없는 사람들로 빈곤층으로 살고 있었다. 41%의 응답자는 목표를 세우지 않고 그냥 열심히 사는 서민층이었다. 19%는 목표를 세우고 살기는 하였으나 자주 목표가 바뀌는 사람들은 중산층을 구성하였다. 10%의 사람들의 경우는 마음속으로나마 목표를 세우고 살아온 사람들은 중상위계층을 구성하고 있었다. 상류층을 구성하고 있는 상위 3%의 사람들은 글로 쓴 구체적인 목표를 수립하고 이를 달성하기 위해 지속적으로 노력해 온 사람들로 나타났다.

예술가들은 실제 창작을 하기에 앞서 마음속으로 설계를 한다. 마음속으로 완성된 작품의 모습을 상상하며, 설계를 완벽하게 할수록 훌륭한 작품을 만들 수 있다. 자신의 인생의 결과를 예술가의 작품이라고 가정하면서 나의 인생을 설계해야 한다. 나는 나의 운명을 선택할 수 있고 구체적인 비전을 수립할 수 있다. 또한 나는 어떤 활동을 시작하기 전에 그 결과를 마음속으로 그려볼 수 있으며, 그 활동의 결과를 상상할 수 있다.

자신의 인생에 대한 사명서를 만들고, 이를 일상생활의 실행지침으로 삼는다. 모든 활동과 시도를 올바른 방향으로 이끌기 위하여 원하는 결과와 중요한 가치들을 먼저 마음속에 그림을 그려본다. 지구상에는 많은 종류의 사람들이 살고 있고, 그들 개인이 삶을 바라보는 관점과 살아가는 원칙이 달라서 어떻게 사는 게 잘 살아가는 지에 대한 기준이 필요하다. 예컨대 어떤 얼굴없는 천사 같은 사람이 연말에 불우이웃을 도와달라며 특정 장소에 성금함을 보관하고, 교회에 전화를 걸었다. 그런데 그 성금함을 교회에서 수거하기 직전에 두 명의 괴한이 이를 훔쳐서 달아나는 사건이 발생했다. 결국 범인들은 검거되어 성금은 불우이웃들에게 전달되었다는 뉴스가 있었다. 이 사건에서 등장하는 세 사람을 보자. 한 사람은 힘들게 모은 성금을 기부하는 아름다운 사람이었으나 이를 훔쳐 갔던 두 사람은 인생을 쓰레기처럼 살아가는 사람이라 할 수 있다. 겉모양은 비슷하게 생긴 인간이었지만 그 살아가는 방식은 극과 극의 모습을 보인다.

올바른 삶을 영위하기 위해 원칙 중심의 삶을 사는 사람은 인간의 효과성을 지배하는 원칙에 의거하여 의사결정을 한다. 원칙이란 지식, 가치관을 가지고 최상의 선택을 할 수 있도록 도와주는 이상적인 기준이라 할 수 있다. 원칙에 입각한 삶을 살기

20) Human Linker's Blog, 퍼스널브랜딩#3-목표설정, 2015. 9. 16

위해서는 자기사명서를 작성하는 것이 도움이 될 것이다. 인생사명서란 인생을 사는 의미와 목적에 대한 자신의 견해나 관점을 담아낼 수 있는 유용한 문서라 할 수 있다. 사명서는 자신이 의사를 결정하고 행동을 선택하는데 있어서 지침이 되는 개인차원의 나침표의 역할을 해준다. 따라서 자기사명서의 이점으로는 삶에 대해 깊이 생각해 보게 하고, 자신의 생각과 감정을 돌아볼 수 있게 하고, 자신의 삶에서 중요한 것이 무엇인지를 분명하게 해준다. 또한 자신의 가치관이나 목적을 마음속에 확실하게 각인 시켜 주고, 삶의 방향성과 목표달성을 위한 성장을 가능케 한다.

3) 소중한 것부터 먼저 하라.

인간이 삶을 살아가는 과정에서 많은 해결해야 할 일들이 발생한다. 그 일들을 구분해 보면 중요하면서 급한 일, 중요하지만 급하지 않은 일, 중요하진 않지만 급한 일, 중요하진 않지만 급하지 않은 일로 나눌 수 있다.

구 분	시급함(urgent)	시급하지 않음(not urgent)
중요함 (important)	[I] • 급박한 문제들 • 마감임박 프로젝트 • 회의 준비 • 위기관리	[II] • 위기 사전예방책 수립 • 가치관 확립 • 대인관계 구축 • 새로운 기회모색 • 유능해지기
중요하지 않음 (not important)	[III] • 잠깐의 급한 질문 • 전화통화 • 이메일 처리 • 보고서 작업 • 회의 참석 • 기타 비공식 활동	[IV] • 하찮은 일 • 일상적 바쁜 일 • 전화통화 • 시간 낭비활동 • 게임 등 오락

시간 관리 매트릭스(Time Management Matrix)[21]

시간관리 매트릭스 상의 [I]사분면의 경우 중요하면서도 시급한 일을 의미한다. 예컨대 당장 급박하게 해결해야 할 중요한 문제들, 마감이 가까워진 프로젝트, 임원회의 준비, 위기상황에 대한 대처 등의 일들이다. 많은 사람들이 매일 매일 이 같은 일

21) Stephen R. Covey, The 7 Habits of Highly Effective People, 2013, pp.158-172.

에 시달릴 경우 일에 지배당하게 될 것이고, 얼마가지 못해 더 이상 버티지 못하는 상황에 이른다. 결국엔 엄청난 스트레스, 지쳐서 쓰러지거나, 이직을 하게 될 수도 있다.

[II]사분면의 경우 성장하는 사람들이 취해야 할 시간관리 자세라 할 수 있다. 이 경우는 중요하지만 시급하지 않은 일들이라고 할 수 있다. 주요 특징으로는 대인 관계 등을 형성하거나, 새로운 기회를 발굴하거나, 전략 실행계획 수립 및 레크레이션 등의 활동을 할 수 있다. 이 경우에는 비전을 수립하고, 삶의 균형을 추구하며, 원칙과 자기통제, 위기로부터 탈출 등이 가능해 진다.

[III]사분면의 경우 중요하지 않으나 시급한 일들을 처리한다. 예를 들어 중요하지 않은 전화통화, 이메일처리, 각종 보고서 작업 등의 일들을 의미한다. 이 경우는 단기적 일들에 초점이 맞춰져 있으며, 위기관리, 상황에 민감한 업무수행, 조직의 목표나 실행 계획을 중요하게 생각하지 않거나, 관계형성이 미약하고, 통제나 관리가 불가능해 지는 결과를 초래한다.

[IV]사분면의 경우 중요하지도 않고, 시급하지도 않은 일들이다. 예컨대 사소하며 바쁜 일, 이메일처리. 전화통화, 시간 낭비성 활동 등을 하게 된다. 이 같은 경우 초래할 수 있는 결과는 총체적으로 책임의식의 결여, 타인에 대한 의존, 관습적이고 타성에 젖은 행위 등의 결과를 낳게 된다.

성공적인 삶을 위해서는 인간관계, 자신의 주요 역할, 각종 활동들을 균형 있게 유지해야 한다. 무가치하거나 쓸데없는 일들로 인하여 중요한 일들이 미루어지는 일이 없어야 한다. 즉 긴급한 일보다는 중요한 일에 노력을 집중해야 하며, 나에게 주어진 주요한 역할들을 수행하기 위해 설정한 중요한 목표를 달성하기 위해 최선을 다함으로써 자신의 사명을 성공적으로 완수해야 한다. 결론적으로 중요하지 않은 것들에 대해 "노"라고 말하고 정말로 중요한 것들을 위해 최선을 다해야 한다. 중요한 일들에 노력을 집중해야 하며, 자신의 사명, 역할, 목표, 우선순위에 따라 주간 계획을 세우고 매일 실천에 옮겨야 한다. 그렇다면 나에게 소중한 것이 어떤 것인지를 구분할 수 있어야 한다. 자신에게 소중한 것이란 개인적으로 가장 가치가 있다고 생각하는 것들이다. 그 같은 일들은 자신을 올바른 방향으로 안내할 것이고, 사명서에 나타낸 원칙 중심의 목석을 달성하도록 도와준다.

2 만츠(Manz)와 넥(Neck)의 셀프리더십 전략[22) 23)]

셀프리더십은 자신의 생각이나 행동을 올바른 방향으로 나아가도록 스스로 관리하는 능력으로 정의할 수 있는 셀프리더십의 실행 전략에 대하여 Manz와 Neck(2004)은 행위 지향적 전략(behavior-focused strategies), 자연보상전략(natural reward strategies), 그리고 건설적 사고전략(constructive thought strategies) 등의 3가지 범주로 나눌 수 있다고 하였다.

1) 행위 지향적 전략

행위 지향적 전략이란 즐겁지 않은 일이라 할지라도 꼭 필요한 일이라면 수행해야 한다는 자기 행동관리 전략이라고 할 수 있다. 즉, 자신의 행동을 관리할 수 있도록 스스로 자아인지(self-awareness)의 수준을 높이는 전략이다. 행위 지향적 전략에는 자기관찰(self-observation), 자기목표설정(self-goal setting), 자기보상(self-reward), 자기징벌(self-punishment). 그리고 자기암시(self-cueing) 등을 포함한다.

2) 자연보상전략

자연보상전략은 특정 과업이나 행위로부터 즐거움을 느낌으로서 보상을 받거나 동기부여가 되는 상황을 만들려고 하는 전략이다. 즉 자연보상전략은 과업수행을 통해 추가적인 즐거움과 기쁨을 느낌으로서 과업수행 자체가 자연적 보상이 되도록 의도적으로 노력하는 태도와 유쾌하지 않은 일에는 관심을 멀리하려고 하면서 과업수행의 결과로부터 느낄 수 있는 즐거움, 보람 혹은 행복감 등의 보상을 기대하려고 하는 것으로 나눌 수 있다. 둘 다 자기결정(self-determination)과 적성 혹은 역량(competence)과 연계되는 전략으로 자신에게 내재된 동기부여의 메커니즘이라 할 수 있다. 이는 과업의 성과를 높이기 위해 스스로에게 힘을 불어넣는 행위이다. 예컨대 사회봉사 혹은 불우이웃 돕기 등의 과업을 수행하는 경우 어떠한 물질적 보상이 주어지지 않을 지라도 그 일 자체로부터 느낄 수 있는 행복감, 일의 수행 결과에 대한 보람 등의 보상으로 이해 할 수 있다.

---

21) 박기호, 수강태도를 매개변인으로 한 셀프리더십전략이 IT과목 학습 성과에 미치는 영향: 사회과학분야 학습자중심으로, 경영교육연구, 2010. 3.

23) 박기호, 수강태도를 매개변인으로 한 셀프리더십전략이 IT과목 학습 성과에 미치는 영향: 사회과학분야 학습자중심으로, 경영교육연구, 2010. 3.

예산자원봉사센터, 사랑의 김치 담그기[24]

사랑의 연탄나누기 행사[25]

3) 건설적 사고전략

건설적 사고전략은 성과에 긍정적 영향을 미치도록 사고하는 습관과 건설적으로 사고하도록 의도하는 전략이다. 건설적 사고란 비합리적 신뢰나 부정적 가정을 긍정적인 자기설득(self-talk)이나 정신적 심상으로 대체하고자 하는 노력이다. 즉 불합리한 믿음이나 가정을 보다 건설적인 사고과정을 통해 자신의 사고유형을 결정짓고자 하는 것이다. 또한 부정적이고, 파괴적인 자기설득을 보다 긍정적인 내면의 대화로 대체하는 것이다. 예컨대 과업을 앞두고 자기 스스로가 그 일을 잘 해낼 수 있을 것이라는 자기신뢰 혹은 자신감을 가지도록 사고하는 전략이다. 무대에서 연주를 하는 연주자들의 경우 사전에 많은 연습을 통하여 완성도를 높여가는 과정이 필요하다. 따라서 연주자가 연주 당일 무대에 올라가기 전에 자신은 많은 연습을 했기 때문에 연주를 성공적으로 할 수 있을 것이라고 사고하는 과정이라고 할 수 있다.

더 뮤지컬[26]

무대 위의 공포[27]

---

24) 충청남도 시군뉴스, 2017
25) 코리아포워더타임즈, 2017, 12. 11
26) The Musical, 2019. 11. 23
27) 아트인사이드, 2019. 9. 14

3.3 셀프리더십의 성과

셀프리더십과 성과 간의 관계에 대한 많은 연구들이 진행되고 있다. 대다수의 조직들 특히 기업조직들의 경우 셀프리더십의 수준을 향상하여 종업원들의 생산성과 과업성과를 극대화 하는 것에 관심을 보여 왔다. 기업은 공통적으로 종업원들의 질적, 양적생산성의 감소, 종업원의 직무불만족 증가, 이직률 증대와 태업 등의 생산성을 감소시키는 요인에 직면하고 있으며, 이들 문제점들을 해결하기 위한 노력을 지속적으로 강구하고 있다. 이 같은 문제점의 해결을 위한 새로운 해결책을 찾게 되었으며, 해커만(Hackman, 1986)은 이에 대한 해결방안으로 자기관리 과업집단(self-managed work groups) 개념을 제안하였다.

집단에 속한 구성원들은 집단의 목표를 달성하기 위하여 개별적인 목표를 설정해야 하고, 이의 달성을 위해 집단구성원들과의 협력과 자기 스스로의 관리에 노력을 기울여야 한다는 것이다. 그러나 팀 단위의 과업목표 관리의 경우 조직 내에 속한 구성원 개개인의 업무에 임하는 태도와 사고방식, 팀 발전에 대한 공감대 형성, 팀의 발전과 자신의 발전사이의 격차 등에 대한 개별적 요인들이 개입될 소지가 있다.

따라서 최근에는 셀프리더십 즉 인간이 자신의 목표를 달성하거나 각자 처해진 상황 속에서 존재의 가치 발휘를 위하여 자기관리 및 통제시스템을 가동하고, 스스로 동기유발하게 하는 자유의지의 발현현상이 성과에 영향을 미친다는 연구가 활발히 진행되고 있다. 결국 셀프리더십이란 스스로 자신의 생각이나 행동을 올바른 방향으로 나아가도록 스스로 관리하는 능력이라 할 수 있다(Manz, 1985).

활동지 양식 ❾ 자신과 친구의 셀프리더십 6가지 핵심요인

● 아래에 자신과 친구의 셀프리더십의 6가지 핵심요인에 대한 행동방식을 토론하고 적어보시오.

6가지 셀프리더십 요인	자신의 경우	친구의 경우
자기 관찰		
힌트 전략		
자기목표 설정		
자기보상		
자기벌칙		
연습(훈련)		

활동지 양식 ⑩ 나의 개선해야 할 점(나쁜 습관)을 작성해 보자.

나의 개선필요사항	심각한 정도	개선방안

활동지 양식 ⑪ 나의 시간관리 매트릭스를 작성해 보자.

- 아래의 표에 일상 생활 속에서 해당하는 일의 종류들을 적어보시오.(하브루타 토론방식으로 진행할 것)

구분		시급한 일	시급하지 않은 일
토론자 A	중요한 일		
	중요하지 않은 일		
토론자 B	중요한 일		
	중요하지 않은 일		
토론과정에서 느낀 점			

모래 위의 발자국

- 마이클 포스터

출처: https://eirak.com/bbs/board.php?bo_table=z6_2&wr_id=608

어느 날 밤 나는 꿈을 꾸었습니다.

꿈속에서 나는 주님과 함께 해변을 걷고 있었습니다.

하늘저편에서 나의 지나간 인생을 회상 할 수 있었습니다.

그 회상의 각 장면마다 두 사람의 발자국이 있었음을 알게 되었습니다.

두개의 발자국은 나의 것이었고 또 다른 두개의 발자국은 주님의 것 이었습니다.

나의 앞에 비취어진 지나간 인생의 마지막을 보면서

나는 모래위의 발자국을 뒤돌아보았습니다.

나의 괴로웠던 삶 속에서 많은 시간들이

단 한사람의 발자국만이 남겨져 있음을 알게 되었지요.
그 때는 나의 삶 중에서 내가 제일 낮아지고
또한 제일 슬펐던 시절이었습니다.
그 사실에 마음이 괴로워서 주님께 여쭈어 보았습니다.
주님. 주님께서는 주님을 따르기로 작정만하면 나와 늘 함께 하시겠다고 말씀하셨습니다.
하지만 저의 삶속에서 제일 힘들었던 때에는 단지 한사람의 발자국만이 남아있었네요.
왜 주님께서는 제가 제일로 주님이 필요로 했을 때 저를 떠나계셨는지 이해할 수가 없습니다. 주님께서 대답하시길 "나의 소중하고 소중한 자녀야. 난 너를 사랑하며 너를 영원히 떠나지 않을 것이다. 네가 본 한 사람의 발자국은 네 삶속에서 네가 가장 힘들어할 때에 내가 너를 업고 갔기 때문이란다(Mary Stevenson)."

4장
나의 미래를 디자인 한다

목 차

학습목표

- 나의 미래 모습을 설계한다.
- 자신의 장래상을 수립하고, 자신에 대한 사명 선언서를 작성한다.
- 자신의 장래상 실현을 위해 어떤 노력을 기울여야 할까?
- 장래상의 달성을 위한 자신의 셀프리더십 적용 훈련을 한다.
- My Vision Board를 작성하고, 동료들과 나눈다.

4.1 나는 어떤 사람이 되고 싶은가?

스스로에게 물어보고 답을 적어 봅시다.

- 나는 어떤 회사에 취업하고 싶은가?
- 나는 어떤 분야에서 전문가로 성장하고 싶은가?
- 나는 국가와 사회의 구성원으로서 어떻게 공헌할 것인가?
- 나는 평소 주위사람으로부터 어떤 사람으로 평가 받고 싶은가?
- 나는 가족들이나 친인척에게 어떻게 칭찬받기를 원하는가?
- 나는 직장의 동료들에게 어떤 사람으로 평가 받고 싶은가?
- 나는 부당하게 승진에 누락되었을 때 어떻게 판단하고 행동할 것인가?
- 나는 친구들에게 어떤 친구로 이미지 메이킹을 하고 싶은가?
- 나는 선배와 후배들에게 어떤 후배 혹은 선배가 되길 원하는가?
- 나는 돈을 많이 벌었을 때 그 돈을 어떤 목적으로 사용하고 싶은가?
- 나는 불우한 이웃이나 힘들어 하는 이웃에게 어떻게 헌신할 것인가?
- 나는 정의가 무너지는 현실을 위해서 어떤 행동을 취할 것인가?
- 나는 매사에 소신껏 일하고, 열정을 가지고 성실하게 임할 자신이 있는가?
- 나는 직장에서 부당한 대우를 당할 경우 어떻게 처신할 것인가?
- 나는 내가 꼭 하고 싶은 일은 어떻게 실행할 수 있을 것인가?
- 나는 직업을 바라보는 관점을 어떻게 바라볼 것인가? 천직? 소명? 돈벌이?
- 나는 팀장이나 리더가 불법적인 행동을 할 때 어떻게 행동할 것인가?
- 나는 혼자 있을 때 무엇을 하고 싶은가?
- 나는 친구에게 실수를 했을 때 어떻게 행동할 것인가?
- 나는 타인의 실수에 대해서 어떤 행동을 취할 것인가?

- 나는 나에게 불편부당한 요구를 하는 사람에게 어떤 행동으로 대할 것인가?
- 나는 좋은 인간관계를 만들기 위해서 어떤 노력을 할 것인가?
- 나는 리더가 되었을 경우 팔로워들에게 어떤 리더로 평가 받고 싶은가?
- 나는 팔로워가 실수로 조직에 피해를 입혔을 때 그 팔로워에게 어떤 징계를 내릴 것인가?
- 나는 억울하게 모함을 당하거나 거짓으로 위해를 가할 때 어떻게 행동할 것인가?
- 나는 나의 주장이 잘못되었다고 깨달음이 왔을 때 어떻게 주변사람들에게 잘못을 인정할 것인가?
- 나는 위계적 우위관계에서 갑의 입장에 있을 때 을에게 어떻게 행동할 것인가?
- 나는 사랑하는 사람이 먼저 세상을 떠나려는 순간에 어떤 말을 해주고 싶은가?
- 나는 임종을 하는 침대위에서 임종을 지켜보고 있는 사람들에게 마지막으로 어떤 말을 남기고 싶은가?

4.2 나의 비전(장래상) 수립

"앞길이 불분명할 때,
비전은 꼭 거기까지만 당신을 데려갈 수 있다."

- 로렌 게리 -

1 자기비전(self-vision)의 정의와 원칙

비전은 자신이 장기적으로 목표로 하는 미래의 바람직한 미래상을 의미한다. 예컨대 자신의 비전을 '세계적인 유튜브 크리에이터'라고 설정했다고 가정하자. 이 경우 자신의 비전을 달성하기 위해 대학생활동안 어떤 일을 해야 할지 구체적으로 계획해야 한다. 유튜브 크리에이터가 되기 위해 배워야할 과목이 무엇인지? 어떤 지식을 필요로 하는지? 다룰 수 있는 소프트웨어 도구는 어떤 것이 있어야 하는지? 사용법을 배우기 위해 어떤 교육기관을 찾아야 하는지? 등등의 많은 내용을 준비해야 한다. 따라서 자신의 비전이 설정되면, 인생의 목표가 결정이 되고, 그 목표를 달성하기 위해 요구되는 실천항목들은 계획하고 실천에 들어가야 한다. 그러나 비전이 설정되지 않은 사람의 경우는 오늘은 무슨 일을 해야 하나? 내일은 무슨 일을 하고 지내나? 등으로 고민하게 된다. 비전의 중요성이 바로 이런 이유 때문이라 할 수 있다.

- 자신의 미래상 즉 비전을 수립하는 원칙은 아래와 같다.
- 비전은 여러 개가 만들어 질 수 없다. 단 하나의 비전만 있어야 한다.
- 자신이 바라는 어떤 일의 최종결과를 마음속에 떠올린 모습이어야 한다.
- 어떤 일의 결과에 대해 자신이 희망하는 모습을 상상한 그림을 그려본다.
- 굳이 멋지거나, 눈부시거나, 거창할 필요는 없다.
- 사명기술서, 전략적 목표, 슬로건 등을 아우르는 의미를 포함한다.

- 달성할 수 있을 정도의 그림을 그려야 한다. 너무 허무맹랑하다면 스스로에게 와 닿지 않을 것이다.
- 단순하고 이상을 추구하되 도전할 가치가 있으면서 현실에 기반을 두어야 한다.
- 비전의 내용을 쉽게 설명하고, 의미를 쉽게 이해할 수 있어야 한다.

2 자기비전의 역할

- 미래에 대한 간단, 명확, 영속적인 비전은 동기부여의 도구역할을 한다.
- 자신을 둘러싼 모든 변화, 환경에 적응하는 바른길로 인도하는 등의 안내지침서 역할을 한다.
- 자신이 나태해 지거나 삶이 무기력해지는 것을 막도록 동기부여를 해주는 역할이다.
- 초점이 명확해야 하며, 자기 스스로의 의사결정에 안내자 역할을 해야 한다.
- 셀프리더십을 가지고 자신의 인생을 주도적으로 이끄는 역할을 한다.

3 셀프비전의 사례

비전은 자신의 목표를 설정하고 이를 달성하기 위해 자신이 실천해야 하는 어떤 일을, 언제까지, 어떻게 할 것이다.라는 구체적인 행동 가능성이 있어야 한다. 실천과 행동이 따르지 않고 꿈만 꾸는 사람은 그 꿈을 이루지 못했을 경우 실패에 대한 갖가지 핑계를 되는 경향이 있다. 그러나 비전이 있는 사람은 계획을 잘 갈고 다듬어 행동으로 옮기고, 과감히 결정하고, 위험을 이겨내며 적극적으로 일을 한다. 실패를 두려워하지 않고, 극복하기 위해 노력하고, 실천하면서 비전을 달성해 나간다.

루터 킹 목사는 “저에게는 꿈이 있습니다. 언젠가 이 나라가 모든 인간은 평등하게 태어났다는 것을 자명한 진실로 받아들이고, 그 진정한 의미를 신조로 살아가게 되는 날이 오리라는 꿈입니다. 언젠가는 조지아의 붉은 언덕 위에 예전에 노예였던 부모의 자식과 그 노예의 주인이었던 부모의 자식들이 형제애의 식탁에 함께 둘러앉는 날이 오리라는 꿈입니다.”라는 꿈을 꾸었다. 그는 1963년 워싱턴으로 향한 대대적인 평화행진을 준비하고 실천함으로써, 자신의 꿈을 비전으로 만들어냈다. 비전을 수립하고 이를 달성하기 위해 중요한 사실은 치밀한 계획과 끝까지 좌절하지 않고 실천하는 것이다.

로봇 공학자를 꿈꾸었던 사람의 비전선언문의 사례이다.

OOO의 비전선언문

나의 비전은
"이 세상의 장애를 없애는 신체용 로봇을 만듦으로써
전 세계 장애인들의 구원자가 될 수 있는
세계 최고의 로봇 공학자가 되는 것이다."

이 원대한 비전을 이루기 위해 나는,

첫째, 2015년까지 카이스트 기계항공시스템학부에 입학할 것이다.

둘째, 2025년까지 MIT에서 로봇공학박사를 받을 것이다.

셋째, 2040년까지 신체용 로봇을 만드는 회사를 설립하여 매출 1조를 이룰 것이다.

넷째, 2050년까지 TIME이 선정한 100인에 선정되고, 역사에 남은 인터뷰를 할 것이다.

다섯째, 2100년 내 묘비명에서는 '세상에서 장애를 없앤 인류의 구원자'가 쓰여 있다.

'나의 비전은 이 세상의 장애를 없애는 신체용 로봇을 만듦으로써 전 세계 장애인들의 구원자가 될 수 있는 세계 최고의 로봇 공학자가 되는 것이다. 이 원대한 비전을 이루기 위해 나는…. '

30년 후 미래에 이 어린이가 만든 신체용 팔, 신체용 다리, 로봇 심장, 로봇 안구 등을 통해 장애로부터 자유할 수 있는 많은 사람들을 생생하게 그려볼 수 있다. 비전은 여러 개가 될 수가 없으며, 비전을 이루기 위한 실천 단계와 성취 기한도 정해져 있다. 이 비전을 이루지 못했을 경우, 자신에게 책임을 지울 수 있다. 전 세계 장애인을 구원하는 신체용 로봇을 만드는 로봇 공학자를 '언제'까지 이룰 것이고, 이를 위해서 '언제'까지 단계별로 해야 할 일을 밟아나가겠다고 하는 구체적인 인생 로드맵이 생생하게 그려져 있는 이것이 바로 비전이다.[28]

4 나의 비전(장래상)을 달성하기 위해 무엇을 준비할까?

자신의 비전을 달성하기 위해 구체적으로 어떤 실행계획을 세워야 할지를 고민해야 한다. 비전을 달성하기 위해 노력하는 과정에서 요구되는 지식, 전공, 기술습득, 자금마련, 경험습득 등의 준비해야 할 실행항목들을 구체화 해 나가야 한다. 물론 첫걸음에 완벽한 실행계획을 작성하는 것은 어렵지만 지속적으로 수정 보완해 나가면서 쉬운 것부터 실천해 나가야 한다.

- 언제까지 무슨 일을 어떻게 준비할 것인가?
- 학생시절에 경험해야 할 일과 배워야 할 일은 어떤 것이 있는가?
- 학창시절 동안 현장실습이나 인턴십 과정을 통해 어떤 경험을 습득할 것인가?
- 필요하다면 동아리 활동 혹은 학생회 활동을 통해 경험을 쌓는다.
- 창업을 희망할 경우 창업지원금 등의 혜택을 최대한 찾아서 도전해 본다.
- 졸업 후 어떤 분야로 직업을 선택하고, 전문성을 닦아갈 것인가를 고민한다.
- 20, 30, 40, 50대 각 10년 단위별로 비전실현과 관련된 장기적 목표를 설정한다.
- 글로벌 환경에 적응하기 위한 실천항목을 작성한다. 예컨대 워킹홀리데이나 어학연수, 해외파견 근무 등의 글로벌 시장을 경험할 수 있도록 노력한다.
- 10년 단위로 실천항목이 완료되면, 5년, 2년, 1년, 6개월, 분기별 단위로 중단기 목표를 설정하여 실천한다.
- 인생의 여정 속에서 자신에게 조언을 할 수 있는 멘토를 정해서 정기적으로 조언을 구한다.
- 인적 네트워크 구성을 위해 좋은 사람들과 배울 점이 많은 사람들과의 관계를 잘 유지하도록 노력해야 하고, 좋은 사람을 만나기 위해서는 먼저 내가 타인에게 좋은 사람으로 자리 매김하도록 끊임없이 노력해야 한다.

등의 준비해야 할 실행항목들을 구체화 해 나가야 한다. 물론 첫걸음에 완벽한 실행계획을 작성하는 것은 어렵지만 지속적으로 수정 보완해 나가면서 쉬운 것부터 실천해 나가야 한다.

28) 조선일보, 맛있는 교육 [김상봉의 자녀생애설계], 2010.12.29

4.2 나의 사명서(Mission Statement) 작성하기

사명이란 나의 미래를 만들어 나가는 과정에서의 신념과 가치체계. 행동 그리고 나 자신은 누구인가에 관한 인식 모두가 포함되어야 한다. 스티븐 스필버그 감독은 "아침에 일어날 때면 너무나 흥분되어 아침식사를 할 수가 없다." 라고까지 영화감독으로서의 사명감을 표현하였다.

사명 선언문이란 자신에게 주어진 인생을 살아가는 가장 중요한 이유에 대해 기술한 것이다. 자신이 살아가는 과정에서 방향타의 역할을 한다는 점에서 고민하고, 정리해 두어야 할 과정이다. 나의 사명 선언서는 남에게 보이기 위함도 아니고, 거창하고도 멋지게 만들 필요도 없다. 솔직하고 구체적으로 기술하되 진솔한 마음으로 자신을 돌아보며 작성하여야 한다. 사명서의 역할은 아래와 같다.

- 자신의 인생철학이나 신조이다.
- 확고한 비전과 가치관의 표현이다.
- 근본과 같이 삶을 살아가는 데 바뀌지 않는 개인 헌법과 같은 것이다.
- 개인의 헌법이며 삶의 설계도며 조감도이다.
- 어떻게 살아가야 할 것인지를 말해주는 윤리이자 원칙이다.
- 자신이 추구하는 가장 가치 있는 것이 무엇인지를 정의내리는 것이다.
- 인생목표를 확립하고 행동하는 가장 좋은 방법이다.

사례: 마하트마 간디의 자기사명선언문[29)]

매일 아침 일어나자마자 다음과 같이 결의 할 수 있게 해 주소서.

나는 지상의 어느 누구도 두려워하지 않을 것이다.
나는 오직 신만을 두려워 할 것이다.
나는 누구에게도 악한 마음을 품지 않을 것이다.
나는 누가 뭐래도 불의에 굴복하지 않을 것이다.
나는 진실로 거짓을 정복할 것이다.
그리고,
거짓에 항거하기 위해 어떤 고통도 감내 할 것이다.

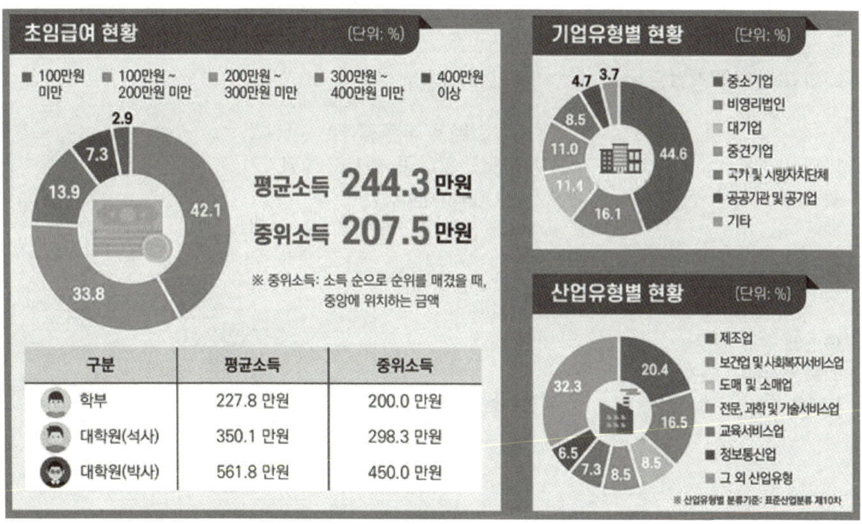

취업현황[30)]

30) 동양일보, 대졸 이상 수도권·비수도권 취업률 지속 격차, 2019. 12. 26

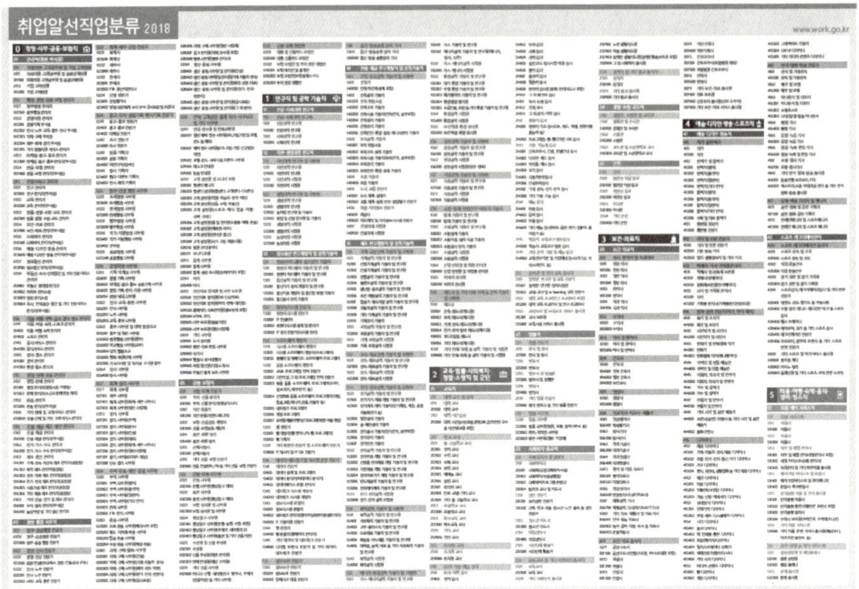

한국표준직업분류표(자료: 통계청)

[나의 사명서 작성 사례]

STEP 1 내가 좋아하고 원하는 것은?

<table>
<tr><th>단계</th><th colspan="2">내용</th></tr>
<tr><td>나의 미래 희망 직업은?</td><td colspan="2">- 게임프로그래머</td></tr>
<tr><td>나의 일생에서
꼭 이루고 싶은 것은?</td><td colspan="2">- 시집(詩集)을 내는 일
- 아일랜드, 남아공, 멕시코 여행가기
- 기타(Guitar)연주자
- 주변에 선한 영향력을 끼치는 사람</td></tr>
<tr><td rowspan="2">평소에 닮고 싶은
인물은 누구인가?
(유명인, 위인, 주변인물 등)</td><td>인물이름</td><td>닮고 싶은 이유</td></tr>
<tr><td>세종대왕</td><td>- 애민정신
- 인재를 골고루 등용
- 뜨거운 가슴과 냉철한 머리
- 성실성
- 용서하는 마음</td></tr>
<tr><td>평소 좋아하는 문구, 단어,
좋아하는 사람이름 등</td><td colspan="2">- 섬기는 리더십(servant leadership)
- 선한 영향력
- 나의 힘이 되신 여호와여
- 여행, 하늘, 꽃, 구름, 선물</td></tr>
</table>

STEP 2 국가 사회적으로 어떻게 기여할 것인가?

단계	내용
본인이 기여하기를 원하는 대상 및 영역 등은?	- 게임을 좋아하는 사람들 - 치매 가능성 있는 노인
무엇을 가지고 기여할 것인가?	- 좋은, 유익한 게임 개발 - 치매를 예방할 수 있는 게임
어떤 방법으로 기여할 것인가?	- 치매예방, 유익한 게임을 개발하여 공급한다.
기여한 결과가 어떻게 되기를 바라는가?	- 내가 개발한 게임으로 아이큐를 좋게 만들고, - 여가 시간을 보내는데 도움이 될 수 있고, - 노인 치매율을 낮출 수 있었으면 좋겠다.

STEP 3 STEP1과 2에서 적은 내용을 종합하여 나의 사명 선언문을 30글자 내외로 만든다.

나의 사명 선언문
게임을 좋아하는 사람들과 치매 가능성 있는 노인들을 위한 유익한 게임을 개발하여 국가 사회적으로 선한 영향력을 끼치고, 해외여행 등 내가 하고 싶은 일을 적극적으로 실천하는 삶을 살 것이다.

활동지 양식 ⑫ My vision board 작성하기

나의 장래상 (비전)				
	20대	**30대**	**40대**	**50대 이상**
희망직업				
희망직위 (임원, 사장 등)				
결혼				
희망연봉				
살고 싶은 곳				
여행가고 싶은 곳				
전문분야				
가족관계 (가족계획)				

활동지 양식 ⑬ 나의 사명 선언문을 작성해보자.

STEP 1 내가 좋아하고 원하는 것은?

<table>
<tr><th>단계</th><th colspan="2">내용</th></tr>
<tr><td>나의 미래 희망 직업은?</td><td colspan="2"></td></tr>
<tr><td>나의 일생에서
꼭 이루고 싶은 것은?</td><td colspan="2"></td></tr>
<tr><td rowspan="2">평소에 닮고 싶은
인물은 누구인가?
(유명인, 위인, 주변인물 등)</td><td>인물이름</td><td>닮고 싶은 이유</td></tr>
<tr><td></td><td></td></tr>
<tr><td>평소 좋아하는 문구, 단어,
좋아하는 사람이름 등</td><td colspan="2"></td></tr>
</table>

STEP 2 국가 사회적으로 어떻게 기여할 것인가?

단계	내용
본인이 기여하기를 원하는 대상 및 영역 등은?	
무엇을 가지고 기여할 것인가?	
어떤 방법으로 기여할 것인가?	
기여한 결과가 어떻게 되기를 바라는가?	

STEP 3 STEP1과 2에서 적은 내용을 종합하여 나의 사명 선언문을 30-50자 분량으로 작성한다.

나의 사명 선언문(30-50자)

생각해 보는 코너

달팽이와의 산책

달팽이이야기

따사한 봄날 스승이 제자에게 달팽이를 데리고 앞산을 산책하고 오라고 했답니다.

제자는 달팽이를 데리고 산책을 하는데 아무리 천천히 걸어도 달팽이가 느려서 산책이 되지 않았지요. 제자는 달팽이를 앞에서 당겨보기도 하고 뒤에서 밀어보기도 했지만 달팽이의 속도는 느리기만 했지요.

한편 달팽이는 제자를 따라가려고 땀을 뻘뻘 흘리며 힘들어 하며 기어가고 있었지요.

제자는 한숨을 쉬며 스승을 원망하다 하늘을 올려다보았답니다. 하늘엔 한가로이 새가 날고, 하늘빛은 푸르게 넉넉해 보이는 순간. 제자는 깨달았어요.

그래 달팽이를 제촉할것이 아니라 달팽이 속도에 맞춰서 사물을 구경하자고 생각을 바꿨지요.

그러자 그때까지 눈에 보이지 않던 제비꽃, 나리꽃, 시냇물, 오솔길들이 보이기 시작했지요. 제자는 생각했어요. 이제 보니 내가 달팽이를 산책시킨 게 아니라

달팽이가 나를 산책시켜서 고마운 존재임을 깨닫고 달팽이에게 고마워했다는 이야기입니다.

인간은 누구나 자기 시각으로 자기기준에 타인을 맞추려 하다 보니 서로 이해 못하고 서로를 힘들게 하는거 같아요. 나만 생각하지 말고, 타인의 입장에서 생각해 보는 여유가 필요하다고 생각해요. 역지사지라는 밀이 있잖아요?

PART

II

조직을 리딩하라 (조직 리더십)

"리더는 사람들을 타성에서 벗어나게 만들고,
비시의 세계에 대한 꿈을 심어주는 사람이다."
- 로시베스 캄터(미국의 리더십전문가) -

"삶을 통해 배운 값진 교훈
– 성공은 지식이나 행운보다 성품에 의하여 좌우 된다는 것이다."
- 윌리엄 하트폴(아일랜드 역사가) -

"남들이 자신에게 던진 돌로
단단한 주춧돌을 쌓을 줄 아는 이가 성공한 사람이다."
- 데이비드 브링클리(미국 방송인) -

5장
조직의 비전과 목표 달성을 위한 리더

목 차

학습목표

- 조직의 비전이란 어떤 것인지 이해한다.
- 리더와 비전 그리고 목표간 관계를 학습한다.
- 올바른 비전수립을 위한 요건이 무엇인지 이해한다.
- 조직 비전의 수립절차를 알아보자.
- 비전 수립과 하류전개와 추진전략을 수립하자.

5.1 조직의 비전이란?

1 비전, 미션 그리고 가치 선언서 정의 및 사례

조직이란 생물체와 같고, 유기체적인 특징을 가지고 있어서 끊임없이 성장하고, 때론 병에 걸려 고사하기도 한다. 조직이 살아 있다는 것은 개인이 숨 쉬고 살아 있다는 것과 같은 이치이다. 앞서 배운바와 같이 성장하는 개인의 경우도 비전, 사명서, 자신의 목표 등이 필요하다. 그와 마찬가지로 조직도 명확하고도 실현가능한 비전(vision), 미션(mission), 가치 선언서(value statements)를 수립하면 이러한 것들이 기업에게는 일종의 방향타라고 할 수 있다. 이는 목적의 명확성, 조직의 효율성, 조직 구성원의 동기를 강화함으로써 명확한 미래상을 생성하는데 기여한다. 많은 기업들이 비전, 미션 및 가치 선언들을 만드는데 실패하며, 결과적으로 조직의 추진력, 방향성, 성과측정에 어려움을 줄 수 있다. 따라서 개인뿐만 아니라 조직의 비전 즉 미래상, 미션, 그리고 조직의 사명서는 매우 중요하다. 사실 조직의 비전 수립과 사명 선언서 작성 등은 이미 오래전 이야기이기도 하다. 실제로 많은 기업들이 이를 형식적으로 유행에 편승함으로써 다소 구태의연할 수도 있다. 그러나 이 같은 내용을 수립하여 실천하는 것은 조직의 지속적 성장과 미래를 위해서 매우 중요한 과정이라 할 수 있다.

한 때 많은 기업들은 비전, 사명, 기업의 가치 등의 내용을 대신하여 웹사이트에 야망, 운영 방식, 역사 등을 서술하는 문구로 대체하곤 했다. 없는 것 보단 낫지만 비전 또는 사명 선언만큼의 깊이가 없다. 따라서 정교하게 다듬어진 비전, 미션, 가치 선언이 유의미한 조직 문화를 확립하지 못했었다. 효과적인 비전, 미션, 가치 선언을 도출하는 방법을 살펴보자.

LG그룹의 비전

사례로 LG그룹의 비전은 "일등LG는 LG의 궁극적인 지향점으로 시장에서 인정받으며 시장을 리드하는 선도 기업이 되는 것을 의미합니다."라고 설정하고 있다. 세부 비전으로는 고객, 투자자, 인재, 경쟁사의 4분야로 구분하여 각 부문별로 비전을 제시하였다. 고객의 관점에서는 "고객들이 신뢰하는 LG: 탁월한 품질과 브랜드 가치로 고객을 감동시켜 고객 스스로 LG가 최고라고 인정하게 만드는 것"으로 설정하였다. 투자자 관점에서는 "투자자들에게 가장 매력적인 LG: 높은 투자수익률로 투자자들에게 가장 매력적인 가치를 지닌 회사로 인정받는 것"이라고 제시하였다. 즉 투자자들에게 던지는 비전이다. 인재상 측면에서는 "인재들이 선망하는 LG: 최고의 인재가 모여 주인의식을 가지고 신명나게 일할 수 있는 최고의 직장이 되는 것"이라 제시하고 있다. 즉 기업을 구성하고 있는 우수한 인재들을 확보하고자 하는 비전이다. 경쟁사 대상의 비전으로는 "경쟁사들이 두려워하면서도 배우고 싶어 하는 LG: 일등 경영을 통해 탁월한 성과를 창출함으로써 경쟁사들이 두려워하면서도 배우고 싶어하는 기업이 되는 것"으로 설정하였다.

비전은 개인이나 기업의 미래상이라고 할 수 있다. 다시 말해서 미래에 자신이 되고 싶어하는 목표 즉 특정분야 전문가, 특정 조직에서 자신의 존재가치 등을 의미한다.

스타벅스 천안안서점(호서대학교 정문앞)[31)]

스타벅스의 경우 비전선언문을 홈페이지에 특별히 구분하여 제시하고 있지는 않으나 스타벅스의 비전은 "세계 최고의 커피 전문회사"라고 언급하고 있다. 전 세계 76개 나라에서 수만여 파트너들과 협력하여 세계 최고의 커피 전문회사가 되겠다고 하는 것이다. 최고의 커피 회사가 되기 위한 행동원칙으로 최상급 아라비아커피 원두를 원료로 사용하고, 40년 이상의 로스팅 기술, 철저한 품질관리, 기업의 사회적 책임완수 등의 행동원칙을 제시하고 있다.

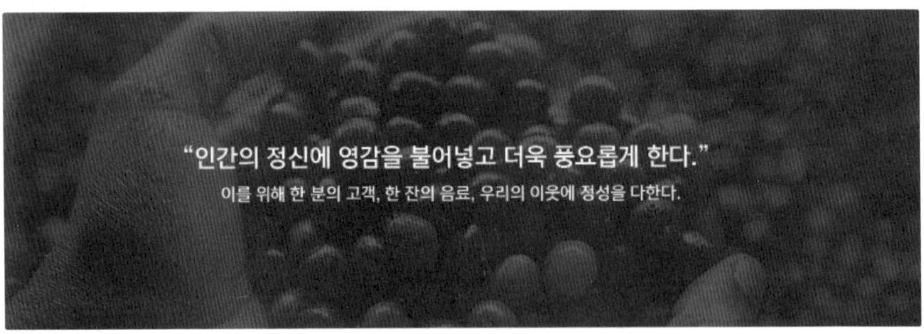

스타벅스의 사명 선언서[32)]

31) https://www.istarbucks.co.kr/store/store_map.do
32) https://www.istarbucks.co.kr/footer/company/mission.do

스타벅스의 사명 선언문은 "인간의 정신에 영감을 불어넣고 더욱 풍요롭게 한다."는 내용을 담고 있다. 이를 달성하기 위해서 "한 분의 고객, 한 잔의 음료, 우리의 이웃에 정성을 다한다."라고 하는 내용이다.

이를 위한 스타벅스의 핵심가치를 보면 "우리의 핵심을 지켜나가며 파트너와 커피, 고객과 함께하는 가치들을 실행한다."라고 하였다. 그에 따른 세부 행동지침을 보면 '모두가 환영받을 수 있는 따뜻하고 친밀한 문화를 만든다.', '현재로부터 투명성과 품위와 존경을 상호 연결해 나간다.', '용기를 가지고 행동하고, 현재에 안주하지 않고 도전하며, 회사와 서로가 성장할 수 있는 새로운 방법을 찾는다.', '우리가 할 수 있는 모든 것에 최선을 다하며, 결과를 얻기 위해 스스로 책임감을 가진다.' 등이다.

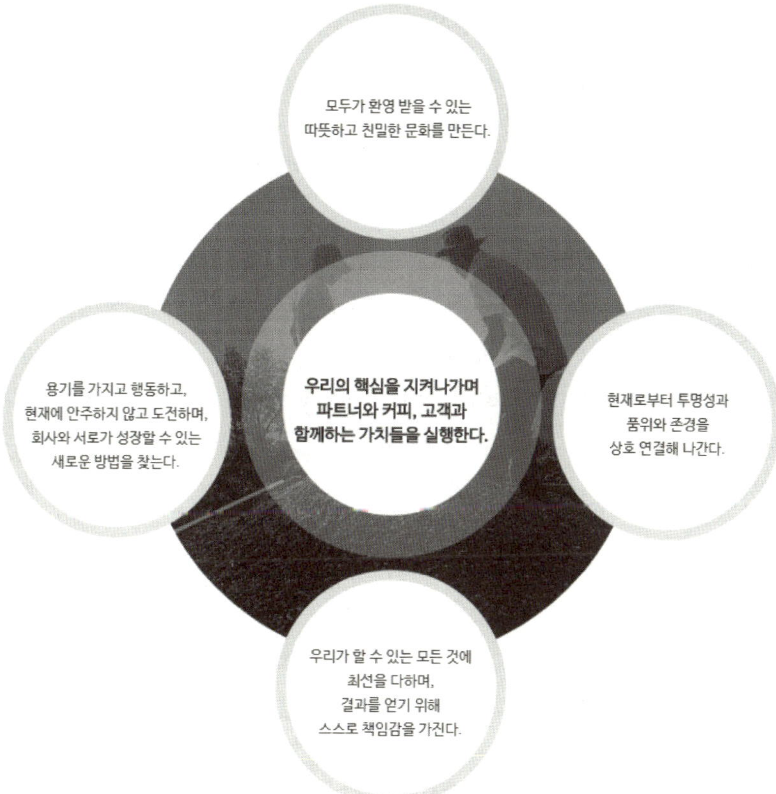

"인간애에 기반해 우리의 행동을 주도해 나간다."

2 비전, 미션 및 가치 선언문이란?

비전이란 앞서 말한 바와 같이 조직의 바람직한 미래상을 의미한다. 그러나 미션 혹은 가치 선언문은 자신들이 하는 일이 특정 대상에게 어떤 가치를 제공할 것인가라는 내용을 담고 있다. 따라서 비전 선언문(vision statement)과 사명 선언문(mission statement)간에 서로 무슨 차이가 있는지는 혼란스러울 수 있다. 실제로 기업에 따라 비전 선언이 사명 선언이고, 반대로 사명 선언이 비전 선언인 경우도 있다. 따라서 명확하게 구분이 되지 않을 수도 있다.

비전은 조직이 소망하는 미래상을 알기 쉽게 서술한다. 이는 직원, 고객 및 여타 이해관계자를 감동시켜 이들로부터 최고의 것을 끌어 낼 수 있는 힘을 갖는다. 우수한 비전은 다양한 리더, 경제 환경, 난관에 걸쳐 지속성을 가지면서 변하는 일이 거의 없다. 반면 사명(mission)은 기업이 소망하는 미래상에 어떻게 도달할 것인지를 서술한다. 이는 이성에 호소하는 것이고, 부서 및 프로그램이 기업을 얼마나 잘 지지하는지를 판정할 때 측정 근거가 된다. 미션은 중간 목표가 달성될 때 새로운 도전을 반영하여 변화한다. 반면에 비전은 특별한 이유가 없는 한 변경되지 않는다.

알츠하이머 협회(Alzheimer's Association)가 우수한 비전의 모범 사례이다. 이들의 비전인 "알츠하이머 없는 세상(A world without Alzheimer's)"은 알츠하이머로 고생하다 세상을 떠나는 것을 지켜본 모든 사람에게 감동을 준다. 이들의 사명인 "연구의 진전을 통해 알츠하이머 질병을 제거하고, 모든 환자에게 케어와 지원을 제공하고 강화하며, 두뇌 건강을 촉진해 치매 위험을 줄인다."라며 협회가 감당하거나 지원하는 구체적 활동들을 서술한다.

가치 선언문(value statement)은 원칙, 신념, 운영 철학을 서술하고 조직 문화를 형성한다. 강력한 가치는 직원 상호작용 시의 지침이 되고, 행동을 평가할 수 있는 기준이 되는 도덕적 나침반 역할을 한다. 열정, 팀워크, 성실, 다양성 및 품질은 기업 가치 선언에 끊임없이 등장한다.

3 효과적인 비전, 사명, 가치 선언의 특징[33)]

CIO의 객원기고가인 Bart Perkins에 의하면 조직이 실천 가능한 효과적인 비전 또는 사명 선언서가 되기 위해 고려해야 할 사항은 다음과 같다.

1) [공헌정신]조직의 존재가치 혹은 공헌도에 대한 정신이 표현되어야 함.

사명 선언문의 경우 단순히 비즈니스 측면만을 강조하는 것이 아니라 인류애 적이고, 공동이익을 추구하거나 고객 혹은 투자자 등의 이해관계 당사자들에게 가치를 제공할 수 있는 내용으로 작성되어야 한다. 아래의 나사의 사명 선언문은 인류의 미래를 개척하는 일에 사명감을 가지고 일한다는 영감 혹은 정신이 스며들어 있어야 한다.

케네디 대통령은 다음의 한 문장으로 우주 프로그램을 확립했다. "우리는 앞으로 10년 이내에 인간을 달에 착륙시키고 안전하게 지구로 귀환시킨다는 목표를 달성하는데 헌신해야 합니다." 나사(NASA)는 이를 자신들의 사명 선언으로 채택하고 아폴로 프로젝트를 추진했다.

2) [차별화]시장 차별화 내용이 포함되어야 함.

기업이 시장에서 경쟁우위를 점하기 위해서는 제품, 전략, 고객서비스, 비용 등의 경영자원 측면에서 차별화를 추구해야 한다. 즉 남과는 다른 무엇인가를 제공해야 하는 것이 차별화라고 할 수 있다. 남들과 똑같거나 유사해서는 시장에서 우위를 점하는 것은 불가능하다. 시장 차별화 전략을 끊임없이 추구하고 있는 미국의 전기차 회사인 테슬라사의 경우 전기차를 생산하는 기업으로 사명 선언문은 "세계의 지속가능 에너지로의 전환을 가속화"라는 사명서로 운송 및 클린 에너지 분야의 특수한 틈새시장을 겨냥한다. 2017년 2월초 미국 전기차 회사 '테슬라자동차'(Tesla Motors)는 회사 이름을 '테슬라'로 바꿨다. CNBC는 테슬라가 사명을 바꾼 것은 사업 영역을 자동차에서 리튬이온배터리, 태양에너지 등으로 다각화할 것임을 시사한 것이라고 풀이했다. 방송은 테슬라의 사명 단축이 이 회사가 지난해 6월 웹사이트 주소를 역시 'teslamotors.com'에서 'tesla.com'으로 바꿨을 때 이미 예견된 일이라고 설명했다.[34)]

---

33) Bart Perkins, CIO Korea, http://www.ciokorea.com/news/IT 미션·비전·가치 선언문 수립 가이드, 2018. 7. 2
34) 머니투데이, https://news.mt.co.kr/mtview.php?no=2017020207183314526, 2017. 2. 2

3) [미래성]기업의 미래가 반영되어야 함.

기업은 지속적으로 성장하고, 발전해야 한다. 그러므로 기업의 발전의 모습을 비전이나 사명 선언서에 포함되도록 설정하는 것이 중요하다. 빌 게이츠와 폴 앨런이 마이크로소프트를 설립했을 때 이들의 꿈은 "모든 책상 위에, 그리고 모든 가정에 한 대의 컴퓨터"였다. 그러나 많은 사람들은 이 같은 예상에 대해 허황된 목표라고 비난하는 사람이 많았다. 그러나 그로부터 30여년이 지난 지금 결국 이는 마이크로소프트에게 탁월하고 예언적인 비전이 되었다. 따라서 바람직한 비전은 미래의 시장상황을 명확하게 내다 볼 수 있어야 한다.

4) [선택과 집중]선택과 집중이 잘 표현되어야 함

조직이 추구하는 시장 혹은 목표고객을 명확하게 하고, 제공하고자 하는 제품 혹은 서비스의 직접적인 사용자가 누구인지를 정확하게 포함해야 한다. 이를 잘 적용했던 사례로 1980년 스칸디나비아 항공(SAS)은 거의 파산 상태였다. 새로운 비전인 "빈번하게 비즈니스 출장을 하는 사람을 위한 세계 최고의 항공사가 되자"는 비즈니스 출장을 하는 사람을 지원하는 것에 집중할 수 있도록 하는 근거가 되었다. 다른 항공사들은 연료 효율이 늘어난 대형 비행기를 구입했고, 항공편 수를 줄여갔다. SAS는 DC-9 소형 비행기를 고집하면서 선택할 수 있는 더 많은 항공편이라는 비즈니스 고객의 니즈를 충족시켰다. 1983년 SAS는 포천 매거진의 '올해의 최고 항공사'로 선정됐다. 포천의 설명에 따르면 스칸디나비아 항공은 "비즈니스 여행자를 위한 최고의 항공사"였다. 게다가 수익성도 매우 높았다.

5) [행동지침]일상의 행동 지침이 될 수 있어야 함.

리츠-칼튼의 신조(credo)는 "리츠-칼튼은 손님의 진정한 케어와 안락이 회사 최고의 사명인 곳이다"라고 선언한다. 고객과 접하는 직원은 상부의 허가 없이 고객 문제를 해결하기 위해 사건당 최대 2,000달러까지 쓸 권한이 있다. 리츠-칼튼 직원이 손님들에게 코트, 타이, 신발, 여타 의류를 선물한 사례들을 보라. 호텔은 고객 서비스에 집중함으로써 말콤볼드리지상(Malcolm Baldridge National Quality Awards)을 2회 수상했다.

6) [인재상]인재 영입에 기여

앞서 제시한 바 있는 LG그룹의 비전에는 "인재들이 선망하는 LG: 최고의 인재가 모여 주인의식을 가지고 신명나게 일할 수 있는 최고의 직장이 되는 것"이라고 제시하였다. 바람직한 비전, 사명 및 가치(VMV: Visions, Missions, Values)는 핵심 목적을 지지하고 문화를 수용하는 사람들을 끌어당긴다. 특히 비영리 단체는 단체의 목표를 믿는 수많은 사람들을 끌어들인다. 특히 밀레니엄 세대 직원들은 강력한 목적의식이 있을 때 한 곳에서 더 오랜 기간 머물 가능성이 높다. 최근에는 평생직장이라는 개념이 흐려진 듯하다. 그러나 자신이 속한 조직이 인재를 인정해주고 조직구성원들의 만족도가 높을 경우 이직률이 감소할 수 있을 것이다. 또한 고급의 인재들이 선망하는 조직이 될 수 있다.

4 비전, 사명 및 가치선언문 도출 기술

실행 가능한 VMV를 만드는 과정에서 모든 조직 구성원들이 동참하고, 최종적으로 설정된 비전이나 미션을 조직 전반에 전파하는 것이 중요하다. 정교하게 다듬어진 VMV(비전, 미션, 가치) 선언은 다음과 같은 특징을 갖는다.

1) 간결성

최고의 선언은 명함 뒷면에 인쇄할 수 있을 정도로 매우 짧고 핵심적이어야 한다. 추가로 설명이 필요하다면 홈페이지나 홍보물 등을 통해 추가 설명을 할 수 있다. 선언문의 내용이 많고, 문구가 길어질 경우 기억하기도 어렵게 되고, 읽기에 부담스런 심리적 부담을 줄 수 있기 때문에 간결하고 함축적으로 표현해야 한다.

2) 인상적

선언은 본질을 희생하지 않으면서 기억하기에 충분할 정도로 짧아야 한다. 구글의 11단어 선언인 "세계의 정보를 조직화하여 누구나 접근가능하고 유용하게 한다(Organize the world's information and make it universally accessible and useful)"는 매우 간결하다. 고객이나 경쟁자가 이 선언을 정확히 기억하지 못한다고 하더라도 요지만큼은 아마 기억할 것이다.

3) 독특성

많은 기업들이 실수하는 것은 업종 내의 어떤 기업에든 적용할 수 있는 평범한 선언을 쓴다는 것이다. 그리고 진정성이 담기지 않은 형식적인 선언서를 제시하고, 실제 기업경영은 그 방향성과 전혀 다르게 추진하는 경우가 많다는 것이다. 우수한 VMV선언은 경쟁자 대비 조직을 차별화시킬 수 있어야 하며, 독특성이 있어야 한다. 동종업계라 하더라도 자신들만의 독특성이 결여될 경우 잘 만들어진 선언서가 될 수 없다.

4) 현실성

VMV선언은 도전적이어야 하나 구성원들이 납득할 수 있어야 한다. 구성원들이 납득할 수 없는 선언문은 실천력이 떨어지며, 조직의 전략수행을 일관성 있게 추진할 수 없다. 사명이나 가치가 현실성이 없다면 조직의 구성원들은 물론이거니와 고객들에게도 긍정적인 메시지를 전달할 수 없다. 따라서 사명 선언서 등이 설득력을 가지고 공감대를 형성하려면 조직 구성원들이 적극적으로 참여할 수 있도록 유도해야 한다.

5) 최신성

VMV선언문을 자주 변경해서는 안된다. 조직의 비전, 미션, 사명 선언서가 자주 바뀐다는 이야기는 선언문 작업을 하는 과정에서 깊은 고민이나 치밀한 계획을 하지 않았다는 방증이 된다. 그렇다고 한번 정해진 선언문을 결코 변경하지 않아야 한다는 것은 아니다. 왜냐하면 기업이 목표를 달성할 때마다, 그리고 경쟁자의 전략, 기업을 둘러싼 경영환경의 변화, 기술적 발전에 의해 우선순위의 변경이 있을 때마다 재검토를 요한다. 구성원과 고객, 투자자들의 혼란을 줄이기 위해 변경을 해야 하는 경우는 신중하게 결정할 필요가 있다.

5 파타고니아사 사례

친환경 제품을 생산하고 있는 파타고니아사의 사명 선언서는 “We’re in business to save our home planet.” 즉 “파타고니아는 우리의 집과 같은 지구를 구하기 위해 비즈니스 한다.”라는 것이다.

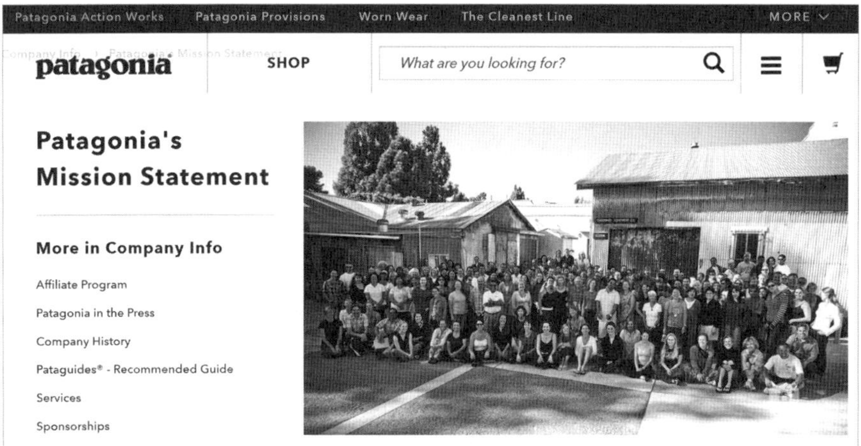

Patagonia의 사명 선언서[35)]

1) 파타고니아사의 존재이유(our reason for being)

At Patagonia, we appreciate that all life on earth is under threat of extinction. We aim to use the resources we have—our business, our investments, our voice and our imaginations—to do something about it.

Patagonia grew out of a small company that made tools for climbers. Alpinism remains at the heart of a worldwide business that still makes clothes for climbing—as well as for skiing, snow boarding, surfing, fly fishing, mountain biking and trail running. These are silent sports. None require an engine; rarely do they deliver the cheers of a crowd. In each, reward comes in the form of hard-won grace and moments of connection with nature.

As the climate crisis deepens, we see a potential, even probable end to such moments, and so we're fighting to save them. We donate our time, services and at least 1 percent of our sales to help hundreds of grassroots organizations all over the world so that they can remain vigilant, and protect what's irreplaceable. At the same time, we know that we risk

35) 파타고니아, https://www.patagonia.com/company-info.html

saving a tree only to lose the forest—a livable planet. As the loss of biodiversity, arable soils, coral reefs and fresh water all accelerate, we are doing our best to address the causes, and not just symptoms, of global warming.

Staying true to our core values during forty-plus years in business has helped us create a company we're proud to run and work for. To stay in business for at least forty more, we must defend the place we all call home.

2) 핵심가치(core values)

Our values reflect those of a business started by a band of climbers and surfers, and the minimalist style they promoted. The approach we take toward product design demonstrates a bias for simplicity and utility.

3) 최상의 제품개발(build the best product)

Our criteria for the best product rests on function, repairability, and, foremost, durability. Among the most direct ways we can limit ecological impacts is with goods that last for generations or can be recycled so the materials in them remain in use. Making the best product matters for saving the planet.

4) 환경파괴 최소화(cause no unnecessary harm)

We know that our business activity—from lighting stores to dyeing shirts—is part of the problem. We work steadily to change our business practices and share what we've learned. But we recognize that this is not enough. We seek not only to do less harm, but more good.

5) 자연보호를 위한 비즈니스(use business to protect nature)

The challenges we face as a society require leadership. Once we identify a problem, we act. We embrace risk and act to protect and restore the stability, integrity and beauty of the web of life.

6) 새로운 길 개척(not bound by convention)

Our success—and much of the fun—lies in developing new ways to do things.

6 비전, 사명, 또는 가치 선언에 대한 조직저항

인간에게는 급격한 변화가 자신에게 요구되는 경우는 심리적으로 저항하는 경향이 일반적이다. 자신과 무관한 환경적 변화를 큰 저항 없이 받아들이기도 하지만 자신에게 직접적인 영향력이 되는 변화가 몰려올 경우 강력하게 저항할 수도 있다. 이것이 일반적인 현상이다. 조직이 변화하는 환경에 적응하기 위해 새로운 VMV선언을 할 경우 구성원들은 자신이 수행중인 일상 업무가 변경될 가능성을 인지하면서 저항에 직면하게 된다. 따라서 조직이 새로운 VMV선언을 발표할 경우 여러 가지 저항을 낳을 수 있다.

구성원들이 새로운 VMV를 무가치하거나 불필요하다고 생각하여 시간 낭비로 비칠 수 있어 조직 내 저항이 발생할 수 있다. 이 같은 경우는 전략기획팀이나 고위층 임원들이 며칠 동안 모여 만들어낸 선언일 경우 특히 그러하다. 따라서 선언문을 만드는 과정은 일부 인원이 밀실에서 만드는 것이 아니라 전체 구성원들이 참여하여 공동작업 과정을 거치는 것이 중요하다.

5.2 리더와 비전 그리고 미션간 관계

리더는 조직의 비전과 장단기 목표, 그리고 미래의 발전상 등을 구체화하고 이를 달성할 의무를 가진 사람이다. 따라서 비전을 수립하고, 달성하기 위한 실천계획 등을 수행할 능력이 없는 사람은 리더의 자리에 올라서는 안된다. 능력이 없는 리더가 조직을 무리하게 이끌어 가려고 할 경우 조직은 실패하거나 망하게 된다. 국가도 마찬가지다. 국민이 투표라는 수단을 통해 국가의 최고 리더를 선출하는데 선거기간에는 온갖 감언이설로 국민을 속이고 정권을 잡은 후 국가를 엉뚱한 방향으로 끌고 나가면 결국 국가는 퇴보하거나 망하게 되는 것이다.

한 때는 전 세계 국가들중 상위권에 있던 나라가 망한 경우는 많이 보아왔다. 아르헨티나, 그리스, 베네수엘라 등의 나라들이 있다. 정치인 등 사회 엘리트계층이 자신의 무능함을 감추고 대중의 환심을 사기 위해 포퓰리즘을 남발하고 이에 제동을 걸 장치가 점차 무력화될 때 세상은 아래에서부터 썩어 들어가기 시작한다. 대표적인 예가 아르헨티나이다. 20세기 초만 해도 아르헨티나는 경제 선진국이었다. 1914년 해외 진출을 노리던 런던의 유명 백화점인 해러즈 백화점이 1호점을 아르헨티나 수도 부에노스아이레스에 열 정도였다. 1차 세계대전 직전 아르헨티나 국내총생산(GDP)은 유럽의 강국 프랑스, 독일, 이탈리아보다도 높았다. 하지만 포퓰리즘의 대명사 '페론주의'로 대표되는 후안 페론 대통령 집권 이후 아르헨티나 경제는 변곡점을 맞았다. 1946년 집권 이후 페론은 유권자들의 표를 얻기 위해 복지 지출을 대폭 늘렸다. 은퇴자 연금을 한꺼번에 올려주고 국가 예산의 19%를 생활보조금에 쓰는 등 퍼주기 정책이 일상화하면서 재정이 바닥났다. 아르헨티나는 지금도 대학 교육을 무상으로 실시하는 몇 안 되는 나라 가운데 하나다.

21세기 들어 아르헨티나가 첫 외환위기를 맞은 국가가 된 것도 이 같은 근시안적 경제정책과 정부의 과도한 재정 지출에 따른 부채, 그리고 개혁에 반대한 노조 때문이었다. 1989년 연 5000%를 기록할 정도로 살인적인 인플레이션 와중에 당선된 페론당 출신 메넴 대통령은 물가 안정을 최우선 목표로 1991년부터 고정환율제를 실시했다. 하지만 물가가 안정되는 대신 페소화가 지나치게 고평가됐다. 주변 남미 국가가 자국 통화를 평가절하하면서 격차는 더 커졌다. 당시 브라질 근로자 월평균 임금이 250~300달러 수준이었는데, 아르헨티나 근로자들은 700달러에 육박할 정도였다. 강성 노조도 아르헨티나 정부가 몰락하는 데 일조를 했다. 1999년 12월 취임한 페르난도데라루아 대통령이 재정건전성 우선 정책을 펼치자 2001년 7월까지 전국적인 파업이 6번이나 벌어졌다. 그해 10월 총선 참패로 데라루아 정책은 동력을 잃었다. 결국 아르헨티나는 2001년 당시 사상 최대 규모였던 1000억달러의 국가부도(모라토리엄)를 선언하면서 국제 금융시장에서 퇴출당했다. 이후 2005년과 2010년 두 차례에 걸쳐 채무조정을 하며 국제금융시장 복귀를 노렸지만 원리금을 모두 갚으라며 엘리엇 등 벌처펀드들이 제기한 소송에 패해 2014년 2차 디폴트를 맞기도 했다.[36]

이처럼 국가의 리더가 국가의 명운을 결정하는 중요한 역할을 하게 되는 것이다.

리더는 비전을 수립하고, 추종자들과 비전을 공유하며, 열정과 강한 추진력으로 솔선수범하면서 비전완수에 최선을 다해야 한다. 1960-70년도 전 세계 국가들중 최빈국에 분류되었던 우리나라가 21세기에 세계 10위권의 경제 강국이 된 밑거름에는 고박정희 대통령이 국민들에게 심어준 미래 비전 덕분이라 할 수 있다. "1980년대에는 집집마다 마이카를 굴릴 수 있는 시대를 열겠다."라는 비전을 제시하였다. 그 말을 듣는 국민들은 미래에 대한 부푼 기대와 희망을 가질 수 있었다. 대한민국의 고도성장은 전 세계에 유래 없이 짧은 기간에 이루어낸 경제부흥의 쾌거라고 할 수 있다. '새마을 운동'이라는 국민들이 국가적 비전이자 개인의 비전을 이루기 위해 몸소 실천하는 운동을 전개했던 것이다.

비전이란 조직의 장기적인 목표와 미래의 발전상이라 정의되지만, 미션은 조직의 존재이유 혹은 존재가치에 관한 것이다. 미션이란 국가, 기업, 국민 등 주체가 누구인지에 따라 다르다. 국가의 미션은 국민의 귀중한 생명과 재산권을 보호해야 하는 것이 헌법에 명시된 정신이다. 정부는 그것을 지키기 위해 국방을 강화하여 안보를 튼튼히 해야 하며, 국민의 혈세로 집행하는 국가의 예산은 소중하고도 조심스럽게 집

36) 매일경제, 아르헨·그리스·베네수엘라…그들이 망한 이유 있었다., 2017. 4. 4

행해야 한다. 그러나 작금엔 이러한 헌법정신이 무시되고, 짓밟히는 상황을 목도하고 있다.

기업에 부여된 미션은 국가의 경제력을 이끌어 가며, 고객들에게 양질의 상품 혹은 제품과 서비스를 공급하고, 건전한 일자리를 창출하는 것이다. 그 결과로 기업은 이윤을 창출하고, 새로운 투자를 함으로써 지속적인 성장을 이루어 가야 한다. 정부는 기업들의 경영활동에 불편부당함이 없도록 지원해 주고, 기업은 투명한 경영활동을 통해 국가 사회에 공헌해야 한다.

자유민주주의 국가의 국민 개인에게 주어진 미션은 개인의 자유와 창의성을 바탕으로 국가와 사회구성원의 일원으로써 존재의 가치를 충분히 발휘하기 위해 노력해야 한다. 사회적으로 지위는 높은 자리에 앉아 있으나 자신의 이익만을 추구하고, 남에게 주는 피해는 무감각하며, 일신의 성공과 잇속을 차리려는 리더 혹은 개인들은 사회의 암적인 존재들이며, 이런 개인들이 상식을 벗어나고 탈법을 일삼는 사회는 후진적 사회인 것이다.

비전과 미션을 달성하기 위해서는 조직 구성원들의 사고방식이나 행동양식 들의 기준이 되는 기본원칙 즉 핵심가치를 가슴속에 새겨야 한다.

공직자들의 핵심가치는 국가와 국민에 대한 희생과 봉사로서 공적인 일을 우선시하고 사적인 일을 뒤로 미루는 자세를 가져야 한다. 또한 국민의 불편함이 무엇인지를 헤아리고 이를 해결해 주고자 하는 서번트리더십을 배양해야 한다. 그러나 이와는 정반대인 현실을 바라보면서 씁쓸한 느낌을 지울 수 없다.

기업 조직의 리더들의 핵심가치는 고객을 감동시킬 수 있는 서비스의 실현, 팀워크와 파트너십의 강화, 학습하고 혁신하는 개혁의 주체, 노동생산성 제고와 기술혁신 등을 통해 기업의 성장을 위해 노력해야 한다.

개인으로서의 핵심가치는 자신에게 맡겨진 직분 혹은 직업, 맡은 바 본분에 최선을 다하고 자유민주주의 나라의 국민으로서의 역할을 해야 한다. 또한 소비자로서의 경제활동 및 건전한 소비활동, 노동자원의 공급자 역할, 악덕업주 등 사회적 부조리를 감시하고, 사회정의의 실현을 위해 적극적으로 노력해야 하는 것이다.

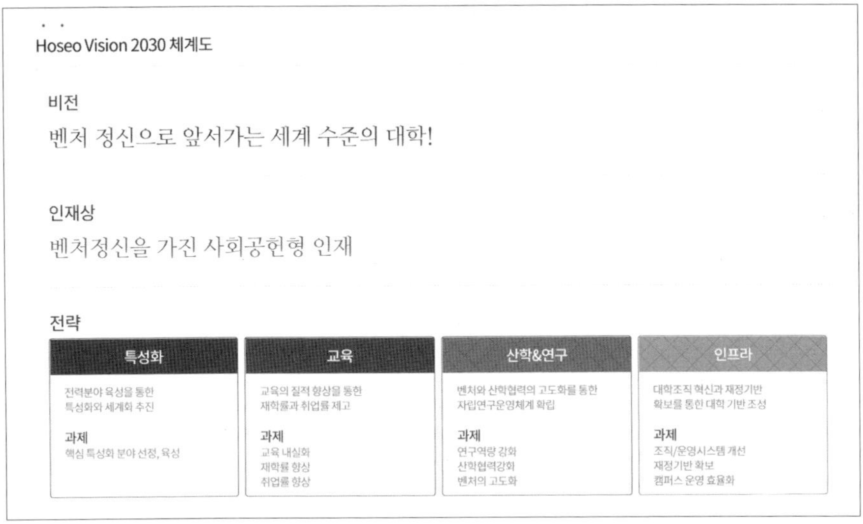

호서대학교 비전2030[37)]

37) 호서대학교, http://www.hoseo.ac.kr/Home/Contents.mbz?action=MAPP_1708220016

5.3 올바른 비전수립을 위한 요건

- 조직의 비전이란 조직이 바라는 어떤 일의 최종결과를 마음속에 떠올린 모습이다.
- 어떤 일의 결과에 대해 조직이 희망하는 모습을 상상한 그림이다.
- 미래에 대한 간단, 명확, 영속적인 비전은 조직 구성원들의 동기부여 역할을 한다.
- 눈부시거나 거창할 필요가 없다.
- 국가나 사회에 선순환적인 가치를 창출할 수 있어야 한다.
- 조직의 사명기술서, 전략적 목표, 슬로건 등을 아우르는 의미여야 한다.
- 조직 구성원들에게 신뢰와 믿음, 희망을 제시하는 비전이어야 한다.
- 기술의 변화, 급변하는 환경변화에 적응하는 바른길 안내지침 역할을 한다.
- 비전 선언문은 단순하고 이상을 추구, 조직의 핵심가치에 호소해야 한다.
- 도전할 가치가 있으면서 현실에 기반을 두어야 한다.
- 황당한 비전선언문은 조직 구성원들에게 감동을 줄 수 없다.
- 초점이 명확해야 하며, 의사결정의 안내자 역할을 해야 한다.
- 조직의 이해관계 당사자에게 가치를 제공해야 하며, 그들에게 유익해야 한다.
- 내용을 쉽게 설명하고, 이해하기 쉬워야 한다.
- 매력적인 이미지로 형상화 할 수 있어야 한다.
- 비전이 실현되었을 때 보람 있고 가치 있는 결과로 받아들일 수 있어야 한다.
- 조직과 구성원이 물질적 혜택을 공유할 수 있어야 한다.
- 주위 사람들에게 긍정적인 평가를 받을 수 있어야 한다.
- 조직 구성원들 간에 지나친 경쟁의식을 조성하는 것은 지양해야 한다.

5.4 조직 비전의 수립절차

조직의 올바른 비전 수립을 위해서는 밀실에서 몇몇 관련자들이 뚝딱 만들어 내는 것은 적절하지 않다. 조직 전체 구성원들이 참여하여 부서별 의견과 개인별 의견을 충분히 청취하고, 외부경쟁사들의 움직임과 환경변화 요인 등을 고려하여 입체적 과정을 거쳐 수립해야 한다.

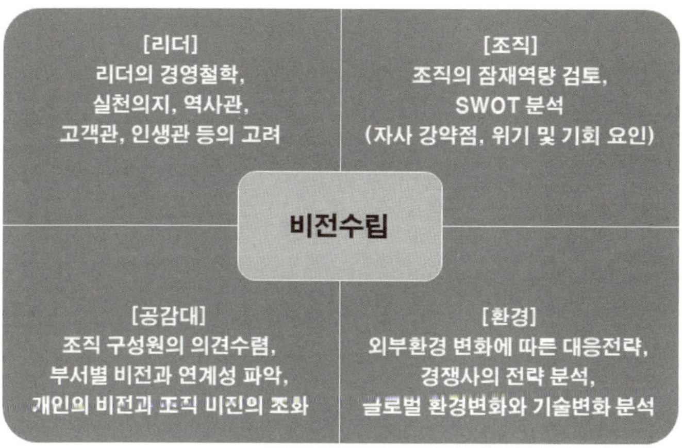

비전수립시 고려사항

[리더] 리더의 경영철학, 실천의지, 역사관, 고객관, 인생관 등을 고려하여 반영한다.

[조직] 조직의 잠재역량 검토, SWOT 분석(자사 강약점, 위기 및 기회 요인) 등의 과정을 통해 조직을 객관적 시각으로 보아야 한다.

[조직 내 공감대] 조직 구성원의 의견수렴, 부서별 비전과 연계성 파악, 개인의 비전과 조직 비전의 조화를 이룰 수 있도록 고려해야 한다.

[환경] 외부환경 변화에 따른 대응전략, 경쟁사의 전략 분석, 글로벌 환경변화와 기술변화 추이를 분석하여 반영한다.

[체크포인트]

- 팀의 공유가치와 이상을 검토하라.
- 아이디어를 이해관계자들과 함께 토의하라.
- 모든 관점이 도출되고 포함되도록 하라.
- 경험과 학습을 바탕으로 비전을 수립하라.
- 비전의 명확화를 위해 현실점검을 하라.
- 모든 이해관계자들에게 비전이 주는 이익을 파악하라.
- 인간의 본질적 욕구만족 측면에서 사고하라.

5.5 비전의 조직 내 공유(하류전개)와 추진전략을 수립하자

아무리 잘 만들어진 좋은 비전이라 하더라도 조직 구성원들과의 공감대를 형성하기 위해서는 비전공유 활동을 활발하게 전개해야 한다. 저자의 경험에 의하면 비전의 공유 활동은 쉬운 일이 아니다. 끊임없이 반복하고, 세부계획을 수립하고, 팀 단위로 혹은 개인단위로까지 실천방안을 마련해야 한다. 조직 전체적으로 치밀한 전략과 행동지침을 마련하여 제시하여야 한다. 비전을 공유하기 위한 추진전략은 아래와 같다.

첫째, 추진전략은 조직 내에서 공청회와 분임토의, 팀토론 및 공감회의 등의 다양한 소통의 창구를 만들 필요가 있다. 소통과정에서는 상사와 부하간 쌍방향 소통이 전제되어야 한다. 상사의 일방적인 전달 방식은 전혀 효과가 없다. CEO와 하부 직원들 간의 간담회 개최, Tea-time 확대, CAN미팅 등의 소통을 활성화 할 필요가 있다.

둘째, 추진전략은 리더가 솔선수범하여 비전달성을 위해 실천하는 모습을 보일 필요가 있다. 조직 구성원들은 조직의 최고 리더가 하루 일과 중 시간을 가장 많이 할애하는 일은 무엇인가? 업무처리의 우선순위는 어디에 두고 있는가? 의사결정의 방향성은 주로 어떤 방향인가? 등에 대해 궁금해 하는 경향이 있다. 따라서 리더의 일거수일투족을 비전 실천중심으로 강조할 필요가 있다.

셋째, 추진전략은 비전이 실현될 경우 조직 구성원들에게 어떤 경제적 이익을 줄 수 있는지에 대해 리더는 의도적으로라도 확신을 심어주어야 한다. 인간은 누구에게나 어떤 일의 결과가 자신에게 개인적으로 이익이 되는지 여부를 항상 생각한다. 따라서 구성원들에게 경제적 혜택을 줄 수 있다는 사실을 강조하여 동기 부여할 필요가 있다.

넷째, 추진전략은 비전공유를 용이하게 하기 위해서는 비전 선언문을 간결하고도 이해하기 쉽도록 작성하여야 한다. 또한 문구의 의미가 감동적으로 느껴질 수 있도록 하는 것이 중요하다.

다섯째, 추진전략은 비전달성을 위한 세부실행 계획의 진행상황을 정기적으로 발표하도록 유도 하거나 부서별 워크숍을 통해 계획 대비 실적을 비교분석하고 문제점을 확인하여 개선점을 도출하는 등의 활동이 필요하다. 잘된 내용에 대해서는 Best Practice를 발굴하여 인센티브를 제공하는 등의 가시적 노력을 기울여야 한다.

여섯째, 추진전략으로는 스티커제작 배포, 비전실천 여부에 대한 암행점검 등의 활동을 통해 잘 해나가는 팀에 대해서는 칭찬하고, 부진한 팀에 대해서는 조언을 통해 성과를 낼 수 있도록 유도해야 한다.

활동지 양식 ⑭ 나의 비전과 노력, 장애극복 방안을 써보자.

- 아래의 표에 자신의 미래 비전, 비전달성을 위해 필요한 노력, 과정상의 어려움(장애물), 장애물을 극복하기 위한 방안에 대해 작성해 보시오.

구분	내용
나의 미래 비전 (어떤 사람이 되고 싶은가?)	
비전 달성을 위한 노력 (내가 해야 할 일)	
과정상 어려움 (예상 장애물)	
장애물 극복방안 (극복을 위해 무엇을 할 것인가?	
느낀 점 (작성하면서 느낀 점)	

활동지 양식 ⑮ 기업의 비전, 사명 선언서를 조사해 보자.

- 스마트폰을 이용하여 3개의 기업을 선정하고, 이들 기업들의 비전과 사명 선언문을 조사하여 기술하시오.

기업명	비전	사명 선언문(내용)

부하를 사랑하라[38)]

- 적을 쳐부수려면 병사들의 사기를 북돋아 주어야 한다.
- 적에게서 얻은 이익을 여러 병사들에게 나누어 주어야 한다.
- 전차와 전차의 싸움에서 적의 전차 열대 이상을 얻으면 그것을 먼저 얻은 사람에게 상을 준다.
- 적의 전차에서 기를 내리고 아군의 기로 바꿔 달아 아군의 전차 대열에 편입시키고. 포로는 잘 대접하여 아군으로 양성해야 한다.
- 이렇게 하는 것이 적을 이기는 것이고, 아군을 더 강화시키는 것이다.
- 전쟁은 승리가 중요한 것이지, 오래 버티는 것이 중요한 것은 아니다.
- 전쟁을 지휘하는 장수는 나라의 안전과 위험에 대한 책임 쥔 리더이다.

리더에게 주는 교훈

전쟁에서 적을 죽이지 않고는 승리를 할 수 없다.
어떻게 적을 많이 죽이고, 노획물을 많이 차지할 수 있는 가는
상수가 병사를 부리고 사기를 드높여 주는 데에 달렸다.

결국 리더는 팔로워의 지원이 없을 경우 성과를 낼 수 없다는 의미이다.

38) 손무, 이야기 손자병법, p.39

6장 성공적 리더십과 인재관리

목 차

학습목표

- 4차 산업혁명시대의 인재상을 돌아본다.
- 4차 산업혁명시대 사라지는 직업과 각광받는 직업을 찾아 본다.
- 인재의 정의를 살펴보고 바람직한 인재상에 대해 알아본다.
- 인재의 유형에 대해 이해한다.
- 나 자신의 미래 인재상에 대해 생각해 본다.

6.1 4차 산업혁명시대의 인재상

1 4차 산업혁명 시대

18세기 증기기관의 발명으로 1차 산업혁명이 촉발되었다. 이전 시대에는 동물의 힘을 빌거나 인력으로 모든 일들이 처리되었으나 증기기관의 발명으로 증기에너지와 기계가 개발되면서 산업에 엄청난 혁명적 변화를 가져온 것이다. 증기기관의 활용으로 영국의 섬유공업이 거대 산업화되었다. 19~20세기 초 2차 산업혁명시대는 전기에너지의 발명이다. 증기 에너지를 이용하던 시대에 비해 전기가 사용되면서 대량생산 체제가 가능해 졌고, 공장에 전력이 보급되면서 컨베이어 벨트를 이용한 대량생산이 가능해 진 것이다. 20세기 중후반 컴퓨터와 인터넷 기반의 지식정보화 혁명이 가능해졌다. 이로 인해 3차 산업혁명시대로 구분된다. 인터넷과 스마트기술 기반으로 미국이 주도하는 글로벌 IT기업들이 급부상하는 계기가 되었다.

21세기 들어서면서 컴퓨팅 파워의 획기적인 증가로 인공지능 기술이 발전하고, 사물인터넷, 로봇공학, 드론, 자율주행자동차, 3D프린팅, 바이오기술, 나노 기술 등의 융합으로 사람, 사물, 공간을 연결하는 초연결사회, 초지능화사회 등의 진전으로 4차 산업혁명 시대로 접어들었다. 4차 산업혁명의 태동은 2016년 1월 20일 스위스 다보스에서 열린 세계경제포럼(World Economic Forum)에서 첫 사용하였으며, 3차 산업혁명을 기반으로 한 디지털과 바이오산업, 물리학 등의 경계를 융합하는 기술혁명으로 정의하기도 하였다.

클라우스 슈밥은 "4차 산업혁명은 3차 산업혁명 기반, 디지털, 물리적, 생물학적인 기존의 경계가 흐려지고, 영역들이 상호 융합되는 기술적 혁명이다."라고 정의하였다. 독일에서 추진 중인 인더스트리 4.0은 2011년부터 독일의 민, 관, 학계가 제조업 혁신을 목표로 내건 슬로건이었고, 이러한 흐름이 4차 산업혁명의 원천이 되었다. 이 같은 4차 산업혁명의 시대가 요구하는 인재상이 어떤 것일지 살펴본다.

6.2 인재(人材)란 무엇인가?

잭 웰치 제너럴일렉트릭(GE) 회장은 재직 시절 "시간의 70%를 핵심 인재를 찾는 데 쏟는다"고 말할 만큼 인재경영의 중요성을 강조했다. 조직의 발전을 좌우하는 많은 요인들중 인재의 중요성을 강조한 말이라 할 수 있다. 한 기업의 회장은 우수한 인재가 적게는 일천 명에서 일만 명을 먹여 살릴 수 있다는 이야기를 한 적이 있다. 최근에는 국내 기업의 인사부서에서도 핵심 인재 선발 및 관리에 대한 중요성이 강조되고 있다. 잭 웰치 전 제너럴일렉트릭(GE) 회장이 재직 시절 본인 시간의 70%를 차세대 핵심 인재를 찾는 데 쏟는다는 명언도 굳이 HR을 담당하지 않더라도 누구나 한 번쯤은 들어봤을 법한 이야기가 됐다. 하지만 현재 기업의 핵심 인재 관리는 어디서부터 시작해 어떻게 그 효과성이 측정되고 있는지 핵심 인재 관리에 대해 살펴본다.

1 핵심인재의 정의

21세기의 기업의 진정한 의미는 단순히 물건을 만들어 파는 생산의 주체가 아니라 우수한 인재들이 머물면서 남들과 확실하게 차별되는 가치 즉 업을 창출해 내는 창의적인 주체라고 정의되기도 한다.[39)]

핵심 인재의 정의는 무엇인가? 기업의 핵심 인재는 어떻게 정의되고 있는지에 대해선 시원한 답변을 듣기는 쉽지 않다. 기업의 임원들과 성과를 많이 내는 사람이 핵심 인재라고 답하기도 하고, 핵심인재라고 선정은 하지만 정확한 근거와 기준은 아무도 모른다는 경우도 있다. 그럴듯한 이력을 가진 사람이 경력직원으로 스카우트되면 우리 회사의 핵심 인재로 인정되는 것 같다는 응답도 있다.

39) 심녁수, 파워리더십, 2012. pp.71.

핵심 인재는 누구인가라는 질문에 대한 해답을 찾기 위해서는 '지금 우리 회사는 어떤 비즈니스를 어떻게 수행해 나가고자 하는가'에 대해 답을 찾으면 된다. 급변하는 경쟁 환경, 미래에 대한 불확실성이 급증하는 극심한 변화의 시기 속에서 우리가 어떤 비즈니스를 통해 지속 성장을 거둘 것인가에 대한 고민에 따라 핵심 인재가 달라져야 한다. 이 세상의 모든 기업가와 최고경영자(CEO)가 고민하고 있는 '어떤 비즈니스를 수행해야 지속 성장하는가.' 이에 따라 꼭 성공시키고자 하는 비즈니스에 능력을 발휘할 수 있는 사람이 핵심 인재로 정의되어야 한다.[40)]

2 핵심인재의 선정

핵심 인재는 어떻게 선정되고, 채용되는가? 인력을 수급하는 기준으로 일반적으로 사람 중심 인사와 직무 중심 인사를 기준으로 핵심 인재를 선발한다. 특히 사람 중심 인사를 기반으로 하는 대부분의 국내 기업은 사람에 초점을 맞춘 핵심 인재 관리를 보여준다. 최고 수준의 회사에서 얼마나 근무했고, 어떤 직무를 경험했는지가 핵심 인재 확보·선발에 중요한 점이다. 이전 근무회사에서 경험한 시간들이 업무역량으로 쌓였을 것이고, 이것이 개인에게 전수됐다는 전제를 한다. 나아가 그렇게 배운 역량과 기술이 우리 회사에서도 그 효과를 발휘할 것이라고 믿는다. 사람이 중심이다 보니 이런 사람을 얼마나 채용하느냐가 주요 관리 포인트(KPI: key performance indicator)가 된다. 특히 이런 핵심인재 확보가 경영진이나 CEO의 성과 지표로 활용되는 경우가 많아 연말에 CEO와 인사 임원은 능력 있는 인재를 찾고 스카우트하는 일에 신경을 많이 쓰고 있다.

반면 직무 중심 인사를 수행하는 글로벌 기업들은 매년 각 회사가 중점적으로 실행하고자 하는 비즈니스 영역을 선정하고, 나아가 이를 수행할 핵심 직무를 중심으로 적합한 인재를 찾는다. 이 핵심 직무에는 그 직무의 영역과 올 한 해 달성해야 할 목표도 설정되어 있는데, 이 목표들을 잘 수행해 나갈 만한 사람이 핵심 인재로 선정되는 것이다.

구글의 성과관리 체계로 유명한 OKR(Objectives & Key Results)은 그 운영 방식

40) 한국경제, 회사마다 핵심인재의 기준이 다르다., 2018. 11. 22

보다 해당 내용을 공개하는 것이 핵심이다. 누구나 CEO부터 신입사원까지 그가 하는 일이 무엇이고 어떤 일이 올해 중점 추진 과제인지 알게 해 조직의 최고 경영진으로부터 하부 직원수준까지 투명한 인사평가를 하고 있다. 이렇게 한 해 중점 비즈니스와 이를 수행할 자리들을 선정하고 이 자리를 훌륭히 수행해 나갈 사람을 핵심 인재로 선정하는 접근 방식은 핵심 인재 보상, 적재적소 배치 등에 상당한 영향을 끼친다.

3 핵심인재의 관리

핵심인재란 탁월한 역량으로 남들보다 확실하게 차별화되는 가치를 창조해 낼 수 있는 사람을 뜻한다. 핵심역량은 인재가 위한 필요조건이며, 가치창출은 필요조건이 된다. 핵심 인재 관리는 어떻게 이뤄져야 하는가? 내부 인재를 어떻게 핵심 인재로 선발하고, 외부에서 어떤 사람을 핵심 인재로 채용해야 하는가에 대한 질문은 인사부서의 끊임없는 고민거리이다. 앞서 언급한 질문으로 돌아가야 한다. 우리 회사가 지금 하고 있는 비즈니스는 지속 성장을 담보할 수 있는가? 라는 질문에 따라 핵심 인재 관리의 전략이 결정된다.

지금 수행하고 있는 비즈니스가 지속 성장이 가능하면서도 세계 최고 수준의 기술과 역량을 보유하고 있다면 당연히 핵심 인재를 내부에서 어떻게 선정하고 양성해야 하는지를 생각하고, 다른 경쟁사로부터 뺏기지 않기 위한 유지 관리에 힘써야 할 것이다. 반면 새로운 기회가 보이는 사업에 후발주자로 뛰어든 상황이라면 최고 수준의 기술과 역량을 보유한 회사로부터 인재를 영입하는 것이 가장 효과적일 것이다. 수많은 국내 기업이 지난 십 수 년간 패스트 팔로워 전략을 성장의 핵심으로 둔 경험 때문에 핵심 인재 관리라는 인사 업무는 통상 외부로부터 핵심 인재를 영입해 오는 것이 일반적이다.

기업이 혁신을 고민하지 않을 수 없는 지금 같은 시대에는 모든 기업이 변화와 도약을 꿈꾼다. 그것이 지금까지 하던 사업의 일부를 구조조정 하는 일이건, 새로운 사업을 시작하는 영역이건 한 기업이 혁신을 도모할 수 있는 가장 효율적인 방법은 핵심 인재를 채용해 사업을 실현시키는 것이다. 오래된 예이기는 하나 지금의 삼성전자를 만든 반도체 사업의 시작은 15조원이 넘는 생산 설비를 구축하는 것이 아니라 미국에서 연구개발에 매진하고 있던 한국인 기술자들을 영입한 것이다.

핵심인재확보라는 문제는 기업가, CEO가 가장 관심을 가져야 할 주제라고 생각한다. 간혹 기업들이 핵심 인재 확보의 품질보다는 숫자에 연연하고, 차세대 리더 과정이라는 사내 교육과정에 참여하는 사람의 규모를 헤아리며 '인사를 위한 인사', '인사를 위한 핵심 인재 관리'를 하고 있는 경우도 많다. 조직이 핵심 인재를 말하기 위해 기업의 핵심 비즈니스는 무엇이고, 이를 실현시킬 수 있는 사람을 찾기 위해 비즈니스와 협업하는 새로운 시대의 요구에 맞는 핵심 인재 관리가 필요하다.

6.3 인재의 유형에 대해 생각해보자

조직의 운명은 인재들에 의해 좌우된다고 해도 과언이 아니다. 특히 4차 산업혁명 시대에서는 한 사람의 인재의 중요성이 더더욱 강조되는 시대이기도 하다. 즉 한 사람의 인재가 수천, 수만 개의 일자리를 창출할 수도 있다. 정부가 국민의 세금으로 낮은 품질의 일자리를 만들어 주고 그 통계로 정치적으로 이용하려는 경향이 있다. 그러나 그 같은 정책은 효과가 전혀 없다. 오히려 젊은 세대들의 정부에 대한 의존성만 키우는 결과를 낳게 된다. 장기적으로는 국가차원의 생산성이 저하되며, 국가의 미래를 치명적으로 망가뜨리는 결과를 가져올 수도 있다. 따라서 정부는 인재 양성에 투자를 해야 하고, 고품질의 일자리 창출을 위한 씨앗을 뿌리는 역할을 해야 한다.

1 사람중심의 인재형

기업을 구성하고 있는 인재에는 다양한 사람들이 존재하고 있으며, 그들을 집단화해 보자.

첫째는 인재형(人災型)이다. 이들 집단의 경우 기업의 구조조정의 최우선 순위의 대상이다. 이들의 특징은 조직에 각종 문제를 유발하며 조직을 붕괴시키는 인물들이다. 근무자세가 불량하고 게으르며, 상사의 명령을 무시하거나 따르지 않으려 한다. 또한 업무능력은 최하 수준이며, 조직의 영업비밀이나 중요한 정보를 빼내서 이윤을 취하는 경향이 있다. 한 마디로 조직 내에서 암적인 존재라고 볼 수 있다.

둘째는 인재형(人在型)이다. 이들 집단의 경우 하는 일도 없이 월급만 축내는 인간들이다. 조직의 머리수만 채우며 하는 일도 없고, 시키는 일만 마지못해 하는 척하며,

창의적인 업무능력은 전무한 인간들이다. 아부엔 능숙하고, 상사에게 잘 보이기 위해 온갖 아부를 다하는 인간들이라 할 수 있다. 동료들과의 관계는 원만하지 못하지만 상사의 비위를 맞추는 일에는 천부적인 소질을 가지고 있다. 조직에 해악적인 존재라고 할 수 있다. 그러나 이런 집단의 경우 아부를 좋아하는 상사를 만나면 승진은 쉽게 할 수 있다. 이런 인간이 되지는 말자. 언젠가는 폭망하게 되어 있다.

셋째는 인재형(人材型)이다. 이 집단의 경우는 좋은 대학을 나와서 학벌은 좋은 편이지만 창의적인 업무처리 능력은 기대이하인 경우이다. 과거 자기가 잘 나가던 시절의 이야기만 늘어놓으며, 조직에 대한 불만이 매우 높은 집단이다. 혁신하자고 하면 혁신이 불가한 이유를 제시하며, 변화와 개혁에 대한 강한 저항의 자세를 보이는 집단이다. 물론 인간이 변화에 대해 어느 정도의 저항은 정상적이라 할 수 있다. 그러나 사사건건 반대를 위한 반대를 하며, 조직의 방향성에 등을 돌리려 하는 집단이다.

넷째는 인재형(人財型)이다. 이 집단은 조직에 도움이 되는 집단이라 할 수 있다, 즉 조직에 돈을 벌어주는 역할을 하는 집단이다. 인력중개업체가 가장 좋아하는 집단이라 할 수 있다. 열정이 충만하며, 일에 대한 승부욕이 강하다. 상사가 사무실에 있건 없건 자신의 일을 소신껏 성실하게 추진하는 집단이다. 적극적이고 긍정적인 자세로 조직의 가치를 창출하기 위해 노력한다. 투철한 프로의식과 창의적인 일처리로 동료들의 부러움을 산다. 이런 인재들의 경우 주변에 적들이 많을 수도 있다. 그러나 정말 유능한 사람은 이러한 적들도 아군으로 만드는 능력을 가지고 있어서 언제든 자신의 편으로 이끌 수 있는 능력자 들이라 할 수 있다. 이런 집단의 경우 소신껏 일처리를 하기 때문에 좌고우면하지 않고, 상사의 부당한 지시에도 항거하는 자신감을 가지고 일한다. 아무리 윗사람이라도 잘못된 것은 잘 못되었다고 말하고, 잘 된 것은 잘 됐다고 지지해주는 사람들이다. 최근 우리사회가 정의와 비리를 구분하는 경계가 모호해 지고 있다는 느낌을 지울 수 없어 씁쓸하다.

2 능력중심의 인재형

인재를 구분하기 위한 기준으로 내적능력과 외적능력을 기준으로 구분할 수도 있다. 4가지 유형의 사람들이 있는데 소라향, 카멜레온형, 치타형, 호랑이형으로 나눌 수 있다. 여기서 내적능력이라 함은 전공지식, 컴퓨터나 언어구사력, 기획력, 통찰력, 창의성 등을 의미하며, 외적능력은 매너, 처세술, 외모, 평소의 이미지 등을 의미한다.

첫째, 소라형 인재는 내외적 능력이 모두 낮은 경우이다. 이 같은 집단의 경우 구조조정에서 가장 우선순위가 높은 집단으로서 소라의 두꺼운 껍질 속에서 안주하며, 변화와 혁신을 회피하는 사람들이다. 한 마디로 보신주의적인 특성을 보이는 집단이라 할 수 있다.

둘째, 카멜레온형 인재는 내적능력은 낮으나 외적능력은 높은 집단이다. 즉 전공지식 등 업무능력은 낮으나 이미지, 매너 등 드러나는 부분은 자신 있는 집단이라 할 수 있다. 이 집단의 경우는 카멜레온처럼 처세술에 능하며, 사기꾼 기질이 다분한 특성을 가지고 있다. 그러나 업무처리 능력이나 조직 내 주어진 임무 수행에는 성과가 저조한 특징을 보인다.

셋째, 치타형 인재는 내적능력은 탁월하지만 외적능력은 낮은 집단이다. 다시 말해서 전공지식이나 업무처리 능력은 뛰어나지만 조직 내에서 이미지 구축이나 매너 등의 부분에서 낙제생이라 할 수 있다. 이들은 남들과 차별화 되는 일을 할 수 있는 한방이 있는 집단이다. 평소에는 무난하게 조직생활을 잘 해내지만 구조조정 등의 조직 내에서 급변하는 상황이 생길 경우 버티기 힘들 수도 있다.

넷째, 호랑이형 인재는 헤드헌터 즉 취업중개업체에서 가장 좋아하는 유형의 인재이다. 이 집단은 내외적 능력이 완벽하게 구비된 전형적인 인재라 할 수 있다. 즉 조직이 가장 원하는 인재상이라 할 수 있다. 이들은 소신을 가지고 일하며, 직위의 높고 낮음이 중요한 것이 아니고 업무를 중심으로 규칙을 따르되 유연성 있게 업무를 처리하는 사람들이다. 업무처리를 위해 효율적이고 효과적으로 일하는 특성을 가진다.

뿔소라

카멜레온

치타

호랑이

6.4 4차 산업혁명시대의 인재상

1 21세기 인재상은?

4차 산업혁명시대에는 어떤 인재가 살아남을 수 있을까?라는 의문이 들게 된다. 시대의 변화에 따라 인재들에 대한 정의는 달라져왔다. 최근에는 ICT의 급속한 발전으로 일을 하는 방식이나 학생들이 학습을 하는 방법론도 과거에 비해 다양한 변화를 보이고 있다. 시대별로 위인으로 불리는 과학자들을 살펴보면 중세시대에는 레오나르도 다빈치와 같은 천재가 핵심 인재였다. 근대사회에 들어서는 에디슨과 같은 '팔방미인형' 인재를 원했다. 그는 미국의 백색가전업체인 GE(General Electric)사를 창립하여 위대한 과학자이자 기업인으로 이름을 날렸다. 공식적으로 1,033개의 발명품을 남기고 1931년 10월 세상을 떠났다.

21세기 핵심 인재는 어떤 사람일까? 21세기 대표적인 핵심 인재형으로 현대사회 혁신의 아이콘이 된 스티브 잡스를 들 수 있다. 그는 '시대 선도형 기업가형' 인재라 할 수 있다. 마이크로소프트사 빌게이츠의 경우도 개인용 컴퓨터 시대를 열게 된 위대한 인재라 할 수 있다. 따라서 미래 사회를 이끌 인재는 기업가 정신을 중심으로 컴퓨팅 사고력을 갖추고, 창의적 발상을 할 수 있는 '융합·통섭형 인재'라고 정의할 수 있다.

2 시대별 인재상의 변화

시대가 변함에 따라 인재상에 대한 패러다임이 변화하고, 핵심역량을 가진 인재의 요건이 달라져 왔다. 기존의 영재에 대한 기준은 '인지적 능력' 즉 지식의 양과 현상에 대해 인지하는 능력을 기준으로 분류되었다. 쉽게 말해 공부 잘 하는 사람이 인재라고 인식하는 시대였다. '인지적 능력'이란 언어, 수학, 과학 등 각 학습 영역에서 어떤 대상이나 사실을 분별하며, 판단하는 지적 능력을 뜻한다. 우리나라에서는 1980년대까지도 'IQ'가 높은 아이가 핵심 인재로 인정하였다.

2000년대 들어서는 포스트모더니즘적 측면을 기반으로 하는 '비인지적 역량' 부분이 강조되기 시작했다. 지적 능력을 논리성과 합리성에 근거하다면 비인지적 역량이란 잠재되어 있는 '인성', '감성' 등이 중요한 역량으로 부각되기 시작했다. 타인을 배려하고 사회적 기여 등도 중요한 요소로 꼽혔다. 이 같은 능력을 갖춘 인재가 부각되기 시작했다.

시대별 인재상의 변화과정은 하워드 가드너(Howard Gardner) 하버드대학교 교수가 발표한 '미래를 위한 5가지 마인드(Five Minds for the Future)'에 잘 반영되어 있다. 그는 미래 사회에 핵심 인재로 성장하기 위해서는 다섯 가지 마음을 갖춘 인물이 되어야 한다고 강조했다.

첫째, '훈련(학습) 마인드(Disciplinary Mind)'이다. 자신의 전공이나 과학, 수학, 역사 등의 학문을 습득하고, 최소한 한 가지 이상의 전문적인 기술을 습득해야 한다.

둘째, '통합적 마인드'이다. 다양한 정보 속에서 필요한 정보를 선택하고 이를 가공, 통합할 수 있는 능력을 의미한다. 즉 다양한 분야의 흩어진 정보를 통합하고 종합하여 아이디어를 도출하고, 이를 활발하게 소통할 수 있는 능력을 가져야 한다는 것이다.

셋째, '창조적 마인드'이다. 즉 새로운 문제나 의문점, 현상에 대한 관찰 결과에 대해 발전적인 해결책을 만들어 낼 수 있는 능력이다.

넷째, '배려하는 마인드'이다. 즉 다양한 구성원 개인들이나 집단 간 차이점을 인지하여 조직 내에서의 조화와 배려를 실천하는 능력이 요구된다. 최근 서번트리더십 즉 섬김의 리더십의 능력이 요구되는 시대라는 의미이다.

다섯째, '윤리적 마인드'이다. 조직의 구성원으로서, 시민으로서, 국민으로서의 책임감을 가지고 생활 속에서 도덕성을 실천하는 능력이 필요하다.

가드너는 자신의 저서 『Five Minds for the Future』에서 미래의 인재상은 평생 동안 학습하는 자세를 가져야 하며, 다양한 아이디어를 도출하되 이를 조직 내에서 확산될 수 있도록 노력해야 한다. 또한 조직의 리더를 훈련시키고, 리더십을 개발하기 위해 가치 있는 통찰력을 제시할 수 있어야 한다고 주장하였다. 미래에는 단순히 기술과 정보를 습득하는 지적 능력 보다 비인지 분야에서의 정서적인 역량이 중요해진다는 의미라고 할 수 있다.

FIVE MINDS FOR THE FUTURE[43)]

Five Minds for the Future outlines the specific cognitive abilities that will be sought and cultivated by leaders in the years ahead.

These include:

The Disciplinary Mind: the mastery of major schools of thought, including science, mathematics, and history, and of at least one professional craft.

The Synthesizing Mind: the ability to integrate ideas from different disciplines or spheres into a coherent whole and to communicate that integration to others.

The Creating Mind: the capacity to uncover and clarify new problems,

43) https://howardgardner.com/five-minds-for-the-future/

questions, and phenomena.

The Respectful Mind: awareness of and appreciation for differences among human beings and human groups.

The Ethical Mind: fulfillment of one's responsibilities as a worker and as a citizen.

Gardner draws from a wealth of diverse examples to illuminate these ideas, designed to inspire lifelong learning and also to provide valuable insights for those charged with training and developing organizational leaders. Drawing on decades of cognitive research and rich examples from history, politics, business, science, and the arts, Gardner writes for professionals, teachers, parents, political and business leaders, trainers, and all who prize the cognitive skills at a premium for tomorrow.

3 4차 산업혁명시대의 디지털 인재상

1) ICT기반 인재

미래의 인재상은 비인지적 역량과 더불어 정보통신 역량도 중요한 인재상의 요소로 등장하기 시작했다. 우리나라가 ICT 강국으로 도약하면서 지능정보 관점에서의 인재상은 '정보과학인재'였다. '정보과학인재상'은 첨단 정보기기 활용 능력이 뛰어나며 정보기기 활용을 좋아하고, 자신의 능력을 발휘해 첨단 정보이론을 정립하고 설계, 구현할 수 있는 인재를 뜻한다. 21세기 들어서면서 최근에는 'ICT(정보통신기술) 인재상'을 지능정보 관점에서 본 핵심 인재로 분류하고 있다. 'ICT인재상'이란 ICT 기반 역량을 바탕으로 다양한 분야에 융합적인 사고력과 창의적 사고력을 활용할 수 있는 인재를 뜻한다.

2) 지능기반의 정보통합 인재

인공지능이 모든 기술의 기반기술이 될 것으로 예상되는 미래가 요구하는 핵심 인재상은 '지능기반의 정보통합형 인재상'이 요구된다. 빅데이터의 중요성이 강조되고 있는 미래상황에서 빅데이터를 분석하고, 이로부터 정보에 대한 통찰력을 가진 인재상이 바로 지능기반의 정보통합형 인재라고 할 수 있다.

핵심인재가 될 수 있는 역량을 갖춘 인재는 기업가정신과 성취동기, 자아실현욕구를 기반으로 한 인성 역량 등이 요구된다. 또한 비인지적 영역을 기반으로 하되 전문적인 소양을 쌓는 것도 중요하다. 구체적으로 필요한 역량으로는 컴퓨팅적 사고력, 지능정보기술 구현 및 활용능력, 해당 분야의 다양한 자원을 활용할 수 있는 능력 등이 필요하다.

3) 창의적 인재

창의성은 시대가 달라져도 여전히 유효한 강력한 필수 역량이다. 창의성은 호기심과 상상력이 주요 원천이다. 그렇다고 상상만 하고 있어서는 곤란하다. 실천이 중요하다. 창의적 아이디어를 실천할 수 있는 능력이 있어야 한다. 문제점을 발견하고 이해해 정확하고 실용적인 제품, 알고리즘, 서비스 프레임웍을 설계할 수 있는 능력과 이를 정밀하게 프로그래밍할 수 있는 능력이 핵심 요소였다.

4) 융통합적 인재

미래인재의 역량중 가장 중요한 것은 융합역량이다. 일상적인 문제점을 개선하거나 혁신할 수 있는 아이디어를 기반으로 문제를 해결하고 이를 통합할 수 있는 '통합과 융합적 사고능력'이 미래 사회가 요구하는 인재라고 할 수 있다. 결론적으로 인지적 영역과 비인지적 영역을 조화롭고 균형 있게 융합할 수 있는 인재가 4차 산업혁명시대 필요한 인재상이라 할 수 있다

6.5 미래에 뜨는 직업과 사라지는 직업은?

디지털 기술의 발전으로 인한 실업의 문제는 이 시대 가장 뜨거운 논쟁거리이긴 하나 실질적인 실업의 위협에 어떻게 대응할지에 대한 구체적인 논의는 부족한 실정이다. 공장자동화, 사무자동화 등의 자동화가 확산되면서 인간이 하던 일자리가 대량으로 사라지는 사태가 오고, 정부와 사회 각계에서는 이런 가능성에 대비해야 할 시대가 왔다. 기술의 진보가 매우 빠른 컴퓨터와 경쟁에서 인간이 지는 결과로 고용이 회복되지 않는 결과를 낳고, 컴퓨터 기술과 로봇의 비약적인 발전이 고용의 양극화를 초래할 가능성도 염두에 두어야 한다. 어차피 컴퓨터가 개발되면서 인간은 컴퓨터의 계산능력을 결코 능가할 수 없는 것이 현실이다. 이 같은 현상을 해결하기 위해서는 지금까지 없었던 새로운 사업을 만들거나, 감동적인 음악과 문학을 낳는 직관적이고, 창조적인 일의 영역과 고급 문제해결 능력을 필요로 하는 분야를 만들어야 할 것이다.

1 사라지거나 줄어들 직업

BBC NEWS 코리아 보도[44]에 의하면 반복적이고 예측 가능한 모든 업무는 수학적 알고리즘에 의해 5년 혹은 10년 안에 대체될 것이다. 라고 예견하였다. 『로봇이 온다: 자동화 시대에 인간이 살아남는 법』의 저자 존 푸갈리아노는 최근 업무 자동화가 노동 시장에 끼칠 영향력을 거론하며 자동화 시대에 사라지거나 줄어들 7가지 전문직을 선정했다. 전문성을 요구하기 때문에 영원히 인간의 손으로 이뤄져야 할 것만 같은 예상치 못한 직업들도 포함됐다.

44) BBC NEWS/코리아, 기술: 자동화로 인해 사라질 수 있는 직업 7가지, 2019. 1. 15

1) 의료분야(의사직 등)

인공지능 기반의 질병진단전문가 시스템 등의 출현으로 의사직이 얼마나 영향을 받을 수 있을까? 전 세계적인 노령화와 늘어나는 환자들을 생각해보면 의사직은 더 필요할 것이라고 생각할 수 있다. 하지만 푸길리아노는 의료계 일부 분야가 자동화된 검진 시스템으로 인해 축소될 것이라고 말했다. 그는 다만 응급실 의사와 구급대원 그리고 목숨과 직결된 외과 의사에 대한 수요는 미래에도 자동화에 영향을 받지 않고 꾸준히 높을 것으로 예상했다. 또한 정신과 등 대안 상담이 필요한 의사직의 경우도 기계로 대체하기는 어려울 것이라는 예상도 있다.

2) 법조인(판사/변호사)

푸길리아노는 향후 문서 처리 및 일상적 업무를 다루는 변호사들이 대폭 줄어들 것이라고 말했다. 그는 이 같은 업무가 컴퓨터 소프트웨어로 쉽게 대체 가능한 비전문적인 일이라고 덧붙였다. 또한 판사가 사건을 판결할 때 정치적인 외풍을 타거나 자신의 정치적 성향에 따라 중요한 재판의 판결이 달라질 수 있는 현상을 보아왔다. 따라서 판사직의 경우도 인공지능법률전문가 시스템으로 대체될 수도 있다.

3) 건축가

이미 간단한 건물 설계는 소프트웨어가 수행하고 있다. 푸길리아노는 앞으로 창조적이고 예술적인 감각을 가진 건축가만이 살아남을 것이라고 믿는다.

4) 회계사

복잡한 과세를 처리하는 전문 회계사는 살아남겠지만 기본적인 세무 업무를 보는 회계사들에 대한 수요는 점차 줄어들 것이라고 말했다. 기업의 모든 자금흐름이나 거래관계가 투명해지며, 인간의 실수를 줄일 수 있는 시스템이 등장할 경우 회계사 직업이 사라질 가능성이 크다.

5) 전투기 조종사

무인 항공기 혹은 UAV (Unmanned Aerial Vehicle)이 이미 위험 상황에 배치되는 항공기 조종사를 대체하고 있다. 특히 군사용으로 사용되는 드론 즉 무인 항공기의 경우 가공할 능력을 가진 기기들이 개발되고 있어 추후 전투기 역시 조종사 없이 무인으로 만들어 질 것이다. 현대 사회에서는 전쟁도 자동화되어감에 따라 전투기 조종사에 대한 수요도 크게 줄어들 것이라고 예측하고 있다.

6) 경찰/검사직

경찰 또한 특정 분야에 전문화된 지식 혹은 기술을 가지고 있지 않은 이상 살아남기 힘들 수 있다. 이미 경찰 조직 중 일부가 기술 자동화로 대체되고 있다. 푸길리아노는 경찰 전체가 사라지지는 않겠지만 일자리가 크게 줄어들 수 있다고 경고한다. 최근에는 지능형CCTV의 설치가 확대되어 범죄를 획기적으로 줄일 수 있으며, 범죄자의 범죄사실에 대한 판례 등의 내용을 종합하여 형량을 결정하는 시스템이 등장할 수도 있다.

7) 부동산 중개인

다른 판매업과 마찬가지로 구매자와 판매자를 연결하는 연결고리 역할을 해왔던 전통적인 부동산 중개인의 역할은 웹사이트와 온라인 거래의 활성화로 점차 사라지고 있다. 부동산의 경우에도 지역적 특성을 감안하고, 시세를 종합하여 적정한 가격대에 부동산 거래가 성사되도록 합리적 판단을 내릴 수 있는 시스템의 등장이 부동산 중개업을 위축시킬 수 있다.

2 새롭게 생겨날 직업

가까운 미래 혹은 먼 미래에 사라질 직업들도 있겠으나 신산업의 등장과 새로운 기술의 등장으로 새롭게 탄생하는 직업도 있을 것이다. 과거 농업중심의 사회로부터 증기에너지의 등장으로 기계혁명의 시대가 도래하면서 공업중심의 사회로 변화되었다. 바로 1차 산업혁명시대이다. 당시 농사에 종사하던 많은 사람들이 농부들이 할일이 사라질 것이라고 생각했으나 공장의 설립이 증가하면서 생산업에 종사하는 농부들의 일자리가 증가하였다. 또한 아침 출근시간에 맞춰 긴 막대로 창문을 두드려 잠을 깨워주는 직업이 생기기도 했다. 이와 마찬가지로 인공지능 시스템의 개발자, 소프트웨어 및 컴퓨터 알고리즘 개발자, 드론조종사 시스템 보호 및 수리 기술자 등의 새로운 직업들이 새로 생길 것이다. 종래의 직업들중 전통적인 실물 경제 주역인 배관공, 전기 기술자, 숙련된 건축업자 등에 대한 수요가 꾸준할 것이라고 예상했다. 사리질 직업과 유망한 직업에 대한 기준은 보는 사람들마다 달라질 가능성이 높다. 가디언지는 로봇에 의해 사라질 직업들 10가지를 제시하였다. 가장 많이 사라질 직업이 바로 군인이 45%라고 제시하였다. 한편 U.S. News and World Report는 2020년 이후 유망한 직업 10가지를 제시하였다. 자료 분석가, 상담치료사 등의 직업들이 유망할 것이라고 내다봤다.

사라질 직업군과 주목받을 직업군[45)]

인공지능 즉 AI가 지배하는 사회가 도래하면서 전통적인 직업군이 사라지고 가상공간 디자이너, 디지털 문화해설가 등의 신직종이 각광받을 것이라는 예상이 나오고 있다. 사물인터넷이 확산될수록 엄청난 양의 빅데이터가 발생하는데 이를 실시간으로 분석하고, 의미를 찾는 사물인터넷 데이터분석가 등도 유망직종으로 제시되고 있다. 사라질 가능성이 높은 직업으로는 텔레마케터, 어업종사자, 사진사 등의 직업들이 꼽히고 있다.

45) 이투데이, [대한민국 7대 어젠다] 10년 후 사라질 직업은?…4차 산업혁명 새 시대 열린다., 2018. 10. 3

6.6 미래 인재양성 교육[46)]

1 마래교육의 방향성

4차 산업혁명 시대의 도래로 미래인재 육성을 위해서 교육현장에서 교육방식에도 변화가 요구되고 있다. 인재를 선별하는 기준 및 교육 방식을 바꿔야 한다는 목소리가 높아지고 있다. 디지털 기술의 발달로 사회가 급변하고 있고, 미래가 요구하는 인재상의 변화도 예상되고 있으나 인재를 판단하는 기준과 교육현장에서의 교육시스템에는 변화가 보이지 않고 있다. 즉 종래의 지능이나 성적 중심의 인재 선발이 아니라 교육 과정을 획기적으로 변화시켜 새로운 시대를 대비해야 한다.

4차 산업혁명 시대, 교육의 방향, 인재 선발 기준, 교육의 내용에서 어떤 부분이 변화해야 하는가에 대해 국가적으로, 사회적으로 같이 고민해야 할 과제이다. 인재란 전문가적인 능력이 뛰어나 탁월한 성취를 보일 가능성이 있는 뛰어난 재능을 지닌 사람을 뜻한다.

미래에는 기술을 활용하여 인간의 삶의 질을 극대화 할 수 있는 제품 혹은 서비스가 무궁무진 개발되어 출시될 것이다. 이 같은 제품들은 모두 창의적 아이디어를 기반으로 만들어지는 재화들이다. 따라서 '창의성'이란 모든 시대, 모든 분야에서 인재들을 선별하는 요소가 됐다. 하지만 창의성만 가지고는 새로운 시대를 이끌 인재상으로 필요충분조건은 되지 못할 것이다. 창의성을 고취할 수 있는 교육방식이 지속적으로 고민되어야 한다. 현실에 대한 관찰과 문제점의 발굴노력, 현장실습 등 체험을 통해 현장 감각을 익히는 것이 중요하다. 또한 다양한 연구 활동을 통해 개인의 진로에 맞는 역동적이고 개방적인 과학혁신인재 양성체계를 구축해야 할 필요가 있다.

46) The Science Times, 4차 산업혁명 시대, 영재교육 달라져야, 2018. 11. 29

2 교육방식의 변화

4차 산업혁명시대에는 '융합통합 능력'을 가진 인재로 훈련되어야 한다. 기업이 가장 중요하게 꼽은 인재상의 덕목은 단순한 창의성 인재가 아닌, 소통과 협력이 가능한 창의적 인재였다. 학생들을 융합적이고 통합적이며, 창의적인 인재로 양성하기 위해서는 기존의 교육과는 다른 혁신적인 교육 프로그램이 필요하다.

최근 학교 현장에서 관심이 증가하고 있는 교육방식에는 PBL(Problem-based learning), 플립러닝(fliped learning), 하브루터 토론법 등의 다양한 기법들을 적용하려는 시도가 늘고 있다. 이들 교육방식들의 공통점은 기존의 주입식 교육에서 탈피하여, 학습자들이 생각하고, 스스로 관련 정보를 찾고, 이를 이용하여 문제를 해결하거나 아이디어를 발굴하는 과정을 통해 학습효과를 제고하는 방식이다. 수업은 학생들이 스스로 과제를 해결해나가면서 모르는 부분만 질문을 통해 도움을 주는 방식으로 이루어진다. 질문을 통해 자신이 모르는 문제가 무엇인지 파악하고 문제를 스스로 해결해나가는 것이 주도적인 학습 결과를 나타내기 때문이다.

1) PBL학습법[47]

PBL의 기본이념은 학습자 중심의 학습으로 문제해결을 강조한다는 점이다. 교수자는 튜터(tutor) 역할을 한다. 학습자들은 문제인식, 문제파악, 해결안 도출, 해결안 평가의 과정을 거쳐 문제를 해결해 나간다. 교수자 중심이 아닌 학습자가 주체가 되어 실제, 또는 가상의 문제를 다루며 해결책을 찾는다. 5~7명의 소그룹이 팀을 이루어 배울 부분을 스스로 정하고 팀 내에서 역할 분담을 해서 자료수집, 분석 등을 거쳐 솔루션을 발견한다. 이 과정에서 자기 주도적 학습과 협동 학습이 이루어진다.

학습자들은 교수자에게 일방적으로 가르침을 받는 것이 아니라 스스로 경험을 통해 배움을 만들어 가는 것이다. 그저 지식을 외우기만 하는 것이 아니라 서로 간의 상호작용을 통해 능동적으로 배움으로써 배우는 내용에 더욱 흥미를 느낄 수 있게 되는 장점이 있다.

PBL에서 교육의 주체가 되는 학습자는 실제적이고 복잡한 질문, 문제 등을 스스로 탐구하여 지식과 기술을 배워나가게 된다. 폭넓은 지식의 틈새에서 학생들은 현실

---

47) SKT Insight, 프로젝트 중심 교육(PBL)으로 키우는 4차 산업혁명시대 리더, 2017. 9.15

의 모든 것을 배움의 대상으로 삼을 수 있게 되었고, 스스로 배움을 통해 세상을 배워 나간다. 그 과정에서 문제 해결력, 심층적 사고 능력, 비판적 사고력 등 다양한 능력을 함양할 수 있게 된다.

PBL학습법이 4차 산업혁명 시대 교육의 방법론으로 관심을 받는 이유는 무엇일까? 협력하는 괴짜를 육성하기 위해서는 정답을 맞히는 교육이 아니라, 문제를 찾는 능력과 개방적인 팀워크로 문제를 해결하는 역량을 키우는 교육이 필요하기 때문이다. 융합과 협력이 중요한 4차 산업혁명 시대에는 결코 혼자서 뛰어난 결과물을 창출할 수 없다. 다르게 생각하고, 실패를 두려워하지 않으며, 기업가적 열정을 가진 괴짜들이 서로 협력할 수 있도록 교육의 장을 열어줘야 한다.

2) 플립러닝(역진행수업)[48)]

역진행수업 또는 플립드러닝(flipped learning), 플립러닝, 역전학습, 거꾸로 교실은 혼합형 학습의 한 형태로 정보기술을 활용하여 수업에서 학습을 극대화할 수 있도록 강의보다는 학생과의 상호작용에 수업시간을 더 할애할 수 있는 교수학습 방식을 말한다. 흔히 적용되는 방식으로는 교사가 준비한 수업 영상과 자료를 학생이 수업시간 전에 미리 보고 학습하는 형태가 있다. 그 후 교실 수업시간에 교사는 교과내용을 중심으로 가르치기보다 학생들과 상호작용하거나 심화된 학습활동을 하는 데 더 많은 시간을 할애할 수 있다.

전통적인 수업 방식에서 학생들은 수업 시간에 다룰 교재의 내용을 미리 읽어보는 것이 권장되었으며(예습), 교재의 내용은 다음날 수업 시간에 다루어졌다. 수업 후, 학생들은 그들이 학습내용을 온전히 숙지했다는 것을 보여주기 위해 숙제를 풀어야 했다(복습). 플립드러닝 수업 방식은 이와 반대이다. 학생들은 수업에 앞서 수업내용을 교수자가 제공하는 온라인 비디오를 통해 학습하고, 교실수업에서는 실제적 과제를 연습하거나 문제풀이를 통해 지식을 적용하게 된다. 이때 교수자는 문제풀이가 안되거나 과제 연습이 어려운 학생들을 돕는다. 따라서 플립드러닝 방식에는 개별화 수업, 프로젝트 중심 학습 등과 같은 학습자 중심 활동 시간을 포함시킬 수 있다. 플립드러닝 수업에서 교수자는 학생들의 학습을 이끄는 데 더 많은 시간을 할애하게 되며 또한 학생들이 정보를 이해하고 새로운 아이디어를 만들어내는 것을 촉진시키는 데 주된 역할을 한다.

48) 위키백과, https://ko.wikipedia.org/wiki/역진행 수업

플립드러닝 수업의 효과로는 학생들의 수업 중도 탈락률이 감소되며 학생들이 학습하게 되는 정보의 양이 증가하였다는 보고가 있다. 하지만 다수의 사람들은 플립드러닝 수업이 학교 밖에서 인터넷 사용이 어려운 학생들에게는 효과적이지 못할 수 있다는 점을 우려한다. 또 문제가 되고 있는 점은 플립러닝을 도입한 미국 캘리포니아 소재 일부 대학의 경우 강연은 하버드대학이나 매사추세츠공과대학(MIT) 교수 수업으로 대체하고 담당 교수는 보조적인 역할만 하는 형태로 운영되는 경우까지 발생하기도 해 교육계에 위협이 될 수 있다는 것이다.

3) 하브루타법[49]

하브루타(Chavrusa, chavruta, havruta)는 유대인의 전통적 학습방법이다. 문자적 의미는 우정, 동료 등을 뜻한다. 예시바(yeshiva) 및 코렐(kollel)에서 주류적 학습법이다. 교사-학생간의 관계와 달리, 하브루타 학습에서는 각자가 분석하고 자신의 생각을 조직화하여 상대방에게 설명하며, 상대방의 이야기를 듣고 질문하면서, 때로는 전혀 새로운 관점을 발견하기도 한다. 2000년대에 들어 전화 및 인터넷으로까지 확산되고 있다. 좁은 의미로는 동급생, 넓은 의미로는 가정, 선생님과 서로 대화함으로써 서로 자기주도 학습능력 향상, 사고력, 창의력을 함양할 수 있다. 친구를 의미하는 히브리어인 하베르에서 유래한 용어로, 학생들끼리 짝을 이루어 서로 질문을 주고받으며 논쟁하는 유대인의 전통적인 토론 교육 방법. 유대교 경전인 ≪탈무드≫를 공부할 때 주로 사용된다.

나이와 성별, 계급에 차이를 두지 않고 두 명씩 짝을 지어 공부하며 논쟁을 통해 진리를 찾아가는 방식이다. 이때 부모와 교사는 학생이 마음껏 질문할 수 있는 환경을 만들어 주고 학생이 스스로 답을 찾을 수 있도록 유도하는 역할을 한다. 하브루타는 소통을 하며 답을 찾아가는 과정 속에서 다층적으로 지식을 이해하고 문제를 해결할 수 있다는 장점이 있다. 하나의 주제에 대한 찬반양론을 동시에 경험하게 되므로 이를 통해 새로운 아이디어와 해결법을 이끌어 낼 수도 있다.

교사가 학생에게 강의하고 시험을 통해 정보를 암기하고 다시 반복하는 기존 교실 학습과는 달리, 또 학생들이 독립적인 연구를 하는 학회와는 달리, 하브루타는 학생들이 학습 과제를 구두로 설명한다. 또한, 상대의 논증에 오류를 찾아내고 서로의 생

49) 위키백과, https://ko.wikipedia.org/wiki/하브루타

각에 대해 질문하며 종종 본문의 의미에 대해 완전히 새로운 통찰력을 갖게 된다.

하브루타는 학생들이 배움에 집중하며, 추리력을 날카롭게 하고, 생각을 말로 발전시키고, 논리적인 논쟁으로 그의 생각을 정리하도록 돕는다. 이러한 유형의 학습은 또한 모호하게 유지될 수 있는 아이디어에 정밀성과 명확성을 부여한다. 다른 사람의 의견에 귀 기울이고, 분석하고, 대응하는 것은 타인에 대한 존경을 심어준다. 하브루타는 말로 표현할 수 없는 것은 전혀 모른다는 것이다라는 전제에서 효과적인 학습법이라 할 수 있다.

이스라엘 토론식 교육법 하브루타 세미나[50)]

히브루타법으로 토론중인 학생들(호서대)

50) 전인교육신문, 이스라엘 토론식 교육법 하브루타 세미나, 2017. 2. 16

활동지 양식 ⑯ 하브루타법을 이용하여 아래의 표를 작성하시오.

<table>
<tr><td colspan="2">제목</td><td colspan="2">미래의 직업중 미래에 사라질 직업과
새로 등장하거나 유망한 직업에 대하여 토론하시오.</td></tr>
<tr><td colspan="2">구분</td><td>직업 종류</td><td>이유</td></tr>
<tr><td rowspan="6">토론자
A</td><td rowspan="3">사라질 직업
(3개)</td><td></td><td></td></tr>
<tr><td></td><td></td></tr>
<tr><td></td><td></td></tr>
<tr><td rowspan="3">새로운(유망한)
직업(3개)</td><td></td><td></td></tr>
<tr><td></td><td></td></tr>
<tr><td></td><td></td></tr>
<tr><td rowspan="6">토론자
B</td><td rowspan="3">사라질 직업
(3개)</td><td></td><td></td></tr>
<tr><td></td><td></td></tr>
<tr><td></td><td></td></tr>
<tr><td rowspan="3">새로운(유망한)
직업(3개)</td><td></td><td></td></tr>
<tr><td></td><td></td></tr>
<tr><td></td><td></td></tr>
<tr><td colspan="2">느낀 점</td><td></td><td></td></tr>
</table>

BTS의 성공비결은 무엇일까?[51)]

BTS, 방탄소년단이 K팝 역사를 새로 쓰고 있다.는 말에 이견을 달 수 있을까?

방탄소년단이 연일 대중음악 뉴스 헤드라인을 장식하고 있다. 지난 2017. 11. 19일미국 로스앤젤레스에서 열린 '아메리칸 뮤직 어워즈'에서 아시아 아티스트로서는 유일하게 시상식 무대 위에서 공연을 선보이며 현지 언론에서 큰 주목을 받았다. 최근 여러 기록도 갈아치웠다. 트위터 최다 활동 남성그룹 뮤지션 부문 '기네스 세계기록 2018'에 등재되는가 하면 트위터 한국 계정 중 처음으로 팔로어 수가 1000만을 넘어섰다. 현재 조회 수 1억뷰를 돌파한 뮤직비디오는 11편이다. 아시아를 넘어 팝의 고장인 미국을 비롯해 남미, 일본 등에서 폭발적인 인기를 얻고 있는 비결은 무엇일까.

첫째 비결은 SNS의 활발한 이용이다.

방탄소년단은 공식 데뷔 전부터 트위터로 팬들과 직접 소통을 했다. 소속사의 계정과는 별도의 멤버 계정을 개설해 7명 멤버들이 각자 개성을 드러내는 자연스러운 일상 트윗을 수시로 올렸고 글로벌 K팝 팬들 사이에서 큰 호응을 얻었다. 또한 유투브에 올라간 각종 뮤직비디오 콘텐츠가 시간이 갈수록 소비가 늘어난다. 그룹과 기획사, 팬들이 만들어낸 관련 콘텐츠들이 SNS에 계속 쌓이고 있다. 누적 콘텐츠양이 상당한 것도 인기가 확산되는 주요한 요인이라 할 수 있다.

둘째 비결은 멤버들이 먹는 음식, 연습상황, 신곡홍보 등을 적극적으로 공유한 것이다. 자신들이 먹는 모습, 음식종류 등, 안무 연습, 신곡 홍보까지 팬들과 공유했다. K팝 그룹을 가까이에서 만날 수 없는 해외 팬들은 이런 콘텐츠를 보면서 관심을 가지게 되었다. 해외 팬들 입장에서는 특별한 경험이었고, 깊은 친밀감을 갖게 했다. 요즘 아이돌 문화는 '내가

---

51) 경향신문, [방탄소년단, K팝 새 역사 쓰다]BTS 성공비결은 C·M·F, 2017. 11. 24(저자 재편집)
(원문보기: http://news.khan.co.kr/kh_news/khan_art_view.html?art_id=201711242226015 #csidx6f814f5280868fd9c461388b1dfa84b

키운 아이돌'이라는 감성이 크게 작용한다. 이게 방탄소년단에게 갖는 해외 팬들의 마음이다. 음악적으로 항상 다양한 스타일과 주제를 찾아 나섰다. 멤버들이 음악을 작곡하고 제작하는 데 큰 역할을 했다. 미국 팬을 비롯해 서양 팬들은 아티스트들이 음악 제작에 참여한다는 것 자체를 좋아한다.

셋째 비결은 잘 키운 팬 하나, 열 광고 안 부럽다 이다.

팬클럽과의 강력한 유대를 가지고 있는 팬들이 힘을 발휘했다. 팬들은 미국 라디오 방송국에 'BTS 음악을 틀어달라'고 요구하고, 쇼핑몰이나 레코드숍에 'BTS CD를 판매하라'고 요청한다. 라디오 방송 횟수와 CD 판매량은 빌보드 차트에 영향을 미친다. 데뷔 때부터 온라인상에서 (한국어 콘텐츠의) 번역을 돕는 팬들이 많았다. 팬들이 유투브 콘텐츠를 이용해 2차 창작물, 이른바 '짤'을 만들고 그들을 통해 다시 그룹을 홍보하는 순환적 시스템이 만들어진 것이 해외 팬덤 확산에 영향을 미쳤다.

넷째 비결은 청년세대들이 공감할 수 있는 곡을 만들었다.

젊은 세대가 생각하는 꿈, 사랑, 고민내용 등을 노래에 담았다. 세계적으로 장기불황상태에 취업이 어려운 세대, 좌절한 청년세대로부터 공감을 얻어냈을 것이다. 소비자들과 감성적으로 밀착하는 감성 마케팅의 한 사례다. 10~20대를 정확하게 겨냥하여 공략한 결과이다. 가사내용이 단순히 사랑에만 그치거나 돈, 파티, 술과 같은 소모적인 내용이 아니라 청춘, 자유, 인생에 대한 목표, 시스템에 대한 저항과 같은 시대정신을 담아내려 했다는 점이 미국뿐만 아니라 전 세계적으로 공감대를 이끌어냈다. 그래서 BTS의 음악은 다른 사람들과 토론하고 싶어하는 것에 대해 이야기한다. 팬들은 BTS가 젊은 세대가 겪고 있는 어려움을 이해하고 있다고 느낀다. 많은 팬들이 BTS 음악을 듣고 자신의 삶에서 어려운 시기를 잘 통과했다는 이야기를 들었다.

다섯째 비결은 글로벌 마인드이다.

해외 팬들의 경우 '방탄소년단'이란 이름을 발음하는 것은 어렵다. 그래서 팀명을 'BTS'로 바꿔 부른 게 해외에서는 인지도를 높이는 계기가 됐다. 해외 팬들이 부르기 쉽고 SNS 해시태그 붙이기에도 좋다. 미국 대중에게는 심야 토크쇼가 영향력이 크다. 무대도 있고 인터뷰도 깊게 이뤄진다. 멤버 RM이 유창한 영어로 사람들에게 친절하게 자신들을 소개하므로써 해외 팬들의 궁금증을 해결해 준 것이다. 미국 방문 일정에서 미국 언론과 대화하고 상호 작용할 시간을 충분히 마련했다.

여섯째 비결은 정치·사회적 신념을 노래 속에 담았다.

미국에선 연예인 역시 사회의 한 일원으로서 리더십과 책임을 가질 때 더 존중하는 분위기다. 현재 방탄소년단이 유니세프와 진행하는 인도주의적 프로젝트와 같은 작업들이 미국에서 더 인정받게 하는 요인 중 하나일 것이다. 계속해서 한국어 가사로 노래를 하겠다는 의지 또한 당장 영어 가사로 미국을 의식하며 인기에 연연하기보단 기존의 정체성을 지키겠다는 의미로 받아들여진다. 미국 사회가 선호하는 사회적 리더형 아티스트라고 볼 수 있다.

자신이 BTS 멤버중 한 사람이라고 생각하고, 해 보고 싶은 일을 적어보자.

7장 소통이 리더십의 근간

목 차

학습목표

- 소통의 시대에 불통을 생각해 본다.
- 바람직한 소통이란 어떤 것인지에 대해 이해한다.
- 소통의 절차와 유형에 대한 이론을 학습한다.
- 소통과 리더십의 상관관계를 이해한다.
- 성공적인 협상의 원칙을 이해하고 학습한다.

7.1 소통의 시대에 불통을 이야기 하다

의사소통 또는 휴먼 커뮤니케이션(human communication)은 사람들이 가지고 있는 생각이나 뜻이 서로 통함이라는 의미를 지니고 있으며, 인간이 사회생활을 하기 위해서 가장 필수적으로 가지고 있어야 하는 능력이다. 상호 간 소통을 위해 사용되는 매체로는 언어적 표현으로 구어체와 문어체를 이용할 수도 있고, 몸짓, 자세, 표정, 억양, 노래, 춤 등과 같은 비언어적 요소들까지 포함된다. 위와 같은 행동으로 의사소통이 불가능한 사람들을 위해 많은 도구와 치료법이 개발되어 있으며, 기술의 발전에 의해 일반적인 소통을 하는 데에는 거의 문제가 없다.

언어적 능력이 발달하지 않은 동물들의 경우 호르몬이나 변뇨의 냄새 또는 울음소리로 의사소통을 한다. 인터넷의 발달로 직접적인 소통 외에도 네이버·다음·네이트와 같은 포털 사이트, 페이스북·트위터와 같은 소셜 네트워크 서비스로도 불특정 다수와의 의사소통을 이룰 수 있다. 의사소통의 종류에는 자신과의 내재적 의사소통, 다른 사람과의 인적소통, 조직 내에서의 조직 내 소통, 문화를 초월한 문화 간 소통 등으로 나눌 수 있다.[52)]

소셜네트워크서비스(SNS, social network service)의 사용이 확산되면서 소통이 활발할 것이라는 주장이 많았다. 도미니크 볼튼은 자신의 저서 「불통의 시대에 소통을 읽다」에서 "기술의 발달로 인해 정보는 많아졌지만 소통은 더욱 어려워졌다. 우리가 이용할 수 있는 복잡한 상호작용적인 제반 기술에도 불구하고 오히려 서로를 이해하는데 걸리는 시간은 늘어난다."라고 하였다.[53)]

스마트시대는 두 개의 엄지손가락이 아주 바빠진 시대다. 스마트기술은 개인휴대정보단말기(PDA, personal digital assistant)의 보급을 확산시켜, 이 시대를 '소

52) 위키백과, https://ko.wikipedia.org/wiki/의사소통
53) Dominique Wolton, Informer n'est pas communiquer., 2009, p.147

통이 꽃을 피우는 시대'라고 과대포장하고 있는 것이 현실이다. 그러나 최근 생활인들의 행동을 관찰해 보면 '소통의 시대'라는 구호적 외침이 적절한 것인지 의문이 든다. 커피숍을 들어선 젊은 커플들의 손에는 여지없이 스마트기기가 들려있고, 자리를 잡기 무섭게 기기로 빨려 들어간다. 대화는 없고 스마트기기만 들여다보는 상황이 흔하다. 페이스북, 트위터, 카카오톡 등 사회연결망서비스(SNS, social network service) 의 등장으로 사회적 소통의 폭과 빈도는 빛의 속도로 증가하는 반면 개인 대 개인 간 소통은 반대의 현상을 보이는 것은 왜 일까? 그야말로 소통속 불통의 시대이다.[54)]

소셜미디어의 사용 확산으로 대인관계 소통의 폭이 넓어지고, 생활공유서비스를 통해 온라인상의 인적교류도 활발해 졌다. 그러나 스마트기기의 보급과 소셜네트워크서비스로 인해 소통이 증가할 것이라는 주장들이 많았으나 소통이 오히려 감소하는 경우도 발생하고 있다. 스마트폰 등의 스마트기기를 활용한 SNS사용이 증가하면서 일상생활 속 소통측면에서 부정적 영향을 미치는 경우가 많다. 가족 간, 친구 및 지인들 간의 소통의 증가 혹은 감소현상에 대한 많은 연구들이 진행되고 있다.

54) Park, Kiho, "An Exploratory Study for Communication Traits in Social Media: Real Time Chat and Life Sharing Service", Proceedings of KITA 2016 Spring Conference, 2016, pp.200-203.

7.2 바람직한 소통이란?

소통 즉 커뮤니케이션(communication)이란, 원래 라틴어의 'commūnicāre'에서 유래한 것으로 '같이 이야기하다', '협의하다', '대담하다', '상담하다'란 뜻을 가진다. 우리말로 '의사소통'으로 번역되기도 한다. 소통의 정의는 상황에 따라서, 학자들에 따라 다양하게 정의되고 있다. 소통이란 "전달자와 수신자 사이의 정보의 교환, 개인을 포함한 집단 간의 의미의 전달 행위"라고 정의되기도 하고, "일반적인 상징(언어 혹은 비언어적 수단)을 통한 정보나 의사의 전달행위"라고 정의하기도 한다. 즉, 의사나 정보를 갖고 있는 자가 그것을 받아들이려는 타인에게 전달하는 언어적인 것과 비언어적인 것이 해석되는 모든 과정을 의미한다.

조직 내 소통 정의

조직이란 "두 사람 이상이 모여 공통의 목적을 달성하기 위해 상호작용하는 사회적 단위"라고 정의할 수 있다. 조직 내의 상호작용은 소통을 통해 이뤄진다. 여기서 커뮤니케이션이란 상호이해에 도달하기 위해 어떠한 집단, 조직, 또는 사회의 사람들이 정보를 생산하고 공유하여 공동목표를 추구할 수 있게 하는 일련의 모든 과정을 의미한다. 즉, 사회에서 필수적인 요소이고, 개인이나 집단의 가장 기초적인 기반이자 성과를 결정하는 핵심 수단이라고 할 수 있다.

조직 소통은 사회체계나 조직을 이해하는데 가장 기본적인 과정이며, 조직과 그 구성원들은 소통을 통해 정보교환, 공동의 이해형성, 활동 조정, 영향력 행사, 사회화, 신념체계와 상징체계의 형성과 유지 등을 할 수 있다(Nicholson, 1995). 이러한 소통을 조직의 입장에서 본 "조직커뮤니케이션" 은 둘 이상의 개인이 공동의 목표를 위하여 일련의 활동 체계를 형성하고 유지하기 위해 메시지를 주고받는 것이라고 정의할 수 있으며(Tompkins, 1984), 조직 소통은 조직 구조에서 관리자, 종업원, 동료들 상호 간 또는 집단 간에 정보전달의 발전된 기술이나 메시지를 통하여 메시지, 관념, 태도를 공유하는 것이라고 정의(Lewis, 1987)하였다. 따라서 조직 소통은 조직 내의 구성원들의 의사 전달 및 정보교환을 바탕으로 조직의 목표달성과 구성원들 상호간의 응집력을 높인다.

7.3 소통의 절차와 효율성 제고전략

1 소통의 절차

조직 리더의 소통방식은 리더의 이미지를 형성하는데 중요한 역할을 한다. 자신의 생각을 언어적 혹은 비언어적 수단을 이용하여 상대방에게 전달하는 것을 소통의 과정이라 한다. 소통의 과정에는 의미를 전달하는 송신자(발신자)가 있고, 그 의미를 받아들이는 수신자가 있다. 송신자와 수신자의 중간에는 의미를 전달하는 매체가 있다. 이메일, 실시간 채팅, 휴대폰 등의 매체를 예로 들 수 있다.

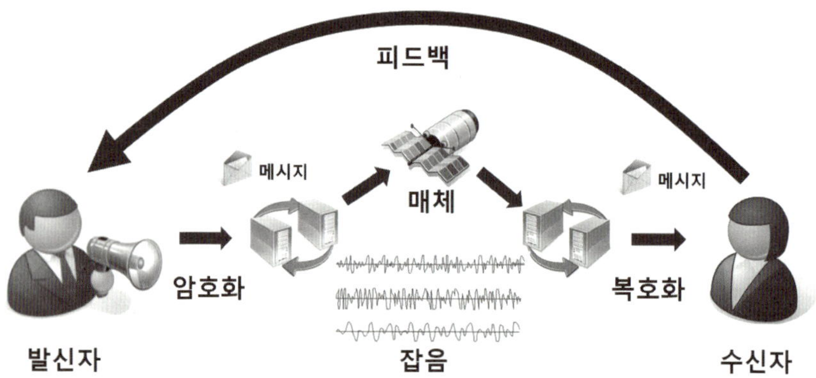

소통의 절차(Shannon and Weaver)[55]

소통의 과정은 발신자로부터 시작하여 매체를 통해 수신자에게 의미를 전달하게 되는데 이 과정에서 잡음 즉 노이즈(noise)가 발생하여 소통의 정확성을 저하시키는 경우도 있다. 전화로 통화를 하는 도중에 상대방의 목소리가 들리지 않거나 갑자기

55) 위키백과, https://ko.wikipedia.org/wiki/커뮤니케이션모형

끊어지는 현상 혹은 외부의 다른 소리가 섞이는 경우 등이라 할 수 있다. SNS매체를 이용하여 문자를 보내는 도중 오타가 보내지거나 엉뚱한 사람에게 메시지가 전달되는 경우도 노이즈라 할 수 있다. 잡음이 없이 발신자의 의도가 정확하게 전달될 경우 수신자는 발신자에게 정확한 응답을 보낼 것이다. 이것을 피드백 즉 회신이라고 한다.

소통의 과정은 매우 간단하게 그림으로 표현할 수는 있지만 그림으로 표현할 수 없는 복잡한 요인들이 많이 존재한다. 카카오톡의 경우 문자를 이용하여 소통을 하기 때문에 상대방의 감정상태, 표정 등의 상황적 요소들이 누락된다. 이를 보완하기 위해 각종 이모티콘을 사용하지만 이 역시 잘 못 사용할 경우 발신자의 의도와는 전혀 다르게 수신자에게 전달될 수도 있어 오해를 불러일으킨다. 따라서 매체에 따라 특성이 달라 표현할 수 있는 범위, 정보의 양이나 유연성이 달라질 수 있는데 이를 매체풍부성 즉 Media Richness라고 한다.

소통의 모형은 인간의 소통 과정을 설명하기 위한 개념 모형이다. 최초로 소통의 모형은 1949년 Bell 연구소의 Claude Elwood Shannon과 Warren Weaver가 제안했다. 의사소통은 메시지의 발신과 수신, 혹은 정보를 한곳에서 다른 곳으로 전송하는 것을 기본개념으로 한다. 소통은 전파와 전화 기술을 반영하도록 설계되었다. 그들의 초기모형은 발신자, 채널, 수신자 세 주요 부분으로 이루어져있다. 발신자는 사람이 말하는 전화기의 부분이고, 채널은 전화 그 자체이며, 수신자는 다른 사람이 듣는 전화기의 부분이다. 또한 Shannon과 Weaver는 전화를 들을 때 종종 방해를 일으키는 것도 잡음으로 간주하였다. 잡음은 신호의 결핍(끊어짐) 또한 포함한다. 전송 모형이나 소통의 일반적인 관점에서 거론되는 간단한 모형에서는 정보나 내용물은 특정한 형태로(언어적 혹은 비언어적 수단) 화자나 부호기로부터 목적지, 청자, 해독기로 보내어진다. 이러한 일반적인 소통의 개념은 정보를 송신하고 수신하는 수단으로 본다. 이 모형의 강점은 단순성, 일반성, 정량화 가능성이다. Shannon과 Warren Weaver는 이 모형을 기반으로 다음과 같은 요소들을 제시하였다

1. 메시지를 생산하는 정보의 근원지
2. 메시지를 신호로 바꾸는 발신기
3. 메시지 전송에 적합하도록 조정된 채널
4. 신호를 메시지로 해독(복원)하는 수신기
5. 메시지가 도착하는 목적지

Shannon과 Weaver는 이 소통에 관한 개념에는 세 단계의 문제가 있다고 주장했다. 첫째는 기술적 문제로 메시지가 얼마나 정확하게 전송될 수 있는가하는 것이고, 둘째는 의미상 문제로 그 의미가 얼마나 정확하게 전달될 수 있는가, 셋째는 유효성의 문제 즉 전달된 의미가 얼마나 효과적으로 행동에 영향을 줄 것인가 하는 면을 살펴보아야 한다고 주장했다.

2 매체풍부성 이론

Daft와 Lengel은 정보의 양 혹은 전달할 정보의 애매 모호성, 복잡성 등에 따라 적절한 매체를 선택해야 한다는 이론이 매체풍부성이라고 정의하였다. 소통을 위한 매체로 면대면(face-to-face), 음성전화, 노트, 메모, 편지 등, 게시판 또는 각종 보고서 등으로 구분할 수 있다.

매체풍부성 이론에서는 두 가지 전제를 설명하고 있다. 하나는 조직 내에서의 소통의 목적은 정보의 불확실성과 모호성을 줄이기 위해 정보를 처리한다. 불확실성이란 조직 내에서 업무를 수행하기 위해 필요한 정보의 양과 조직이 보유하고 있는 정보의 양이 차이가 날 때 즉 필요한 정보의 양보다 적은 양의 정보를 가지고 있을 때 불확실성이 발생하게 된다. 모호성이란 조직의 상황이나 환경에 대한 해석에 혼란이 발생할 경우 증가하게 된다. 다시 말해 조직이 나아갈 방향성에 대해 구성원들에게 명확한 의미전달이 되지 않을 경우 업무수행에 모호성이 증가하게 되는 것이다. 따라서 조직 내에서 모호성이 증가하면 구성원들이 어떤 질문을 해야 할지 모르게 되고, 불확실성이 증가하면 질문을 알고는 있으나 질문에 대한 답을 찾지 못한다. 결론적으로 조작 내 정보의 양이 증가할수록 모호성과 불확실성이 감소하게 되는 것이다.

또 다른 하나는 조직 내에서 공통적으로 사용되는 매체는 종류에 따라 특정 업무에 매우 적합한 것을 선택한다는 것이다. 예컨대 면대면 소통은 모호성이 높은 메시지를 전달하거나 소통할 때 적합한 방법이다. 반면 서적이나 보고서 등의 잘 정리된 자료의 경우는 모호성이 낮은 메시지를 전달할 때 적합한 매체라 할 수 있다. 매체풍부성이 가장 높은 소통 매체는 면대면방식이며, 그 다음이 음성전화이다. 그 아래는 특정인에게 전달되는 메모, 편지, 노트 등의 매체가 될 수 있다. 제일 매체풍부성이 낮은 매체는 사내 게시판이나 문서, 보고서 등이라 할 수 있다. 기업에서 오프라인 회의를 하는 이유는 주어진 의제의 모호성이 크기 때문에 특정 시간에 특정 장소에 모여서 회의를 한다. SNS를 이용한 문자나 카톡 등의 소통은 면대면 보다는 매체 풍부성이 낮은 소통방식이다.

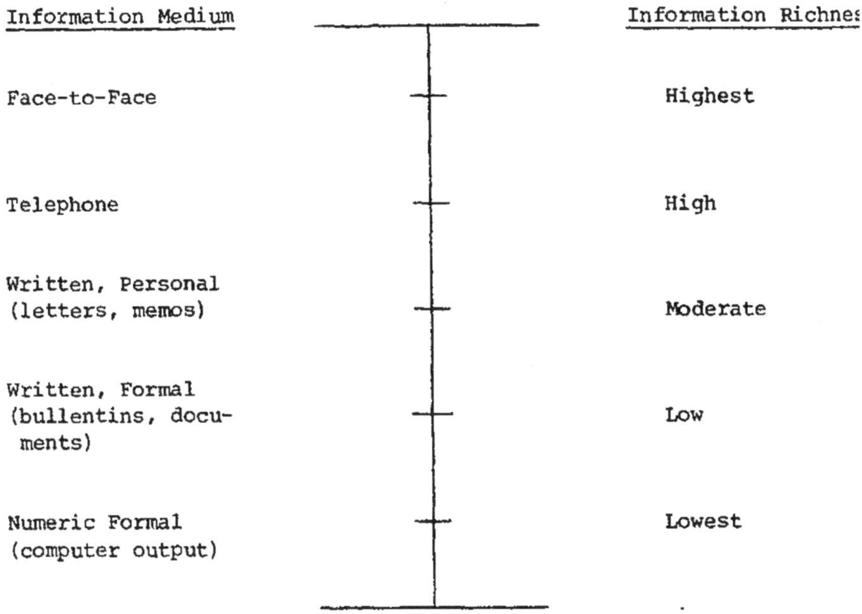

매체풍부성 계층도[56)]

56) Richard L. Daft, Robert H. Lengel, Information Richness. A New Approach to Managerial Behavior and Organization Design, 1983

7.4 소통과 리더십

1 리더십과 소통 환경

디지털기술의 발전, 스마트기술의 발전, 그리고 컴퓨팅기술과 디바이스 기술의 발전으로 소통을 위한 채널들이 개인들의 손바닥위에 올려져 있다. 모름지기 소통의 시대이다. 과거 권위 중심의 수직적 조직문화는 소통중심의 수평적 조직문화로 바뀌고 있다. 개인의 일상 생활 뿐만 아니라 기업, 관공서, NGO 등 많은 조직과 구성원들은 소통의 물결 거스를 수 없는 시대가 된 것이다.

소통은 리더십과 직결된다. 소통을 하지 못하는 리더는 조직을 후퇴시킨다. 리더십은 또 정치 활동과도 무관하지 않다. 소통의 정치를 하지 못하는 정치인은 조직원이나 국민들로부터 신뢰를 얻지 못한다. 92세의 일기로 별세한 김종필 전 국무총리는 생전 마지막으로 남긴 책 《남아 있는 그대들에게》(2018. 스노우폭스)에서 후배 정치인들에게 소통을 강조했다.[57] "사람은 자기가 깨달은 가치를 남에게도 권하고 싶은 충동을 가집니다. 자신이 결정한 선(善)과 믿고 있는 가치를 사랑하는 사람들, 나아가 불특정 다수와 공유할 때 가치의 공동 신념이 생겨나게 됩니다. 사회적으로 공유한 가치가 많아질수록 그 사회는 뜨겁게 결속할 수 있으며, 소통이 가능해지고, 사회를 이끌어 나갈 힘이 새록새록 솟아날 것입니다. 그러기 위해선 권위주의적인 수직적 리더십보다 소통을 매개로 하는 수평적 리더십이 기본이어야 하겠지요."라고 서술하였다.

최근 정부나 정치인들의 소통활동은 어떠한가? 입으로는 소통을 부르짖지만 실제로는 귀를 막고, 입을 닫고, 국가적, 경제적, 안보문제, 청년 실업문제, 교육계 문제 등등의 이슈에 대해 모르쇠로 일관하고 있는 일들이 얼마나 많은가? 소위 국가적으로 리더의 역할을 맡고 있는 사람들의 행위는 정상적인 상식으로는 이해할 수도 설명할

57) 디트news24, http://www.dtnews24.com, 2018. 7. 6(저자 재편집)

수도 없는 몰상식의 시대이기도 하다. 공정을 말하면서 불공정의 행위를 일삼고, 공평을 말하면서 자신들의 이익을 추구하는데 급급하다.

리더의 소통활동은 사실 리더십의 핵심이며, 소통에 실패한 리더는 실패한 리더라고 해도 과언이 아니다.

2 리더십과 소통의 관계

조직의 리더들이 소통을 위해 자주 사용하는 방법으로는 말하기, 듣기, 회의, 훈시 및 의사결정 등이 있다. 이 같은 방법들중 가장 중요하고도 문제를 자주 일으키는 것이 바로 말하기 이다. 우리 속담에 '말 한마디로 천 냥 빚을 갚는다.'는 말이 있다. 이 속담의 의미는 말 한마디의 영향력이 얼마나 큰지를 의미한다. 좋은 영향력일 경우에는 빚을 탕감 받는 효과도 있으나 반대로 말 한마디를 잘못해서 폐가망신 당하는 경우도 드물지 않다. 중국 고전에서 전하는 '말'에 대한 경고의 메시지를 살펴보자.

- 유언자불필유덕(有言者不必有德): 훌륭한 말을 한다고 해서 그가 반드시 훌륭한 인격의 소유자는 아니다<논어>.
- 화이부실(華而不實): 겉보기는 그럴싸한데 속은 텅 비어 있다<한비자>.
- 도언공감(盜言孔甘): 못된 사람일수록 듣기 좋은 말을 잘한다<시경>.
- 강의목눌(剛毅木訥): 의지가 굳고 꾸밈이 없으며, 말이 없는 게 인에 가깝다<논어>.
- 위치부재다언, 고력행하여이(爲治不在多言, 顧力行何如耳): 정치는 말로 하는 게 아니라 능력껏 실행하는 것이다<십팔사략>.

위의 고사들을 종합해 보면 말의 중요성을 강조하고 있다. 다시 말해 말을 많이 하는 것이 중요한 것이 아니라 한 마디라도 그 속에 담긴 가치와 의미가 중요하다는 의미이다. 리더십은 세치 혀로 뱉어내는 화려한 수사로 현혹하는 것이 아니라는 의미일 것이다. 리더는 냉철한 판단력과 합리적인 의사결정, 철저한 책임감과 균형감각을 가지고 탁월한 경영성과나 업무혁신을 추구하는 것이다. 나아가 조직 구성원들의 신뢰나 존경을 한 몸에 받게 될 때 진정한 리더로 인정받게 된다. 훌륭한 리더일수록 말은 많이 하기 보다는 다른 사람의 말을 경청하며, 자신의 생각이나 미처 생각지 못했던 사실을 확인하고, 문제점을 찾아내어 개선하려고 노력을 기울이는 사람이라 할 수 있다. 경청의 기술은 쉬운 것 같지만 고도의 기술이 필요하다. 인내와 적극적인 자세를 가지고 상대방의 말에 귀를 기울이고, 시선을 맞추며, 편견을 가지지 말고 상대방이 제시하는 메시지를 끝까지 들어주는 자세가 필요하다. 그런 노력이 있어야 추종자들이 늘어날 수 있다.

1) 리더의 회의진행능력

리더가 회의를 진행하는 방식을 보면 리더십 스타일을 가늠할 수 있다. 비효율적인 회의진행 방식의 경우를 보면 회의시간이 지나치게 길어지며, 회의 의제가 불명확하고, 회의의 진행이 몇몇 사람들에 의해 좌우되며, 핵심인사들이 불참하거나 실행계획 혹은 결론을 도출하지 못하고 회의가 종료되는 등의 문제점들이 있을 수 있다. 이같은 문제점을 가진 회의는 매우 비효율적이며, 시간만 낭비하는 부실한 회의라고 할 수 있다. 리더의 역할이 전혀 돋보이지 않는 회의라 할 수 있다.

반대로 리더는 효율적이고 성공적인 회의가 되도록 회의진행과정에서 자신의 역량을 최대한 발휘해야 한다. 우선 리더 자신이 회의준비를 확실하게 해야 하고, 회의진행 과정에서 탄력적인 운영의 묘를 살려야 한다. 회의시간의 엄수, 회의목표 및 의제의 명확한 설정, 실질적인 대안 도출, 강력한 실행계획의 추진 등을 도모하도록 리드해 나가야 한다. 즉 성공적인 회의의 진행은 리더의 역량과 직결된다고 할 수 있다.

2) 리더유형별 의사결정 방식

의사결정 과정에서 리더의 성향이 드러난다. 의사결정 과정에서의 리더의 유형에는 독재자형, 훈계자형, 의견수렴자형, 자유방임형으로 나눌 수 있다.

첫째, 독재자형의 경우 조직 구성원들의 의견과는 무관하게 일방적으로 결정을 내리는 스타일을 말한다. 이 경우 의사결정의 신속성은 담보될 수 있으나 추종자들의 의견이 전적으로 배제되며, 리더의 선호가 조직 전체의 의사로 왜곡되는 단점이 있다.

둘째, 훈계자형이다. 이 경우는 독재자형과 유사하게 리더의 선호하는 의견이 조직 전체의 의견으로 왜곡될 수도 있으나 독재자형과는 다르게 일방적이지 않지만 구성원들에게 자신의 결정내용을 통보하고, 훈계 또는 설득하여 통과시키려는 유형이다.

셋째, 의견수렴형이다. 최종적인 의사결정은 리더가 주도하지만, 의사결정을 하기 전에 구성원들의 의견을 광범위하게 청취하고, 수렴해 나가는 스타일을 의미한다. 리더십과 소통의 관점에서 볼 때 가장 바람직한 리더유형이라 할 수 있다.

넷째, 완전합의형이다. 이 같은 유형의 리더는 모든 조직 구성원들의 합의나 절대적인 지지가 있을 때까지 의사결정을 보류하는 스타일을 의미한다. 의사결정의 속도가 매우 느리고, 자칫 리더가 의사결정의 책임을 회피하기 위한 수단으로 악용하는 경우도 있다. 무능한 리더일수록 자신의 소신이나 리더로서의 역량이 부족한 경우가 이에 해당될 것이다.

다섯 째, 자유방임형이다. 자신이 의사결정에 참여하지 않고, 구성원들에게 결정을 일임하는 유형이다. 의견이 하나로 모아지지 않을 경우에는 의사결정 자체가 불가능하다는 문제점이 있다. 이 같은 유형 역시 바람직한 리더라고 볼 수는 없을 것이다. 물론 특수한 경우에 이 같은 유형을 적용할 수도 있겠으나 일반적으로는 이상적이라 할 수는 없는 유형이다.

3) 하의상달 유형

조직구성은 리더와 구성원 혹은 추종자들이다. 추종자들이 리더에게 의견을 제시하거나 아랫사람이 윗사람에게 의견을 개진하는 유형 몇 가지를 살펴보자.

첫째, 충신형 하의상달 유형이다.

충신형 추종자들의 경우는 '아니 되옵니다.' 또는 '영을 거두어 주소서.'와 같은 말로 윗사람에게 의견을 제시한다. 세종대왕 시대에 충언을 아끼지 않던 정승 황희와 맹사성 등의 충신들이 이 같은 유형이다. 근대사에서는 박정희 대통령에게도 쓴 소리를 아끼지 않았던 이만섭 전국회의장 등이 있다. 그러나 리더의 그릇이 크고 대담한 경우에는 이 같은 충신형들이 조직 발전에 크게 기여할 수 있으나 리더의 그릇이 작은 경우에는 박해를 받을 가능성이 크다. 따라서 리더의 체면을 세워주면서 자신의 의견을 무난하게 개진하는 지혜가 요구된다.

둘째, 보신주의형 하의상달형이다.

이 같은 유형의 추종자는 자신의 의중을 잘 드러내지 않는다. 리더의 비리를 보고도 못 본척하고, 들어도 못 들은 척 하면서 자신의 사리사욕을 추구하는 스타일이다. 조직의 암적인 존재라 할 수 있다. 즉 소신이 없이 보신주의로 살아가는 자들이다.

셋째, 간신형 하의상달형이다.

간신형 추종자들의 경우는 팀장님 시원하시지요? 명령만 내리십시오. 이 한몬 바치겠습니다. 사장님의 뜻이라면 무조건 복종하겠습니다. 등의 아부성 말을 자주 한다. 이 같은 자들의 입에서 나오는 소리를 달콤하게 받아들이는 리더 역시 진정한 리더라 할 수 없다. 듣는 자가 있으니 말하는 자가 있는 것이다. 리더가 달콤한 말을 좋아한다는 생각이 들게 만든 자체가 잘못이라 할 수 있다.

넷째, 이상적 하의상달형이다.

참다운 추종자의 자세로는 리더에 대한 변함없는 충성심과 신뢰이다. 추종자는 토론장이나 회의석상 또는 개별미팅에서 리더와 의견을 달리할 경우 리더의 자존심이 상하지 않도록 겸손하고 정중하게 자신의 의견을 개진해야 한다. 그 같은 자세로 의견을 제시했음에도 리더가 수용하지 않고, 조직의 정식절차에 따라 명령을 내리면 그 명령을 따르는 것도 추종자가 해야 할 자세이기도 하다. 그렇게 하는 것에 참을 수 없는 상황이라면 다른 선택을 고려할 수도 있을 것이다. 부당함에 대해 사표를 던질 수도 있지만, 타산지석으로 삼아 자신의 성장의 거름으로 삼을 수도 있다.

3 리더십과 소통의 기능

리더십을 발휘할 때 소통의 역할은 어떤 것인가? 소통은 리더에게 어떤 의미를 주는가를 생각해볼 필요가 있다. 소통의 기능을 명확하게 이해할 수 있어야 리더십을 발휘하는 과정에서 문제점이 무엇인지를 알 수가 있다.

첫째, 소통은 리더와 추종자들간의 연결고리가 된다.

소통이란 사람과 사람, 사람과 환경을 연결시켜주는 고리역할을 한다. 소통을 통해 리더와 팔로워간의 의견을 공유하고 조직의 전략이나 목표, 실행계획 등을 일관성 있게 추진해 갈 수 있는 것이다. 리더가 추종자들과 제대로 연결을 하려면 환경적 요인에 대해 민감하게 대처해야 한다. 변화가 감지되었을 때 리더 자신 뿐만 아니라 추종자들과 함께 환경변화에 필요한 적절한 조치를 취해야 한다. 환경변화를 조기에 신속하게 포착하기 위해서는 타인의 말을 경청할 수 있어야 하며, 리더로서의 신뢰를 쌓기 위해 지속적인 노력을 해야 할 것이다.

둘째, 소통의 과정에서 논리적이고 합리적인 의사결정을 가능케 한다.

언어학적인 측면에서 보면 인간이 언어를 사용할 경우 인간의 정신적 발달 효과가 있으며, 정서적 발달에 도움이 된다. 타인과의 대화를 통해 자신의 생각을 정리하는 것이 가능해 진다. 또한 토론과 대화를 통해 자신의 허점을 발견할 수도 있으며, 리더는 소통을 통해 논리성과 개념의 틀을 명확히 하게 정립할 수도 있다. 머리로만 생각하고 있을 때 보다는 대화와 토론을 하는 과정에서 복잡했던 머릿속의 내용이 정리되는 경험을 누구나 한번쯤은 해 보았을 것이다. 리더는 소통을 통해 객관적이고 논리적이고 합리적인 정보를 수집하고, 이를 기반으로 조직의 미래 비전을 수립하고, 이에 대한 공감대를 이룰 수 있는 역할을 해야 한다.

셋째, 소통은 말하는 사람과 듣는 사람의 행동을 규제하는 효과가 있다.

연말 연초가 되면 사람들은 일반적으로 새해의 각오와 결심을 주위 사람들에게 이야기 한다. 이는 자신이 새로운 한해에 꼭 달성하고 싶은 것을 말하면서 자신의 행동에 대한 규제의 의미를 가지기도 한다. 조직의 리더 역시 조직의 방향성과 목표를 달성하기 위해 리더가 해야 할 행동, 조직 구성원들이 취해야 할 행동을 촉구하는 의미를 담아서 소통을 하게 된다. 연간 매출목표, 비용절감 목표지, 생산량 목표치 등의 수치를 제시하면 이를 달성하기 위해 전 임직원들이 자신이 어떻게 노력해야 할지를 가늠하게 된다. 애원, 탄원, 제안, 설득 등도 행동을 규제하는 효과를 줄 수 있으며, 권한의 이양(empowerment), 신뢰를 통한 비전제시 등의 소통이 행동지침을 제시하는 효과가 있다. 따라서 리더가 자신과 조직 구성원들의 행동을 적절히 규제하기 위해서는 리더는 신뢰성을 높이고, 창의적 아이디어를 권장하며, 추종자들에게 과감하게 권한이양을 하는 것이 중요하다. 또한 리더가 스스로를 관리 통제하면서 셀프리더십을 발휘하고, 타인을 배려하고 이해하려는 노력도 잊지 않아야 한다.[58)]

4 리더의 소통활동

리더의 소통활동은 다양한 형태로 언제든지 발생 가능성이 높다. 리더의 지위에 있는 사람들은 싫건 좋건 간에 이 같은 공식적인 소통활동을 피할 수가 없다. 예컨대 많은 사람들 앞에서 공식석상 스피치를 하거나 기업이나 조직의 장으로서 조직의 비전이나 목표를 감동적으로 전파하는 일이다. 또한 노조를 상대로 설득하고 협상을 하거나, 구성원들의 평가결과를 설명해 주거나, 피드백을 해 주는 활동도 포함된다. 아울러 조직의 대표로서 외부활동을 위해 만나는 사람들이나 행사에 참여할 경우에도 소통활동은 필수적이다.

58) 백기복외 2인 공저, 리더십의 이해, 2018, pp.265-266.(저자 일부 재편집)

1) 공식석상에서의 스피치 기법

수십 혹은 수백 명이 사람들이 청중으로 모여 있는 공식석상에서 스피치를 해야 할 경우 긴장하지 않을 사람들이 있을까? 그러나 피할 수 없는 상황이라면 극복해야할 과제이다. 그렇다면 공식석상에서 성공적인 스피치를 할 수 있는 방법을 알아보자.

성공적인 스피치를 하기 위해서는 두 가지 조건을 염두에 두는 것이 좋다.[59]

① 대상 청중들에게 적합하고, 모임의 목적에 맞는 스피치를 해야 한다.

스피치의 상황과 목적은 여러 가지 요소에 따라 얼마든지 달라 질 수 있다. 주간 브리핑을 앞둔 신입사원과 고객사를 만나러 온 영업사원, 국회의원 선거 정책 연설을 앞둔 정치인이 스피치를 준비하는 목적은 각각 다르다. 또한 대학생을 대상으로 강의를 하는 것과 직장인을 대상으로 하는 것이 다르고, 청중이 남성이냐 여성이냐에 따라 스피치의 내용도 달라질 수 있다. 같은 사람이 하는 말하기라도, 상황이나 목적 그 어느 하나가 조금만 달라져도 전혀 다른 말하기가 되어야 하는 것이다.

청중과 모임의 목적에 맞지 않는 스피치는 아무리 좋은 내용을 담고 있어도 청중에게 제대로 전달이 될 수 없다. 스피치를 준비할 때에는 어떤 상황에서 어떤 목적의 스피치를 하는 것인지에 따라 그에 맞는 스피치를 준비해야 한다.

② 자신의 스타일에 가장 잘 맞는 말하기

리더가 자신의 스타일에 가장 잘 맞는 말하기라는 것은 자신의 말하기 습관 그대로 스피치를 하라는 의미는 아니다. 평소 말할 때 잘못된 언어 습관이나, 반복되는 불필요한 단어들, 우물거리며 말하는 버릇이라거나, 중언부언 같은 내용을 반복하여 길게 말하는 등의 버릇들은 고쳐야 한다.

자기 스타일에 충실한 말하기가 좋은 말하기이지만 좋지 못한 버릇, 습관 등은 이미 '스타일'이라고 말할 수 없다. 자신의 언어습관중 좋지 않은 버릇과 단점을 고치고 장점을 살려 자신에게 잘 맞는 말하기 스타일을 만들어나가는 것이 좋은 스피치를 하기 위한 방법이다.

자신의 목소리를 녹음 한 것을 들으면 전혀 생소한 목소리에 놀라곤 한다. 그러나

59) 리얼디베이트, 좋은 스피치, 좋은 말하기란 무엇일까?, 2016. 6. 22

주변 사람들은 평소 내 목소리 그대로라고 말한다. 사람들은 일반적으로 자신의 말하는 방법, 말하기 습관을 잘 모르고 지낸다. 사람마다 목소리가 다른 것처럼 모든 이들의 말하기는 각자 고유한 개성이 있다. 한 가지 방법의 말하기만을 가지고 '좋은 말하기'라고 단정 짓기는 어렵지만, 타인에게 자신의 생각을 잘 전달하는 데에 더 효과적으로 말하는 기술들을 익혀 나가는 것이 중요하다. 저자의 경우 사이버 강의 녹화를 자주 하는 편인데 사이버 강의 녹화후 자신의 목소리를 들으면서 언어습관을 고치려고 지속적으로 신경 쓰고 있다.

공공스피치를 준비하는 과정이 중요한데 준비과정은 크게 6단계로 나눌 수 있다. 사전계획, 내용구성, 언어의 사용, 리허설, 스피치실행, 질문에 답하기 등이다.

- **사전계획**
  - 즉흥적 스피치 시에는 너무 길게 말하려 하지 말고, 분위기를 부드럽고 유연하게 이끌어 가야하며, 내용의 깊이 보다는 분위기를 잘 타는 것이 중요
  - 원고가 없지만 즉흥적이 아닌 경우에는 대충요점을 정리하여 살을 붙여 나가면서 스피치를 하는 방법이 유효함. 이야기 하고 싶은 내용을 미리 머릿속에 정리해 두는 것이 중요
  - 원고가 있어야 하는 경우는 매우 중요한 자리에서 정확한 내용을 정해진 시간 내에 전달해야 하는 경우에는 원고를 준비하는 것이 낫다. 외교적으로 혹은 신년사 등이 이에 해당됨.
  - 어떤 형태의 스피치이든 간에 청중들에 대한 정확한 이해가 중요하며, 청중의 수준, 정치적 성향, 스피치 석상에서의 목적과 목표 등을 사전에 철저히 분석하고 이에 맞게 준비해야 함.
- **내용구성:** 스피치의 생명은 전달하려는 지식과 아이디어를 체계적이고 논리적으로 구성하는 것임. 주제를 명확히 하고, 주장에 대한 데이터나 팩트를 제시하여 내용의 설득력을 높여야 함.
- **언어의 사용:** 명확하고 구체적인 단어를 선택하고, 청중의 수준을 고려하여 이해하기 쉽게 말해야 함. 전문용어나 영어 단어들을 지나치게 사용하지 않는 것이 좋다. 특히 저질스런 표현이나 격한 표현들은 스피치의 수준과 스피커의 인격에 해를 입힐 수 있음.

- **리허설:** 연습의 양과 스피치의 성공여부는 비례관계에 있다. 연습을 많이 하면 할수록 스피치는 성공할 가능성이 높아진다는 의미임. 스피커가 연습을 한 여부를 청중들은 첫마디만 들으면 알게 됨.
- **스피치 실행:** 스피치의 생명은 자연스러움. 긴장되고 굳은 스피커를 청중들은 좋아하지 않음. 제스처나 아이컨택을 유연하게 하고, 목소리의 떨림이 없이, 청중의 규모에 따라 톤을 조절해야 함. 서두에 아이스브레이킹을 위한 유머를 준비하는 것도 중요
- **질문에 답하기:** 스피치 도중 명확하지 않거나, 누락된 내용 혹은 추가 설명이 필요한 경우 질의응답의 시간을 줄 수 있음. 질문자를 존중하는 자세로 성실하게 답하는 것이 중요.

2) 조직의 비전과 전략의 전파

리더는 때로는 망망대해에 떠 있는 선박이 성공적인 항해를 하기 위해 선장의 역할을 감당해야 하는 경우가 많을 것이다. 리더는 조직이 나아갈 방향을 구성원들에게 전파해야 할 의무와 책임이 있다. 리더는 조직의 미래를 확정한 후에는 조직 구성원들이 외울 수 있는 단계에 이르기까지 반복해서 주입할 필요가 있다. 또한 비전의 필요성을 끊임없이 강조해야 하며, 리더 자신의 진정성을 가지고 전해야 하며, 전략의 실행과정에서의 성과들을 자주 전파해 주는 것이 좋다.

3) 리더의 방향성에 대한 설득

조직의 리더의 말이라 하더라도 추종자들이나 구성원들이 모두 동의한다고 볼 수는 없다. 특히나 이해관계가 얽혀 있는 사안에 대해서는 리더와 추종자 사이에 이견이 발생할 가능성이 높다. 이 같은 상황이 발생 시 리더는 구성원들을 설득하거나 적절한 선에서 협상을 해야 할 필요가 있다. 따라서 리더에게는 설득력과 협상력이 중요한 역량이다.

리더가 설득력을 발휘하기 위해 몇 가지 전략을 생각할 수 있다. 첫째는 리더가 제시하는 안이 바람직하다는 구체적인 증거를 제시하는 것이다. 적합한 데이터, 기존의 유사한 사례, 관습적인 관행을 이용할 수 있다. 둘째는 대의와 이념등 조직이 공유하고 있는 신념체계를 이용하여 영감적 요소를 활용하여 설득하는 것이다. 셋째는 혜택의 제공을 약속하는 방법이다. 즉 비전이 성공할 경우 인센티브를 주거나 승진을

약속하는 등의 내용으로 설득하는 것이다. 넷째는 개인적 친분을 활용하는 것이다. 조직 내에서 리더 자신의 입지를 들어서 호소하거나, 평소 친분이 많은 사람을 통해 구성원들에게 비공식적 접촉을 통해 설득하는 방법이다. 다섯째는 권위 있는 사람이나 기관의 견해를 활용하는 방법이다. 조직의 최고위층 즉 사장 혹은 회장의 생각이라고 주장을 하거나 해외의 사례를 제시하면서 설득하는 방식이다.

이상과 같이 리더는 구성원들과 의견을 달리할 때 이를 무시할 것이 아니라 최대한 공감을 이끌어 갈 수 있는 방안을 강구하려고 노력해야 할 것이다.

4) 피드백과 코칭

조직을 운영하기 위해서는 구성원들을 평가하는 과정이 중요하다. 리더는 구성원 개인을 평가하고, 평가를 받는 피평가자에게 피드백을 해주어야 한다. 피드백을 하는 이유는 구성원들을 육성하고, 잘못된 점을 바로 잡을 수 있고, 인력자원의 품질을 향상하기 위해 중요한 과정이다. 그러나 현실적으로 부정적인 평가를 피드백 해야 하는 경우에 많은 리더들이 어려워하는 것이 사실이다. 그러다 보니 부정적인 피드백을 생략하거나 회피하는 경우가 많다. 그러나 실제로는 그 같은 부정적 피드백을 잘 해 줄 경우 본인의 성장뿐만 아니라 조직차원에서의 발전도 기대할 수 있다. 그렇게 하기 위해서는 평소에 구성원들이 개선해야 할 점, 잘못된 행동, 고쳐야 할 사고방식 등을 잘 기록해 두는 것이 필요하다. 객관적인 평가를 위해서는 평소의 기록이 바탕이 되어야 하고, 이러한 기반을 이용하여 평가한다면 공정하고도, 발전적인 피드백이 이루어 질 수 있다.

피드백이 이루어지고 나면 구성원들이 자신의 문제점을 인식하고 개선할 수 있도록 유도하는 과정이 필요하다, 이것이 코칭이다. 코칭이란 리더가 추종자를 교육하는 것이 아니라 추종자 스스로가 답을 찾도록 도전적인 질문을 하고, 대답을 하는 과정을 반복하는 것이다. 코칭을 하는 사람은 경청을 훨씬 더 많이 해야 하고, 코칭을 받는 추종자가 말할 기회를 최대한 부여해야 한다. 추종자가 편안한 마음으로 자신의 내면세계를 리더에게 표현할 수 있고, 이를 통해 답을 찾도록 도와야 한다. 코칭을 할 때 유의해야 할 점들은 다음과 같다.[60]

---

60) 백기복외 2인공저, 리더십의 이해, 2018, pp.281-285

- 구성원을 가르치려 하지 않는다.
- 도전적인 질문을 통해서 스스로 깨닫게 한다.
- 코칭을 받는 사람의 말을 경청하고 인정한다.
- 원하는 것을 파악하여 코칭 받을 주제를 선정한다.
- 하나씩 차근차근 주제를 다뤄나간다.
- 코칭을 하고 제시된 사례들을 공유한다.
- 조언이 필요한 경우 구성원의 동의를 구한 후 조언한다.
- 도전적인 목표나 개선된 행동의 변화를 요구한다,

코칭리더를 꿈꾸는 독자는 한국능률협회의 코칭리더십 양성과정을 참고하세요.

코칭리더십 양성교육(KMA한국능률협회)[61]

61) 유투브 동영상링크, https://www.youtube.com/watch?v=qYOm7VOaEIU

7.5 성공적인 협상의 원칙을 고수하라

리더는 설득역량도 가져야 하지만 협상능력도 발휘해야 한다. 리더가 성공적인 협상력을 발휘하기 위해서는 몇 가지 원칙을 준수해야 한다.

첫째는 사람과 문제를 분리해야 한다.

'죄는 미워하되 사람은 미워하지 마라.'라는 말이 있다. 즉 죄는 지은 만큼 처벌하겠지만 그 사람 자체를 미워해서는 안된다는 의미일 것이다. 협상의 원칙에서도 문제와 사람을 분리하여 생각해야 협상에 성공할 수 있다는 의미이다. 협상과정에서 양보하는 것이 상대방에게 패배한다는 생각이나 나에게 유리하게 협상이 마무리 되었다고 협상의 상대방을 이긴 것은 아니라는 것이다. 지나친 경쟁의식을 가지고 협상을 하는 경우는 협상의 결과를 이끌어 내야 할 문제보다는 사람간 경쟁에 무게가 실려서 성공적인 협상이 어려워진다.

둘째는 협상의 초점은 주장을 하기 위한 것이 아니라 이해를 얻어 내는 것이다.

북극의 바다위에 떠 있는 방하의 경우 수면위의 부분보다는 수면 아래의 부분이 몇 배로 더 크다. 협상장에서 제시되는 협상의제의 경우 주장은 수면위의 부분을 하고는 있으나 실제로는 수면아래의 부분이 해결되어야 하는 일이 많다. 예를 들어 낚시를 좋아 하는 남편이 주말마다 혼자서 낚시를 즐기는 것에 대해 아내는 불만이 쌓여있으나 그 부분을 직접 지적하지 않고, 아내가 자신의 생일을 챙겨주지 않는다고 불만을 이야기 할 경우 남편은 어떻게 판단해야 할까? 남편은 아내의 생일만 못 챙긴 사실을 가지고 별거 아니라고 주장하면 안된다. 아내가 남편에 대해 진정으로 불만인 점이 무엇인지를 바라볼 수 있어야 가정의 평화가 유지될 수 있다.

셋째는 상호 윈-윈할 수 있는 대안을 찾아야 한다.

협상의 결과 상대방이 패배했다고 느끼는 정도라면 이 협상은 잘된 협상이라고 할 수 없다. 협상의 기본 원칙은 상대방이 서로 만족할 수 있도록 상호 노력하는 것이다. 따라서 성공적인 협상은 쌍방이 모두 만족할 수 있는 결론을 도출하는 것이 중요하다. 예컨대 스마트폰 부품을 생산하는 회사와 완제품을 생산하는 회사 간에는 부품 소요량과 단가에 대해 협상을 해야 할 경우가 있을 것이다. 이 경우 두 회사가 모두 윈-윈하기 위해서는 서로에게 거래조건이 만족하는 협상결과를 도출해야 한다는 것이다. 왜냐하면 두 회사가 모두 성장해야 만 서로에게 도움이 될 수 있기 때문이다.

넷째는 상호 동의가능한 객관적 기준의 적용을 끝까지 준수하라.

상호 윈-윈할 수 있는 협상결과를 도출하기 위해서는 쌍방이 만족할 수 있는 객관적인 기준을 먼저 합의하고, 그것을 준수하려고 노력을 하는 것이 효과적이다. 이 같은 원칙을 고수할 경우 협상 상대방중 일방이 손해를 보는 것을 막을 수 있다.

활동지 양식 ⑰ 소통하는 리더와 소통 못하는 리더에 대해 토론해 봅시다.

● 하브루타 토론 법을 이용하여 아래 주제에 대해 토론한 결과를 정리하시오.

주제	소통을 잘하는 리더와 소통을 못하는 리더는 어떤 리더일까요?	
토론자	토론자1(이름:)	토론자2(이름:)
소통 못하는 리더	예) 상대방의 의견을 무시하는 리더	
소통 잘하는 리더	예) 상대방의 의견을 경청하는 리더	
느낀 점		

활동지 양식 ⑱ 상황별 자신의 소통의지를 측정해 봅니다.[62]

● 아래의 20가지의 상황에서 자신이 상대방과 소통하고 싶은 정도를 비율(0%-전혀 소통하고 싶지 않음, 100%-항상 소통하고 싶음.)을 적어보고, 점수를 계산해 봅시다(High/Mid/Low판단 기준은 다음 페이지에).

구분	상황	소통희망비율(0~100%사이)	평균 비율	High/Mid/Low
집단 토론				
미팅				
개인 대화				
공공 스피치				
아는 사람				
친구				
총 점수				

62) 백기복외 2인공저, 리더십의 이해, 창민사, 2018(저자 일부편집)

<High/Mid/Low 평가기준>

구분	High	Middle	Low
집단토론	87<평균비율≤100	58≤평균비율≤87	평균비율<57
미팅	80<평균비율≤100	39≤평균비율≤80	평균비율<39
개인 대화	94<평균비율≤100	64≤평균비율≤94	평균비율<64
공공 스피치	78<평균비율≤100	33≤평균비율≤78	평균비율<33
모르는 사람	63<평균비율≤100	18≤평균비율≤63	평균비율<18
아는 사람	92<평균비율≤100	57≤평균비율≤92	평균비율<57
친구	99<평균비율≤100	71≤평균비율≤99	평균비율<71
총 점수	82<평균비율≤100	52≤평균비율≤82	평균비율<52

토머스 에디슨(Thomas Alva Edison)에 대해 알아보자 63)

토머스 앨바 에디슨(Thomas Alva Edison, 1847년 2월 11일 ~ 1931년 10월 18일)은 미국의 발명가 및 사업가이다. 세계에서 가장 많은 발명을 남긴 사람으로 1,093개의 미국 특허가 에디슨의 이름으로 등록되어 있다. 토머스 에디슨은 후에 제너럴 일렉트릭을 건립하였다.

1847년 오하이오주 밀란에서 태어나 미시간주 포트 휴런에서 자랐다. 에디슨은 어린 시절부터 만물에 대한 호기심이 많아 당시의 주입식 교육에 적응하는데 심한 어려움을 겪었다. 정규 교육을 받은 것은 3개월 뿐 이었으나, 결혼하기 전에는 교사로 일했던 어머니의 열성적인 교육 덕에 점차 재능을 발휘하게 되었다. 중앙교육연구원에서 펴낸 에디슨 전기(영국 엑스터 출판사 원전)에 따르면, 에디슨의 어머니는 아들의 재능을 생각해서 직접 실험을 할 수 있는 과학책을 사 주었다.

전신기 특허로 큰 돈을 번 그는 1876년 세계 최초의 민간 연구소로 알려진 멘로파크연구소를 세워 발명을 계속하였다.[2] 그의 발명은 굉장히 많아서 특허의 수효만도 1,300여 개나 된다. 에디슨의 발명품으로는 1874년 자동 발신기 개발, 1877년 축음기, 1879년 전화 송신기개발, 1880년 신식 발전기와 전등 부속품개발, 1881년 전차의 실험을 했고, 1882년 발전소를 건설했고, 1888년 영화의 제작방법을 알아냈고, 1895년 광물을 가려

63) 위키백과, https://ko.wikipedia.org/wiki/토머스 에디슨

내는 방법, 1900년 시멘트 공업의 개량, 1909년 엔진형 개발, 축전지개발 등이 있다. 흔히 노력형 천재라고 알고 있으나 의외로 상당히 틀린 부분이 많다. 이 중 가장 높게 평가되는 부문은 역시 도시의 밤을 환하게 했다는 것이다. 전구의 발명은 발전, 송배전 부문의 발전을 가져오게 했고 각 가정마다 전기가 들어가게 된 계기가 되었다는 것이다.

1929년 82세 때 백열전구 발명 50주년 기념식에 참석하여 연설을 하고 난 뒤 병을 앓게 되었다. 에디슨은 그 이후 미국 뉴저지주 웨스트오렌지 자택에서 병상에 누워서 지내다가, 1931년 10월 18일에 총 1,033개의 발명품을 남기고 향년 84세의 나이로 세상을 떠났다.

8장 리더와 권한위임(empowerment)

목 차

학습목표

- 권한위임이 어떤 것인지에 대해 이해한다.
- 권한위임 리더십의 중요성에 대해 이해한다.
- 창의적 팀운영을 위해 리더의 역할을 학습한다.
- 리더와 팔로워, 그리고 관리자의 차이점에 대해 이해한다.
- 자기권한위임(self-empowerment)이란 어떤 것인지 알아본다.

8.1 권한위임이란?

1 권한위임의 정의 및 효과

권한위임 혹은 권한이양(Empowerment)이란 말은 사회학, 경제학, 심리학, 정치학 등에서 사용하는 용어이며, 조직 현장의 하부 구성원에게 업무 재량을 위임하고, 구성원들이 자신의 판단 하에 업무를 추진할 수 있는 권한을 가지는 것과 동시에 책임을 자고 업무를 추진해 나가도록 하는 개념이다. 즉 구성원이나 조직의 의욕과 성과를 이끌어 내기 위한 권한의 하부 이양을 말한다. 최근 고객 니즈에 대한 신속한 대응과 함께 구성원이 직접 의사결정에 참여하여 현장에서 개선/변혁이 신속 정확하게 이루어지기 위해서 활용도가 높아지고 있다.[64)]

권한위임(권한위임, empowerment)란 의사결정 혹은 업무추진과정에서 조직구성원에게 부여되는 재량권과 책임의 배분, 그리고 정보공유 등을 통한 권한의 배분을 의미한다. 권한위임은 권위적 의사결정과 정보의 중앙 집중에 따른 문제점을 해결하기 위한 관리기법으로 조직구성원들의 직무동기를 증진시키고, 이를 통해 직무책임성을 강화하고 조직구성원들의 전문성을 효율적으로 활용하기 위한 목적을 지닌다. 또한 권한위임이란 구성원들의 개인적 자신감을 제고하므로써 내면적 신념과 동기부여가 증가된 상태와 개인의 내재적인 업무동기를 증진하도록 북돋우어 주는 조직혁신의 핵심이 된다.

일반적으로 권한위임은 개인, 집단, 조직 수준으로 확산되는 특징을 가지고 있다. 권한위임을 받은 구성원은 자긍심이 증진되고 자신의 사고를 변화시키며, 소신을 가지고 업무를 추진하는 과정에서 직무 역량이 증대된다. 개인 권한위임은 타인과의 상호작용과정에서 다시 타인과 구성원의 역량을 증대시키며, 이 과정에서 또 다른 권한위임과 관계증진이 이루어진다. 또한 집단 권한위임은 궁극적으로 조직전체로

64) 위키백과, https://ko.wikipedia.org/wiki/권한부여

확산되어 제도 및 구조의 변화를 통한 조직의 혁신을 유도한다.[65]

The definition of empowerment in the slide above is excellent for our movement: it lets us get a grip on specifically what change we seek, and break it down into components everyone can understand. Thanks to Sara Riggare and Fulvio Capitanio for this, as explained below:

Empowerment is increasing the capacity of individuals and groups to make choices and transform those choices into effective actions and outcomes.

Breaking it down:

Increasing the capacity: the idea here is to make people more capable. So, we can look at an effort and ask, "Is this designed to make people more capable? Is it working? Or, does it decrease people's capacities?"

When a toddler (for instance) has no capacity to understand an issue, paternalistic care is necessary. As the toddler grows, autonomy is increasingly valid, and paternalistic care should pull back; ultimately it becomes just plain wrong to keep capable people controlled.

of individuals and groups: as described below, this is the definition the World Bank uses in developing nations where the citizens – as individuals and as a community – have no concept of how to run a government, build an economy, etc.

to make choices: If you can't make up your mind (or are not allowed to have an opinion), you're powerless … disempowered. This includes not just individual choices but the capacity to set priorities.

and transform those choices into actions: if you're unable to act on your choices, you're clearly powerless and outcomes: and if those actions

65) 한국행정학회 용어사전, http://www.kapa21.or.kr/epadic/epadic_view.php?num=774

don't produce results, you have no power.

Time after time this definition has proved useful for all kinds of policy questions. Example: patient access to health data:

If I don't have access to my medical records, it clearly decreases my capacity to make choices and produce results. Voila: we can easily see how this disempowers me – and keeps the data-hider in power. Not okay.

If I do have access to information on my health status, through digital devices (e.g. if a person with diabetes has a glucose monitor, or if a heart patient has an AliveCor), we can understand how I have more capacity to act effectively: I am empowered to achieve my desire to stay out of medical trouble.[66)]

2 권한위임 개념의 발전 과정

권한위임이란 개념은 사회학, 정치학, 심리학 등 사회과학 분야에서 연구가 활발하게 진행되고 있는 주제이다. 1950년대 권한위임에 대한 연구는 행태과학의 관점에서 개인의 동기부여, 개인의 가치 및 잠재력을 중심으로 이루어졌고, 1970년대 후반부터는 개인 수준에서 벗어나 집단과 조직에 대한 상황론적 접근이 이루어졌다. 이후 1990년대 이후부터 몰입, 만족, 주인의식 등의 주제와 함께 본격적인 연구가 시작되었다.

일반 기업이나 조직을 대상으로 하는 경영학 분야에서는 권한위임에 대한 많은 실증적인 연구가 많은 반면 공공부문을 연구대상으로 하는 행정학 분야에서는 공공부문에서는 연구 부족한 실정이다. 공공관리분야에서는 권한위임에 대한 개념적 필요성을 강조하는 수준의 연구가 이루지고 있으며, 실제 권한위임과 개인 또는 조직수준의 변수 간 연관성이나 선행요인에 대한 경험적 연구는 매우 드물다.

66) e-Patient Dave, https://www.epatientdave.com/2016/01/07/its-time-to-adopt-a-good-working-definition-of-empowerment/

3 리더십 차원에서 권한위임의 중요성

권한위임을 해주는 리더의 입장에서 권한위임은 조직구성원들로 하여금 자신이 맡은 일이 조직의 성패를 좌우한다는 강한 사명의식을 갖도록 해야 한다. 권한위임은 우수한 인력을 양성하거나 확보하는 것에 초점을 두며, 업무를 수행하는 조직구성원 개인의 역량을 향상시키는데 초점을 둔다. 권한위임은 조직구성원이 담당하고 있는 일에 대해 스스로 의사결정권을 갖게 하여 자기통제감(self-control)을 높임으로써 무력감과 스트레스를 해소하고, 나아가 강한 업무의욕을 갖게 한다. 또한 권한위임은 이해관계자에 대한 서비스를 향상시키고, 환경변화에 신속한 대응을 가능하게 한다. 예컨대 스마트폰 요금제를 담당하고 있는 콜센터 직원의 경우 고객의 통신서비스 사용결과를 조회해 보고, 고객에게 가장 유리한 요금제를 권할 수 있는 권한을 가질 수 있게 하는 것이다. 콜센터 직원에게 권한위임을 해 주었기 때문에 가능한 것이다. 일일이 팀장에게 허락을 받아서 결정해야 한다면 대고객서비스 품질은 신속성이 떨어질 수밖에 없다.

4 권한위임의 구성요인

권한위임은 일반적으로 의미(meaningfulness), 역량(competence), 자기결정력(self-determination), 영향력(impact) 등 4가지 하위요인으로 구성되어 있다. 첫째 구성요인인 '의미'란 주어진 과업의 목적과 요구되는 역할이 개인의 신념과 가치관에 얼마나 부합되는가를 뜻한다. 권한위임을 받은 구성원은 자신이 맡은 일이 스스로의 신념에 적합한 과업이어야 한다는 의미이다. 개인적으로 의미 있다고 인정하는 과업을 수행하는 개인은 그렇지 않은 개인에 비해 뚜렷한 목적의식과 열정을 가지고 자신이 책임지고 있는 업무를 성실하게 수행한다.

둘째 '역량'이란 요인은 특정과업을 처리할 수 있는 개인의 능력에 대한 믿음을 의미하며, 개인의 능력에 대한 조직구성원 개개인들이 소유하고 있는 기술이나 능력으로 업무를 수행할 수 있다고 믿는 태도나 지각을 말한다. 구성원의 역량은 개인적인 신념을 반영하기 때문에 조직구성원들이 직무를 수행하기 위해 요구되는 자신의 능력에 대한 확신감이 없다면 권한위임의 효과가 반감된다.

셋째, 자기결정력은 구성원들이 재량권이나 주도권을 가지고 행동을 통제할 수 있다는 믿음이나 행동을 의미한다. 자기결정력은 직무활동 방식, 작업과정의 시작과 유지 등에 대한 자율성과 작업에 대한 속도와 노력 등에 대한 의사결정이 포함된다. 자기결정력이 있는 조직구성원들은 자신의 행동이 조직의 통제에 의한 것이 아니라 자기 자신의 결정에 의해 이루어지기 때문에 과업을 수행하는데 있어서 진취적이고 능동적인 역량을 발휘한다.

넷째, '영향력'은 과업 수행에 대한 전략적, 관리적, 실무적 절차와 결과에 대하여 자신이 속한 조직에 영향력을 미칠 수 있는 정도를 의미한다. 영향력은 소속된 팀이나 조직에서 구성원들이 얼마나 차별화되어 있는 존재인가를 지각하는 정도를 반영한다. 조직구성원은 목표달성을 위한 자신의 활동이 조직 전체의 시스템에 영향을 미칠 수 있다는 신념을 통해 권한위임을 행사해야 조직에 대한 올바른 영향력을 만들어 낼 수 있다.

5 권한위임의 효과

조직구성원 개인과 조직의 권한위임은 조직의 정책수립 및 의사결정과정에서 수직적 조직체계에서 고위층에게 주어진 권한과 책임을 중하위직 조직구성원에게 부여하고 그 결과에 대한 책임을 지우는 개념이다. 이 같은 권한위임의 효과는 다음과 같다.

- 조직구성원의 자긍심, 상하 대인관계 능력 및 집단의사결정 능력을 증진
- 조직적 측면에서는 환경에 대한 탄력성의 증대, 조직경쟁력의 확보 및 조직풍토 개선
- 권위적 의사결정과 중앙집권적 경영방식이 아닌 조직구성원 간 협력을 바탕으로 자율성과 책임성을 강화
- 효율적인 조직관리 가능
- 계층조직인 공공부문과 정부조직에서 발생하는 권한남용 등의 문제점에 대한 해결 방안이 가능함.
- 조직 전반의 생산성 향상과 고객만족도 향상
- 조직 운영의 혁신을 위한 저변확대가 가능

8.2 권한위임의 리더십

1 권한을 위임하는 리더

권한위임이란 경쟁력 있는 기업들이 조직 혁신을 위해 활발하게 활용하고 있다. 급변하는 대내외 환경변화에 능동적으로 대처하고, 고객감동의 기업이념을 달성하기 위해 조직의 하위 구성원들에게 의사결정 권한을 위임하는 것이다. 조직운영과정에서 많은 효과가 기대되긴 하나 권한위임의 효과를 얻기 위해서는 리더의 역할이 매우 중요하다. 권한위임을 실행하는 과정에서 3종류의 리더들이 있을 수 있다.

첫째는 권한과 업무를 함께 부여하는 리더이다. 이상적인 리더십이라 할 수 있다. 많은 수의 리더들은 하부의 구성원들에게 권한위임을 과감하게 할 수 있는 리더는 많지 않다. 그 이유는 권한위임을 구성원들에게 할 경우 이들에 대한 신뢰가 부족하거나, 리더 자신의 입지를 감안할 경우 권한위임을 불가능하게 된다.

둘째는 업무만 맡기고 권한은 위임하지 않는 리더, 셋째는 권한만 부여하고 업무능력은 위임하지 않는 리더이다. 진정한 권한위임을 실천하지 않는 리더라 할 수 있다. 업무만 맡기고 권한을 위임하지 않는 리더의 경우는 부하직원의 업무처리 능력을 신뢰하지 못하거나 리더자신의 조직 내 입지를 빼앗길 것을 우려하여 권한위임을 못하는 경우이다. 권한만 부여하고 업무능력을 위임하지 않는 리더의 경우는 직책이나 직함은 부여하지만 업무와 관련된 모든 것을 리더에게 보고하게 하고, 업무의 자율성을 인정하지 않는 리더라 할 수 있다.

권한위임을 하려는 리더는 구성원들의 역량이 조금은 부족한 면들이 있더라도 부하직원들을 믿고, 과감하게 권한위임을 해야 한다. 부족한 구성원들의 역량이 있는 경우 리더는 코치로서의 역할을 통해 조직 구성원들의 역량을 성장시켜 나가야 한다.

2 리더가 권한위임을 주저하는 이유

조직 내 리더들의 경우 권한위임의 당위성이나 필요성에 대해서는 공감하지만 회의적인 생각을 하는 리더도 있고, 거부감을 강하게 보이는 리더도 있다. 리더들이 권한위임을 주저하는 이유는 다음과 같다.

- 권한위임을 할 경우 리더가 해야 할 관리업무가 줄어들거나 사라지게 되어 리더가 불필요하게 될 것에 대한 막연한 두려움 때문이다.
- 리더로서 지금까지 누렸던 힘이나 권한이 대폭 축소될 가능성에 대한 불안감 때문이다.
- 자신이 지금까지 경험해 온 직장생활과 다르게 급변하는 환경변화에 대한 저항감 혹은 조직의 구조 변화에 대한 두려움 때문이다.
- 부하직원들이 리더를 상사로 인정해 주지 않을 지도 모른다는 불안의식 때문이다.
- 조직 내의 종래의 수직적 질서 체계가 망가질 것을 우려하기 때문이다.
- 권한위임을 하기 위한 리더 자신이 마음의 준비기 되지 않았거나 자신감이 부족하여 조직을 제대로 이끌어 갈 수 없을 것이라는 리더십의 결여 때문이다.

이상과 같은 여러 가지 요인들에 의해 정상적인 권한위임이 실행되기까지 많은 걸림돌이 발생하게 된다. 그렇다고 하루아침에 조직 내 리더 역할을 하던 사람들을 한꺼번에 교체하는 것도 바람직한 인사행위는 아닐 것이다. 권한위임의 실행이 리더의 축출이나 리더의 자릿수 감소를 초래하는 것은 아니다. 리더들이 권한위임에 대한 긍정적인 인식을 가지고 권한위임에 의한 책임경영을 실행하면서 조직의 발전적 이슈나 전략 수립에 더욱 집중한다면 조직의 미래와 경쟁력 제고를 위해 매진 할 수 있을 것이다. 권한위임을 잘하는 리더가 유능하며, 스마트한 리더가 되는 시대가 왔다.

3 권한위임 리더의 바람직한 역할

권한의 하류이양을 통해 책임경영 체제를 구축한 이후 리더의 바람직한 역할에 대해 많은 관심이 모아지고 있다. 리더의 주요한 역할은 역량개발자, 기회창조자, 목표설정자, 비전상담자, 코치 등의 역할이 있다.

1) 구성원들의 역량을 개발해 주자.

리더는 조직의 비전과 목표를 설정하는 역할 이외에도 조직 구성원들의 도전정신을 자극하고, 할 수 있다는 생각과 해 보겠다는 생각을 갖도록 자신감을 심어주고, 성장에 대한 욕구를 일깨워 목표에 도전하도록 역량을 개발해 주어야 한다. 기업의 규모가 클 경우 직원들은 자신이 맡은 일을 반복적으로 수행하다 보면 업무에 나태해지거나 새로운 업무지식을 찾으려는 노력을 등한히 할 수 있다. 따라서 리더들은 구성원들의 업무 전문성향상을 위한 교육훈련 프로그램을 제시하여 보수교육을 받을 수 있도록 유도하는 것도 좋은 방법이다. 때로는 본인의 역량을 감안하여 순환근무방식으로 새로운 일을 수행하도록 하는 것도 역량개발에 도움이 될 수 있다.

2) 도전적인 기회를 만드는 기회창조자

전문가들로 구성된 조직들의 경우는 구성원들의 업무에 일일이 관여하는 것은 리더가 하지 말아야 할 행동이다. 즉 전문성이 강한 사람들이 모여서 일을 하는 검찰청 등의 경우에는 검사 개개인이 수사 전문가로서 자신이 맡은 사건을 철저히 수사하려는 마인드가 투철하다. 그러나 그렇지 못한 조직의 경우는 소극적, 피동적, 방어적 자세를 가진 직원들을 능동적, 적극적, 공격적인 자세를 가지도록 유도할 필요가 있다. 그리하여 구성원들이 자발적으로 일을 찾아서 수행하고, 자신들의 업무에 몰두 할 수 있도록 도와주어야 한다. 따라서 리더는 조직의 대내외 환경변화에 도전할 수 있는 기회를 만들어 주고, 도전할 수 있는 분위기를 조성해 주어야 한다. 현실에 안주하고, 도전정신을 상실한 리더는 성공할 수 없다.

3) 도전적인 목표설정자이다.

구성원들이 조직의 전략적 목표와 핵심가치를 명확하게 알고 있다면 리더의 명령이 없더라도 자율적으로 자신의 업무를 최선을 다해 수행할 것이다. 따라서 리더는 구성원들에게 일방적으로 명령만 내릴 것이 아니라 비전과 핵심가치, 사명 선언 등을 함께 설정하고, 공유하려는 노력에 최선을 다해야 한다. 또한 부서별, 팀별 목표를 분명하게 설정하고, 나아가서 개인의 목표도 명확하게 부여해야 한다. 또한 정기적으로 성과를 측정하고, 계획 대비 실적간의 차이를 분석하고 원인 분석 및 개선 방안을 마련하도록 유도해야 한다. 이 과정에서 유의할 사항은 직접지시를 내리는 것이 아니라 부서의 목표, 핵심가치 등을 다시 일깨워 주고, 구성원들이 직접 목표달성을 할 수 있는 방안을 도출하도록 도와주어야 한다. 목표달성을 위한 노력을 지지해 주고 격려해 주는 것이 중요하다. 그 같은 일만 잘 해내더라도 훌륭한 리더로 자리매김 할 수 있다.

4) 비전상담자로서의 역할을 해야 한다.

조직 구성원들이 자신이 처한 상황에 대해 정확하게 인식하고, 그들이 가진 문제점을 해결할 수 있도록 도와주는 것이 중요하다. 구성원들은 조직 내에서는 조직을 구성하는 멤버중 한 사람이지만 개인적으로는 한 사람의 인간이다. 따라서 그들이 회사 업무 외에도 개인적인 삶의 목표, 행복 추구욕구, 개인적 인간관계 등 다양한 부가적인 문제들을 안고 있다. 리더는 이들의 조직적, 사적 영역까지 조언자로서 상담자로서의 역할을 담당해야 한다. 구성원들이 형편없는 해결책을 제시하더라도 이를 질책하거나 핀잔을 주어서는 안된다. 그런 행동을 겪은 추종자들은 다시는 자신의 문제에 대해 조언을 구하거나 상담을 신청하지 않을 것이다. "좋은 생각이야. 한번 힘써서 해봐, 해 보다 어려움이 있으면 언제든 찾아와. 잘 될거야." 같은 말로 격려해 주는 것이 좋다. 그 방법이 잘못되었다고 할지라도 본인 스스로가 문제를 인식하고 찾아 낼 때까지 기다려주는 것도 필요하다. 그렇다고 그냥 던져두어서는 안된다. 끊임없는 관심과 조언을 해주면서 방향을 바로 잡아가도록 지원해 주어야 한다.

5) 코치로서의 역할을 해야 한다.

스포츠 선수에게는 반드시 코치의 역할이 중요하다. 코치의 역할은 선수의 자세를 교정해 주고, 편안한 마음으로 연습에 임하도록 분위기를 조성하고, 최고의 컨디션을 유지할 수 있도록 도와주어야 한다. 운전을 처음 배우는 사람들은 운전학원에서 연수를 받아본 기억이 있을 것이다. 수강생이 운전대를 처음 잡는 날은 가르치는 강사의 신경이 날카로워 진다. 물론 연습용 차량에는 강사석에도 브레이크가 설치되어 있어서 위급상황에서는 강사가 브레이크를 조작하기도 한다. 그러나 연수의 횟수가 늘어나고 익숙해지는 상황이 되면 강사는 마음을 놓고, 때로는 농담도 하기도 한다. 그러면서 잘못하는 부분만 지적하면서 개선하도록 유도한다. 스포츠 경이에서 코치가 아무리 뛰어난 실력을 가지고 있어도 선수를 대신해서 경기에 투입될 수는 없는 것이다. 선수가 좋은 성적을 낼 수 있도록 자문해주고, 격려해주고, 자세를 교정해 주는 역할을 지속해야 한다. 조직 내 리더 역시 스포츠 코치의 역할을 해주어야 한다.

이상과 같이 권한위임형 리더의 역할을 살펴보았다. 구성원들은 주어진 목표나 일이 자신의 능력 범위 내에 있거나 조금만 노력하면 충분히 달성할 수 있을 것이라 느낄 때 도전하고 싶은 욕구가 생기게 된다. 구성원들의 능력을 키우기 위해서 교육을 많이 시켜주는 것을 의미하지는 않는다. 위계적 질서나 상의하달식의 명령, 또는 리더의 권한 행사를 통해 목표를 달성하려 하지 않고, 구성원들 개개인이 실제 업무를 수행하는 데 필요한 자원의 지원과 방해요인들을 제거해 주는 등의 지원까지 감안해야 한다. 서번트리더십(servant leadership)은 이 같이 구성원들이 자신의 목표 달성을 할 수 있도록 지원해주고, 걸림돌은 제거해 주는 역할을 하는 리더십이다. 결론적으로 권한위임형 리더는 조직의 팔로워들이 리더를 위해서 무엇을 해 달라고 기대하는 것이 아니라 리더가 구성원들에게 무엇을 해 줄 것인가를 고민하고, 이를 실천에 옮기려는 리더십이다.

4 권한위임 매트릭스

조직 구성원들의 역량이나 자기 주도적 자세는 사람마다 다르기 때문에 일괄적이고 동시적으로 권한위임을 할 경우 조직 내 저항이나 실패로 끝날 가능성이 높아진다. 따라서 성공적인 권한위임을 위해서는 구성원들의 역량과 자기 주도능력을 파악해야 한다. 권한위임 매트릭스는 구성원들의 직무역량과 자기 주도성을 기준으로 4가지 사분면으로 나눌 수 있다.

첫째, 권한위임 사분면(empowerment and delegation)이다. 구성원의 역량이 높고, 자기 주도직 성향이 높은 경우는 권한위임을 하기에 아주 적합한 상태라고 할 수 있다.

둘째, 동기부여 사분면(motivation and endorse)이다. 구성원의 역량은 높으나 자기 주도적 성향이 낮은 경우 동기부여 혹은 칭찬을 자주 해 주어서 구성원 스스로가 자기 주도적 성향을 높일 수 있도록 도와주는 것이다.

셋째, 조언과 훈련 사분면(advice and training이다. 구성원의 지기 주도적 성향은 높으나 직무역량이 낮은 경우는 지속적으로 교육훈련을 통해 역량을 키워주고, 조언을 함으로써 능동적이고 적극적으로 역량을 강화해 나가도록 유도하는 것이다.

넷째, 교육과 지시사분면(teaching and direction)이다. 구성원들의 직무역량과 자기 주도적 성향도 놓지 않은 경우에는 교육을 통해서 직무 역량을 강화시켜 주기 위한 노력에 필요하며, 리더의 지시에 의해 업무를 수행해 나가야 한다. 물론 이 경우에도 리더가 코치로서의 자세를 견지하고, 인내를 가지고 지속적으로 조언하고, 지원해 주어야 한다.

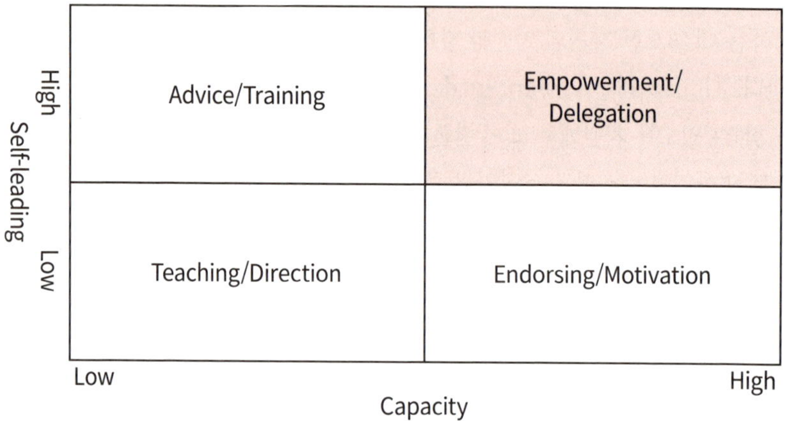

Empowerment Matrix(modified)[67)]

67) Chris Williams, The Skill Will Matrix, https://cpw1978.wixsite.com/squareball/single-post/2015/11/22/The-Skill-Will-Matrix

8.3 창의적 팀운영

1 팀의 창의성을 높이는 리더

시대를 막론하고 어느 분야이든 창의적으로 사고에 대해 강조되어 왔다. 특히 4차 산업혁명시대에는 과거보다 창의적 사고가 더욱더 필요한 시대라 할 수 있다. 수많은 디지털기술, 바이오기술, 나노기술들을 융합하고, 응용하여 인간의 삶을 편리하고, 풍요롭게 만들 수 있는 제품이나 서비스들을 무한정 만들 수 있다. 따라서 조직을 이끌어 가는 리더들의 경우 이 같은 창의적 사고를 훈련해야 하고, 팀원들에게도 창의적으로 사고할 수 있는 조직의 분위기를 만들어 주고, 창의적 사고를 할 수 있도록 지도할 필요가 있다. 창의성이 풍부한 팀을 운영하기 위해 리더가 해야 할 역할들은 다음과 같다.

- 자유로운 표현을 조장하고 개방적 풍토를 조성한다.
- 스트레스와 불안을 조성하는 상황을 만들지 않는다.
- 팀원이 몰두하고 있는 활동에 대해서는 시간제한을 없앤다.
- 팀원의 아이디어가 형편없더라도 핀잔을 하거나 면박을 주지 않는다.
- 특정 팔로워의 의견에 편을 들거나, 공식저으로 반대의 입장을 표현하지 않는다.
- 아이디어가 조직에 도움을 준다고 판단되거나 좋은 결과를 나타낸 경우 포상을 하여 다른 팀원들에게도 동기부여를 한다.
- 팀원들이 서로 아이디어를 나누고 서로의 생각을 교환할 수 있는 기회를 자주 만든다.

2 팀의 창의성을 낮추는 리더

팀의 창의성을 높이는 리더의 역할에 반대되는 것이 창의성을 낮추는 리더가 될 것이다. 보다 자세하게 창의성을 낮추는 리더의 특징을 살펴보면 아래와 같다.

- 과제로 팀원을 통제하려 한다.
- 가시적인 결과만을 중요시한다.
- 팀원을 비난하거나 자주 야단치고, 화를 낸다.
- 어려움이 있으면 쉽게 뒤로 물러나 포기한다.
- 리더의 의견에 반대되는 상황에 적대적이다.
- 팀원들이 리더에게 약간 실망하고 있다고 느낀다.
- 팀원에게 직접적인 방법으로 그가 잘못한 것을 지적한다.
- 구성원들에게 양자택일이나 예/아니오를 요구하는 질문을 주로 한다.
- 자신의 팀과 다른 가치관이나 분위기를 가진 팀과는 되도록 멀리 지낸다.
- 팀원들이 리더의 결정에 이의를 제기하거나 불평하는 것은 있을 수 없다고 생각한다.
- 팀원들의 제안을 거절하며, 팀원의 아이디어가 항상 리더의 아이디어보다 못하다고 생각한다.

8.4 리더와 팔로워, 그리고 관리자의 차이점

1 팔로워(추종자, 구성원)의 의미

많은 조직에서 리더십을 발휘하는데 실패 하거나 문제가 발생하는 이유는 리더의 리더십 부재가 원인이기도 하지만 바람직한 추종자 혹은 팔로워가 없기 때문이기도 하다. 리더십과 팔로우십의 관계는 지배와 복종의 관계로 인식해서는 안된다. 얼마 전 자유민주주의 국가인 대한민국에서 법무부장관이 검찰총장에게 했던 말이다. "…. 검찰총장이 내 명을 거역했다." 라고 표현하자 당시 국무총리와 집권여당 대표도 '항명'이라고 표현했다. 올바른 리더와 팔로워 사이에 가능한 표현일까? 더군다나 법무부장관과 검찰청장은 같은 장관급이다. 리더가 팔로워를 인식할 때 추종과 복종의 관계로 인식할 경우는 진정한 리더십과 팔로워십을 실천하고 있다고 보기 어렵다.

리더와 팔로워는 계급의 차이 차원이 아니라 단순한 역할의 차이에 지나지 않는다는 사실이다. 그럼에도 불구하고 사람들은 그렇게 인식하고 있지 않기 때문에 문제가 되는 것이다. 21세기 문명국가에서는 조직 내에서 각자가 자신의 역할을 감당하고, 고유의 역할을 담당하게 된다. 과거의 위계적 조직과는 다르게 점차 수평적 조직 구도로 바뀌고 있는 것이다. 물론 인사권이나 책임의 범위와 무게는 다를 수는 있으나 그렇다고 윗사람이 아랫사람을 무시하거나 깔아뭉개려는 자세는 상식을 벗어나는 일인 것이다. 리더라고 모든 점에서 탁월한 능력을 가지고 있다고 볼 수도 없고, 팔로워라고 해서 실력이 모자라고, 열등하다고 생각하는 것은 잘못된 인식이라 할 수 있다. 진정한 자유민주주의 사회는 한 사람의 리더의 역량으로만 움직이는 것이 아니라 다수의 팔로워들의 역할에 의해 발전해 가는 것이다.

조직 내에서는 리더가 팔로워의 위치에 있기도 하고, 팔로워가 다시 리더의 역할을 하는 형태로 조직되어 있다. 따라서 훌륭한 리더가 되기 위해서는 훌륭한 팔로워가 되어야 한다. 기업의 예를 들어보면 경영진의 멤버인 임원은 사업부문을 맡고 있는 리더의 역할을 하고 있으나 CEO에게는 팔로워가 된다. 부장급 직원의 경우도 해당 부서에서 리더의 역할을 담당하고 있으나, 소속 사업부문의 임원에게는 팔로워가 되는 원리인 것이다.

2 바람직한 팔로워의 5가지 조건

3장의 셀프리더십에서 배운 것처럼 바람직하고, 훌륭한 팔로워가 되기 위해서는 충족해야 하는 조건이 있다.

첫째 조건으로는 리더가 제시하는 조직의 비전과 목표를 철저하게 이해해야 한다. 저자가 과거 기업에서 근무하던 시절에 기업의 비전 수립을 위한 전략기획업무를 담당하던 때였다. 조직의 최고 리더인 CEO가 조직의 비전을 수립한 이후 조직 전체적으로 이를 설명하고, 하부전개를 하려는 노력하던 때가 있었다. 전략기획팀으로부터 기업의 비전(안)을 가지고 임원회의를 통해서 확정을 하고, 이를 전파하기 위해 임원 이하 팀장급까지 설명회를 통해 전파하고, 팀장들은 팀별로 워크숍을 통해 이에 대한 공감을 이루기 위한 노력들을 했던 것이다. 즉 리더는 조직의 비전이나 장단기 목표를 설정하고 이를 조직 전체 구성원들에게 이해시키고, 이를 달성하기 위해 노력할 것을 주문해야 하는 것이다. 팔로워 즉 조직 구성원들은 이를 잘 이해하고, 비전이 달성되도록 힘써 노력해야 하는 것이다.

둘째 조건은 리더에게 직접적으로 협조하려는 긍정적인 자세를 가져야 한다.

물론 리더도 사람이기 때문에 전지전능한 존재가 아니다. 따라서 리더가 제시하는 방향성에 대해 100% 동의할 수 없는 경우도 많다. 그 같은 경우에는 일정기간 의견 조율의 과정이 필요하긴 하나, 그 후 최종조율이 끝나고 나면 최대한 리더와같이 수립한 방향성에 대해 적극적으로 협조하고, 공동의 목표를 향하여 노력해야 한다. 이 같은 팔로워의 자세가 조직의 발전에 큰 역할을 하게 된다.

셋째 조건은 팔로워가 리더와의 의견이나 가치관이 다를 경우 감정을 상하지 않게 부드럽고, 겸손한 자세로 의견을 개진해야 한다.

정상적인 팀 혹은 조직 단위에서는 리더와 구성원 사이의 이견차이를 잘 극복해 나가는 게 일반적이다. 그러나 심심치 않게 리더와 팔로워 간에 심각한 이견차이로 팀의 분위기가 회복될 수 없는 상황으로까지 번지는 경우도 빈번하다. 이 같은 상황이 발생할 경우 리더는 특별한 리더십을 발휘해야 한다. 설득과 협상의 기술은 바로 이런 상황에서 발휘되어야 할 역량이라 할 수 있다. 팀마다 조직 문화와 수면아래 쌓여 있는 크고 작은 문제점들이 있을 수 있음으로 리더는 평소에도 팀 내 분위기와 문제점이 오래가지 않도록 안테나를 세우고 있어야 하는 것이다. 성경 말씀에 "분을 그치고 노를 버리며 불평하지 말라 오히려 악을 만들 뿐이라(시편37:8)."라고 했다. 그리고 분쟁이 발생한 경우 리더는 최대한 빠른 시간 내에 문제를 해결하기 위한 노력을 기울여야 한다.

넷째 조건은 팔로워의 입장에서 대안이 없는 경우는 침묵하는 것이 낫다.

저자의 경험에 의하면 회의시간에는 의견을 전혀 제시하지 않고 있다가 회의가 끝난 후 뒤에서 소위 뒷 담화를 하는 사람들이 종종 있다. 이 같은 팔로워들은 조직 내에서 발전적인 역할보다는 이간질을 하거나 부정적인 영향력을 끼치는 자들이라 할 수 있다. 회의시간에 관련 건에 대한 이견은 적극적으로 개진을 하는 것이 중요하며, 회의에서 결론이 난 사안에 대해서는 불만족스러운 부분이 있다 하더라도 겸허하게 받아들이고 협조하는 것이 바람직한 팔로워십이라 할 수 있다. 이런 자들이 윗사람 앞에서는 할 말을 하지 못하고, 소신 없이 아부를 일삼는 비겁한 팔로워들이라 할 수 있고, 조직에서는 암적인 존재라 할 수 있다.

다섯째 조건은 팔로워들은 자신이 책임지고 있는 업무가 무엇인지를 정확하게 인식하고, 자신에게 주어진 권한, 책임을 성실하게 완수해야 한다.

자기 책임을 다하지 못하는 팔로워는 자신의 권리를 주장할 수 없는 것이다. 따라서 바람직한 팔로워라면 자신이 맡은 업무에 대해서 천직이라는 생각을 가기고 소명감을 가지고 완수해야 한다. 아마추어와 프로의 차이는 무엇일까? 아마추어는 자신에게 주어진 책임에 대한 소명의식이 약하거나, 전문성이 부족하다는 문제를 생각할 수 있다. 예컨대 프로야구 선수의 경우 자신의 연봉협상의 우위확보를 위해 최선을 대해 스스로 연습을 하고, 실제 경기에서 실적을 만들기 위해 힘써 노력하는 모습을 보게 된다. 그러나 조기축구에 소속된 아마추어 선수들의 경우는 자신의 연봉과 전혀 관계없이 스포츠 자체를 즐기는 것으로 만족을 얻게 되는 것이다. 다시 말해 사기

만족이 목적인 것이다. 조직에 속한 팔로워의 경우 프로의식이 없다면 진정한 팔로워십의 부족이고, 스스로의 가치를 하락시킨다고 할 수 있다.

3 리더와 팔로워가 친하게 지내려면?

4차 산업혁명시대에는 수직적 조직구도가 아닌 수평적 조직 구도가 강조되고 있다. 그 말의 의미는 역할에 대한 의미이다. 다시 말해 조직 구성원 개인의 기능적 차원을 강조하는 말이다. 그러나 조직이란 책임과 권한이라는 것이 있기 때문에 아무리 자율적인 조직이라 하더라도 관리라는 부분을 무시할 수는 없다. 따라서 리더와 팔로워 간에는 불문화된 질서가 존재한다. 그러나 리더는 불문화된 권력을 남용할 수 없고, 팔로워는 조직의 질서를 무시할 수도 없다. 그렇다면 리더와 팔로워의 관계는 불가분의 관계이므로 힘의 균형과 심리적 균형을 유지하는 것이 중요하다. 리더와 팔로워간의 관계에 균형을 유지할 수 있는 방안은 무엇이 있을까 생각해보자.

첫째는 리더는 팔로워들과 적극적인 소통을 위해 끊임없이 노력해야 한다.

리더는 자신과 운명공동체인 구성원들과 허심탄회한 대화를 나누어야 한다. 그러나 대화를 한다는 것이 단순한 잡담이 아니라 서로의 내면에 있는 마음속 깊은 곳으로 부터의 교류가 중요한 것이다. 소통을 잘 하겠다고 약속을 하고, 실천을 못하는 리더들이 한 두 사람도 아니다. 왜 그럴까? 심지어 대통령 후보 시절에 그렇게 대국민소통, 대언론과의 소통을 자만하던 사람이 정권을 잡고 나면 국민의 외침은 들은 척도 않고, 탈법을 일삼는 독재를 하는 지는 이해하기 힘든 상황이다.

둘째는 평가와 피드백의 장이 활발하게 이루어지는 조직문화를 만들어 가는 것이다. 한 나라의 정권이 올바르게 정부의 정책을 이끌어 간 경우 국민들은 정권에 대한 적극적인 지지를 할 것이다. 자유민주주의 국가에서 정권의 잘못을 평가하는 유일한 방법은 투표다. 반복되는 역사이지만 돌이켜보면 국민은 정권의 권력에 대해 적절하고도 균형감 있게 피드백을 해 온 것으로 보인다. 우리나라의 경우 10년씩 번갈아 가면서 좌편향과 우편향의 균형적인 정권교체가 이루어 진 것으로 보인다. 결국 정권의 실책에 대한 국민의 피드백은 결국 투표결과라 할 수 있다. 조직 내에서도 평가에 대한 피드백이 피평가자에게 주는 선물이라고 생각하는 조직문화로 자리매김하도록 리더들이 노력해야 할 것이다.

셋째는 조직 구성원들의 제안이나 아이디어를 스펀지처럼 과감하게 수용해야 한다.

창의적인 조직 분위기를 만들기 위해서는 리더의 역할이 매우 중요하다. 리더의 작은 행동 혹은 편협적인 생각과 행동으로 구성원들은 치명적인 상처를 입을 수 있다는 것을 알아야 한다. 교수로서 평소 학생들을 대하는 시간들이 많다. 그런데 교수가 특정 학생들에 대해 지나치게 편애를 하거나 편파적인 태도를 보일 때 학생들을 공정하지 않으며, 불쾌감과 피평가자로서 교수의 평가에 대한 신뢰성을 믿을 수 없게 된다. 따라서 리더는 균형감각을 가져야 한다. 구성원들이 쓴 소리 했다고 인사고과에 불이익을 주거나, 리더의 노선에 협조하지 않는다고, 차별한다면 리더의 자격이 없는 것이다. 따라서 팔로워와의 관계를 잘 유지 하고 싶다면 합리적이고, 논리적으로 조직을 관리하려고 고민하고, 노력해야 하는 것이다.

넷째는 조직 차원에서 우수한 성과를 달성한 구성원들에게는 성과를 인정하고, 보상해야 한다.

일 잘하는 인재를 자신의 팔로워로 확보하고 싶다면 구성원들의 성과에 대해 적극적인 보상을 제시해야 한다. 인간은 근본적으로 인정받고 싶은 욕구가 있다. 즉 주변 동료나 윗사람으로부터 인정받는 것이 스스로의 가치에 대한 검증을 받는 과정일 것이다. 리더는 조직 구성원의 노력에 따라 괄목할 만한 성과 혹은 그렇지 아니할 만한 작은 성과라고 칭찬해주고, 성과에 대한 보상을 줄 때 팔로워는 리더에게 신뢰를 가질 것이고, 쌍방의 관계는 돈독해 질 것이다.

다섯째는 팔로워는 자신의 실수나 잘못에 대해 솔직하게 인정하고, 리더는 팔로워의 실수에 대해 포용하는 모습을 보여야 한다.

리더의 입장이든 팔로워의 입장이든 인간은 자신의 잘못을 인정하는 것이 쉬운 일이 아니다, 언론 매체를 통해서 국가의 리더위치에 있는 사람들이 언론의 카메라 앞에서 뱉어내는 말을 들어 본 적이 있을 것이다. 기껏 한다는 소리가 공통적으로 "수사에 성실하게 임하겠습니다."라는 말이라도 하는 인간은 그나마 아름답게 보인다. 그러나 누가 봐도 범죄혐의가 명확함에도 한 마디도 하지 않고, 쌩까는 유명 인사들을 보면 정말 씁쓸한 느낌을 지울 수가 없다. 러더기 잘못하거나 실수한 것이 있다면 솔직하게 인정하게 사과하자. 팔로워가 실수하고 잘못한 것ㅇ 명확하다면 솔직하게 잘못을 인정하고 사과를 하자. 이것이 상식이 통하는 사회, 상식이 통하는 국가가 아닌가? 작금에 상식이 무시되고, 탈법이 성행하는 국가적 암울함을 눈앞에서 생중계로 보고 있다. 무엇보다 무서운 것은 소위 리더라는 자들이 잘 잘못을 구분하지 못하는 존재들의 무도함이다.

여섯째는 실패를 징계로 대처하는 조직문화를 유연하게 바꾸자.

조직의 유연성을 가늠하는 잣대로 구성원이 실패를 하거나 실수를 했을 경우 어떻게 징계를 내리느냐에 따라 판단이 가능하다. 창의적인 아이디어 혹은 혁신적인 업무시도를 강조했으나 정작 실행의 결과가 문제가 될 경우 이를 징계하는 결론을 내린다면 구성원들이 혁신적인 시도를 할 수 있을까? 유연성 없는 무조건적인 신상필벌은 조직의 발전에 걸림돌이 될 수밖에 없다. 저자가 미국 여행도중 낯선 시골도로에서 신호를 위반했을 때 미국 경찰이 정상을 참작해서 처벌하기는커녕 친절하게 길안내까지 해 주는 친절함에 이게 바로 최고의 처벌이구나라고 생각하며, 감동이구나라고 생각했다. 잘못에 대해서 가장 큰 처벌이 용서임을 리더는 명심하자.

4 리더와 관리자의 차이

리더와 관리자의 차이는 무엇일까?

기존의 조직들은 리더와 관리자의 차이에 대해 분간이 모호한 것이 현실이다. 왜 그럴까? 당연히 전통적인 조직에서 잔뼈가 굳은 사람들의 경우 오래전부터의 관행에 길들여져 왔기 때문이다. 리더는 영어고 관리자는 한국어라고 같은 말이라고 억지를 부릴 수도 있겠으나 리더와 관리자의 개념에는 엄청난 차이가 있다. 그 이유를 살펴보자.

리더의 특성	관리자의 특성
1. 현실개혁에 관심을 갖는다.	1. 현상유지에만 주력한다.
2. 혁신가 스타일이다.	2. 행정가 스타일이다.
3. 미래에 중점을 두고 앞날을 생각한다.	3. 현재적이고 단기적 현안에만 몰두한다.
4. 신뢰와 휴먼네트워크를 중시한다.	4. 통제중심의 행동을 보인다.
5. 창조적 아이디어를 생각한다.	5. 관행과 규정을 좋아한다.
6. 인간관계의 중요성을 인식한다.	6. 직책 및 조직의 규율을 중시한다.
7. 솔선수범하는 마인드가 강하다.	7. 주어진 명령에만 집착한다.
8. 도전정신이 강하다.	8. 현상유지에 집착한다.
9. 비전과 전략을 명확하게 세우고 일한다.	9. 디테일은 강하나 전체를 보는 눈이 없다.
10. 위험을 감수하고 기회추구에 도전적이다.	10. 위험을 회피하고, 안정적 상황만 고수한다.
11. 무엇을? 왜하는가에 고민한다.	11. 언제? 어떻게? 만을 고집한다.
12. 변화를 추구하고, 두려워하지 않는다.	12. 질서와 기준을 지키려고 고집한다.
13. 조직의 규정, 방침 및 절차보다 발전적 관점을 중시한다.	13. 조직의 규정, 방침 및 절차에 집중한다.
14. 정의, 공정에 절대적 가치부여 한다.	14. 규정에 위반하지 않도록 만 일한다.
15. 올바른 일, 정의로운 일에 집중한다.	15. 아무리 올바른 일이라도 규정에 벗어나면 거부한다.
16. 조직원들에게 비전을 제시한다.	16. 조직원들을 다그치고, 감독하는 일에 몰두한다.
17. 의지가 강하고, 유능한 인재를 선호한다.	17. 힘이 약하고 순종적인 부하들을 부려먹는다.
18. 실수를 인정하고 매사에 성실하다.	18. 관료적 마인드를 가지고 있다.
19. 문제해결 능력이 탁월하다.	19. 문제해결 능력이 없거나 타성에 젖어 있다(영혼 없는 공무원들, 특히 어공들).
20. 직접적이고 솔직하게 표현한다.	20. 공작과 모사에 능하다. 잔머리의 대가
21. 자신의 공적을 팀원들에게 돌린다.	21. 자기본위적, 후배들의 업적을 자신의 업적으로 가로챈다.

리더와 관리자의 차이비교표[68)]

68) 박경록, 미래로, 2000, P.102(일부 편집)

8.5 자기권한위임 (self-empowerment)이란?

1 자기권한위임의 기대효과

자기권한위임은 자기변화를 전제로 하는 개념이다. 권한위임은 개인, 집단, 조직 내에서 이뤄지는 것이다. 권한위임의 기본은 자기 스스로에게 하는 권한위임이다. 자신에게 행하는 권한위임이 올바르게 이루어 져야만 타인 혹은 조직 내에서의 시너지 창출도 가능해 지는 것이다.

자기권한위임이란 타인에 의해 이루어지는 것은 아니고 본인 스스로 문제의식을 가지고 문제에 대한 해결점을 찾아 나가는 과정을 의미한다. 아무리 영양가 높은 음식을 식탁에 차려 놓아도 그 음식을 먹는 것은 가족들이고, 대신 먹어준다고 가족이 배불러지는 것은 아닌 것과 같은 이치이다.

자기권한위임이 필요한 이유는 다음과 같다.

첫째, 수동적인 삶의 방식이 아닌 스스로가 능동적이고, 적극적인 삶의 자세를 가질 수 있다. 자기권한위임에 성공할 경우 패배주의적인 삶의 태도로부터 인생에 대한 애착과 희망을 만들어 갈 수 있는 자세로 변화한다. 자신의 삶에 대해 자기주도적인 사람으로 성장하게 된다. 투철한 책임의식과 프로정신을 가진 자세로 일상에 임하게 된다.

둘째, 대인관계 형성에 자신감을 가지게 된다. 자기권한위임에 성공한 사람의 경우 타인에 대한 관대함과 배려, 존경심 등을 발휘할 수 있고, 매사에 긍정적인 마인드를 가지고 업무에 임하기 때문에 조직 내에서의 평가도 올라가게 된다. 이들은 남들이 하기 싫어하는 일도 기꺼이 하기 때문에 구성원들로 부터의 신뢰와 존경을 받을 수 있다.

셋째, 남들이 하기 싫어하는 일도 기꺼이 수행하기 때문에 업무의 영역도 넓어지고, 책임과 동시에 권한도 늘어나게 된다. 결국엔 업무능력의 향상과 조직 내 발언권의 향상, 자신의 생산성의 획기적 증가 등으로 인해 연봉이나 인센티브도 증가하게 된다. 결국엔 자기권한위임이라는 과정을 통해 저기 스스로를 통제한 결과 본인의 성장은 물론이고, 성장의 결과로 자신에게 돌아오는 금전적인 보상도 기대할 수 있게 된다.

2 자기권한위임의 실현방안[69)]

Self empowerment is about taking control of your life. This involves developing the self-trust and self-awareness you need to set the right goals, make sound decisions, and understand your strengths and weaknesses – so you can thrive.

Living a life fuelled by self empowerment is a refusal to allow others to make decisions for you. Instead, it's claiming your own path – regardless of what anyone else says – because you know that path is right for you.

It's the harder path for sure. It's far easier to settle for conventional rules and fall in line. It's easier to play small and dumb down your goals and your ideas. But if you're reading this, I know that's not what you want.

You want to dream bigger and achieve more. You want to explore your full potential and you want to feel empowered to take the actions and decisions that lead to an abundant life.

So if you know there's so much more out there, this article is for you.

69) BESTSELF, https://blog.bestself.co/mindset/self/self-empowerment-techniques-that- help-you-be-your-best/, 2019. 2. 25

Keep reading and you'll discover SEVEN powerful self improvement techniques that will help you cultivate the grit, self-trust, and confidence you need to be your best.

1) Journaling(끊임없이 자신을 돌아보라.)

"An unexamined life is not worth living." – Plato
(반성 없는 삶은 무가치한 것이다.)

Everyday you make decisions, ponder over thoughts, and live out experiences. It's a big melting pot, which contains a host of insights ready for you to pull out. That's what journaling helps you to do – it's a practice that empowers you to examine your life for self empowerment.

By getting introspective in your notebook, you can explore your thoughts and experiences more deeply. You can look for the connections, join up the dots, and get clearer on who you are.

Journaling isn't just about mulling over the here and now. You can also use this practice to reflect over your life so you can get more clarity on what's shaped your beliefs and your thought patterns. If you struggle to know what to journal about, ask yourself questions or get your hands on some prompts.

Do what it takes to get more clarity on the subconscious, hidden stuff that's driving you, and you'll be able to make more empowered choices moving forward.

2) Make good decisions(합리적인 의사결정을 하라.)

"It is in your moments of decision that your destiny is shaped." – Tony Robbins
(당신의 결정이 운명을 좌우한다.)

When you lack confidence and you don't know yourself, it's easy to be influenced by the people you admire and respect. Especially when it comes to those big, defining decisions!

If you don't trust your own judgement, there's a good chance you'll be persuaded. But what others think you should do isn't necessarily what's right for you.

Often, we know in our gut what the right choice is, but we end up overriding that decision because of fear, 'logical' thinking, and the opinions of others. Decisiveness is powerful because it allows you to take control over your life. Instead of procrastinating, you can choose and act. So invest in developing your decision making skills.

Train your mind to think widely about the tough choices – considering all angles so you feel confident you've chosen well. Of course, hindsight is a wonderful thing, but trusting yourself enough to go for what you think is right is a hugely empowering thing to do.

3) Set goals(목표를 설정하라.)

"The trouble with not having a goal is that you can spend your life running up and down the field and never score." –Bill Copeland

(목적 없이 사는 삶은 점수를 내지도 못하고 축구장을 왕복하면서 인생을 허비하는 행위와 같나.)

When it comes to self empowerment, your goals are the drivers.

Set goals and you begin to live your life intentionally. Instead of allowing each day to be like the one before, you set a course that allows you to create the life YOU want. Goals create focus. They tell your brain what's important (and what is less so). They make it easy for you to prioritize what's on your plate by putting the things that will take you closer to your targets first.

Goals are the seeds of change and they put you in the driving seat of your life.

What goals do you need to set – in your relationships, your work/career, your personal development, your finances, your hobbies, your health and wellbeing etc?

Set goals that take you closer to the things you want, and take action on them, and you'll feel more empowered than ever.

4) Manage your time(시간을 관리하라.)

"The key is in not spending time, but in investing it." – Stephen Covey
(핵심은 시간을 낭비하지 말고, 투자에 사용하라.)

Each day, you wake up with 1440 minutes deposited in your time bank account.

Time is the greatest equalizer. It doesn't matter who you are, we all get the same time allocation. It's what you do with your time that counts.

It's easy to feel disempowered in life when time feels scarce, but the truth is you do have enough time to do it all. It's simply a case of prioritization and allocation.

Self empowerment is about taking responsibility for your time and ensuing you're using it wisely. Ask yourself:

What are you doing that you don't really enjoy?

Where are you wasting time through procrastination and distractions?

What could you outsource, delegate, or even scrap all together?

What are you not doing that you'd really love to explore?

Time is too precious to leave it to chance.

Instead, use a planner (such as the SELF Journal) to plan your day.

Figure out your daily targets (ensuring they're aligned to your goals) and schedule in all your tasks in the same way you would a fixed appointment.

Budget your time to get it all done and there's a good chance you will.

5) Don't be afraid to fail(실패를 두려워 마라)

"Failure is simply the opportunity to begin again, this time more intelligently." – Henry Ford

(실패는 더 현명하게 다시 시작할 수 있는 기회를 가지게 한다.)

If self empowerment is about taking control and using your life to do the things you want, you MUST get comfortable with failure.

No one likes to fail. It's uncomfortable, it can knock our confidence, and it makes us vulnerable to the judgement of others.

However, you can't create a fully expressed life if you never push yourself out of your comfort zone. The things you want require you to take actions and make decisions that you've never taken before. It's just the way it is! You can't know everything in advance (and if you do, perhaps you're not thinking big enough).

So give yourself the freedom and permission to get it wrong.

Change your perception of failure and see it as a fundamental part of the self-growth process. Turn 'mistakes' into learning opportunities and every time things don't go as you planned, soak up the rush of fresh insights that will help you do more next time.

You aren't your mistakes. You are so much more than that.

It takes guts to take a risk and push yourself further than you think you can go. But prioritize courage over comfort, and you'll feel more self empowered than ever.

6) Say no without feeling guilty(언행을 조심하라.)

"Just saying yes because you can't bear the short-term pain of saying no is not going to help you do the work." - Seth Godin
(아닌 것은 아니라 하고 맞는 것은 맞는다고 하는 것이 현명한 대답이다.)

Time is your most precious resource.

So don't waste it doing things you think you have to do.

I get it, saying no can be really hard - you don't want to let people down and you don't want others to feel bad about you.

But every time you say YES when you really mean no, you divert your time resource to activities you don't really want to do.

Let that sink in…

Saying yes to someone else means saying no to you.

It's your life and that means you're allowed to do things your way. You're allowed to prioritize your needs over other people's.

Self empowerment involves being more mindful with your yeses and nos.

So next time someone makes a request of you and you want to say no, but feel you have to say yes, dive deeper into your thought process. Grab your journal if you need to.

When you understand your programming, you'll be empowered to give replies that are true to you.

7) Love yourself(자신을 사랑하라.)

"Your relationship with yourself sets the tone for every other relationship you have." - Robert Holden
(자신과의 성공적인 관계정립은 타인과의 관계정립에도 긍정적인 영향을 미친다.)

How's your relationship with yourself?

How do you feel when you look in the mirror? Do you like what you see? Do you think you're worthy of living life to the full and creating everything you desire?

Without self love, everything else becomes so much harder.

It's why nurturing your relationship with yourself is one of the most powerful things you can do. In fact, self love is the catalyst to virtually everything (including self empowerment).

- Prioritize your self care routines.
- Make more space for the things YOU enjoy (and enjoy them without feeling guilty).
- Do the work necessary to ensure your self talk is positive, encouraging, and loving.
- Practice daily gratitude and own all the abundance you have in your life already.
- Exercise, eat well, and take care of yourself like you are the most important person in the world
- Make sure your cup is full, and you'll feel empowered to do so much more.

Self empowerment is a journey, NOT an overnight fix

Your ability to take control of your life and feel good in the skin you're in is a state that's constantly evolving.

That's the beautiful thing about self growth···

The more you achieve and discover about yourself, the more you realize is possible.

That's why self empowerment isn't a destination. Instead, it's an ongoing journey of personal evolution.

And at each stage, you open the doors to bigger and bigger opportunities and rewards.

When self empowerment becomes a driver, you'll always be growing. You'll discover more and more truths about who you really are.

And that is a mammoth reward in itself.

활동지 양식 ⑲ 아래의 표에 자신이 피드백을 받아본 경험을 적어보세요.

● 지금까지 살아오면서 감동적인 피드백을 받아 보았거나 보람 있는 피드백을 해 주었던 경험을 기술하시오.

감동적인 피드백을 받아 본 기억을 적어보세요.	
보람 있는 피드백을 해 주었던 기억을 적어보세요.	
부모님으로부터 가장 듣고 싶은 말은?	
친한 친구에게 가장 듣고 싶은 말은?	
듣기 좋아하는 말 (5가지)	
듣기 싫은 말 (5가지)	

활동지 양식 ⑳ 아래의 표에 자신에게 권한위임을 얼마나 하고 있는지 적어봅시다.

실현항목	나는 이렇게 하고 있어요.	이렇게 개선하고 싶어요.
1. 평소 자신을 돌아보는 방법은?		
2. 의사결정은 합리적으로 하고 있는가?		
3. 삶의 목표는 있는가?		
4. 시간 관리는 잘하고 있는가?		
5. 실패를 두려워하지 않는가?		
6. 언행을 조심하고 있는가?		
7. 자신을 사랑하고 있는가?		

진정한 위로[70)]

심장마비로 쓰러진 뒤 형은 병원의 심장병 전문 병동에서 의식 불명인 상태로 누워 있었다. 튜브와 전선들이 형의 생명을 연장하기 위해 형을 기계에 연결시키고 있었다. 모니터 화면에서는 불규칙한 심장 박동이 물결선을 그리고 있었다. 병실에서 나는 유일한 소리라곤 형의 폐에 산소를 공급하는 펌프가 내는 '후쉬-' 하는 리드미컬한 소리뿐이었다.

목사로서 나는 비슷한 상황에 처한 가족들을 종종 만나 왔다. 나는 그때마다 그들을 위로할 수 있는 적절한 말들, 완벽한 성서 구절들, 희망을 주는 문장들을 들려주곤 했다. 하지만 이것은 새로운 경험이었다.

이 힘든 기간 동안 형수님과 나는 희망과 포기 사이를 오락가락했다.

우리는 모든 방문객들에게 감사했다. 그들이 들려주는 의식 불명의 잠에서 깨어나 정상으로 돌아온 사람들의 이야기를 감사한 마음으로 들었다. 또한 슬픔의 시기에 어떻게 마음을 먹어야 하는가에 대해 그들이 들려주는 사려 깊은 말들을 귀담아 들었다. 그들이 우리를 염려해 주고 있음을 우리는 알았다. 하지만 많은 방문객들은 말하면서 문을 들어와 말하면서 문을 나갔다. 나 역시 다른 사람이 같은 처지에 놓였을 때 그들에게 말을 해줘야 한다고 생각하고 항상 그렇게 행동한 것이 아닐까?

그러던 어느 날 형의 친구 한 사람이 찾아왔다. 그는 우리와 함께 침대 옆에 서서 형을 바라보며 오랫동안 서 있었다. 긴 침묵이 이어졌다.

갑자기 감정을 수습하고 그가 말했다.

"아, 정말 안 됐습니다."

그러다가 다시 오랜 침묵이 이어졌다. 마침내 그는 형수를 안더니 돌아서서 나와 악수를 했다. 그는 필요한 것보다 몇 초 정도 더 내 손을 잡고 있었고 평소보다 더 손에 힘을 주었다. 그가 나를 바라보는데 눈물이 그의 눈을 적시고 있었다. 그러고 나서 그는 떠났다. 일주일 뒤 형은 숨을 거두었다.

여러 해가 흘렀지만 난 아직도 그 방문객을 기억한다. 그의 이름은 잊었지만 그가 어떻게 우리의 슬픔을 나누었는가를 잊지 않는다. 조용히, 진심으로, 꾸밈없이. 그는 단 몇 마디밖에 말하지 않았지만 그것은 한 권의 책만큼 가치 있는 것이었다.

- 로버트 J. 맥물런 2세 -

70) 잭 캔필드 외1, 마음을 열어주는 101가지 이야기, pp.219-220

9장
리더의 조직 위기관리 (risk management) 능력

목 차

학습목표

- 위기의 개념과 유형에 대해 학습하고 이해한다.
- 조직의 위기관리 절차에 대해 학습한다.
- 위기관리의 중요성에 대하여 이해한다.
- 위기관리 리더십 사례에 대해 살펴본다.

9.1 위기의 개념과 유형

1 위기의 개념

위기, 리스크, 위험을 뜻하는 말로 경영학에서는 기업의 목표 달성에 부정적 영향을 미칠 수 있는 일이 발생할 수 있는 불확실성(uncertainty)의 증가를 위기라고 한다. 위기는 측정 가능하다는 점, 불확실성의 정도에 따른 보상이 제공된다는 점에 있어서 '위험'과는 의미가 조금 다르다.[71]

위기(리스크, risk)를 간단히 정의하면 '중단기적 미래에 대한 예측 능력의 부족으로 드러나는 객관적 불확실성'이라고 할 수 있다. 아무리 수많은 정보를 수집하고 분석하는 등 인간의 지식과 경험을 이용한 미래예측은 언제나 다른 결과가 나타날 가능성이 존재한다. 그리고 그렇게 다른 결과가 나타날 불확실성을 리스크, 즉 '위기'이라고 말하며, 각종 제도 및 수단을 통해 이를 관리하는 것 중 하나가 바로 보험제도인 것이다.

주식에서 말하는 위기도 거의 유사한 의미로 사용되는데, 주가의 변동성 자체가 곧 위험성이며, 이는 곧 미래예측의 불확실성에 기인한 것이다. 따라서 주가 변동성이 큰 것은 불확실성이 커지므로 '위험이 크다'라고 말하는 것이다. 객관적 불확실성을 측정하는 방법으로는 양적인 통계자료를 바탕으로 하며 분산, 표준편차, 분산계수등을 활용하여 경제적 이익이나 손실 등 모든 불확실한 대상을 측정한다. 그러나 수많은 양적자료를 이용한 통계자료를 이용하더라도 갑작스럽게 발생하는 커다란 변동을 관리하기에는 쉽지 않다.[72]

조직이 태평성대일 때에는 리더들의 리더십 역량이 크게 부각되지 않는다. 그러나 조직이 위기에 봉착할 때 준비되고 실력 있는 리더는 그 진가를 발휘하게 된다. 위기

71) 나무위키, https://namu.wiki/위기
72) [은], https://silvernecklace.tistory.com/194, 2015. 10. 15

의 한자 표기의 '위(危)'는 위험을 의미하는 말이고, '기(機)'는 기회를 의미한다. 따라서 위기란 위험을 감수해야 한다는 점도 있으나, 역으로 기회가 될 수도 있다는 것이다. 그래서 사람들은 '위기는 기회다.'라는 말을 즐겨 하곤 한다. 따라서 위기를 잘 극복하고, 위험의 순간을 이겨내면 기회가 올 수도 있음을 명심하자.

2 위기의 유형

위기는 국가, 기업, 가정 등 어떤 조직이나 개인에게 닥쳐올 수 있다. 위기에 가장 많이 노출되어 있고, 다양한 종류의 위기를 대처해야 하는 기업의 경우 일반적으로 6가지 정도의 위기로 나누어 볼 수 있다.

첫째는 경제적 위기로 원유파동, 외환위기, 기업의 내외 신인도 등의 위기가 우리나라 기업들이 당면하는 위기들이다.

둘째는 기업의 실적부진의 위기이다. 매출액이 감소하거나, 수익률 하락, 경기불황에 따른 실적 저하, 대출금에 대한 금리 인상 불안, 인건비 급증, 노조의 파업 등의 요인들이 있다.

셋째는 핵심기술의 유출에 의한 위기이다. 조직 내 핵심기술은 회사를 먹여 살리는 중요한 역량이다. 그러나 조직 내 혹은 외적으로 산업스파이들이 기술을 훔쳐서 팔아먹을 경우 위기에 직면한다. 첨단기술이나 산업디자인 유출, 전산망의 해킹피해, 경영정보의 유출 등의 위기가 있다.

넷째는 산업재해이다. 많은 제조업 기업들의 경우 생산라인에서 발생하는 산업재해 피해가 매우 큰 현실이다. 산업재해에 의한 인명피해, 부상 등이 발생할 경우 피해보상 문제뿐만 아니라 조직의 사기저하 등의 문제가 발생할 수 있다.

다섯째는 기업의 적대적 합병이나 특허권 침해 등의 분쟁발생의 위기이다. 기업 특히 주식회사의 경우 외부의 투자자들의 자금으로 기업을 운영하다 보니 최대 주주의 힘에 의해 회사의 경영권이 뜻하지 않게 박탈당하거나, 적대적인 M&A에 휘말릴 수도 있다. 또한 회사가 사용할 수밖에 없는 기술이 타사에 의해 특허가 걸려 있는 경우 특허권 분쟁이 기업의 위기상황으로 닥쳐올 수도 있다.

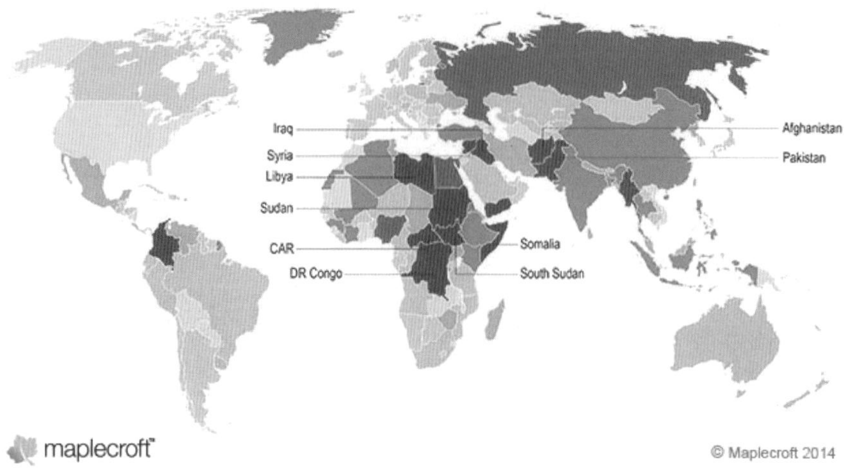

Rank	Country	Category
1	Syria	Extreme
2	CAR	Extreme
3	Iraq	Extreme
4	South Sudan	Extreme
5	Afghanistan	Extreme

Rank	Country	Category
6	Somalia	Extreme
7	DR Congo	Extreme
8	Libya	Extreme
9	Sudan	Extreme
10	Pakistan	Extreme

Legend
Extreme Risk
High Risk
Medium Risk
Low Risk
No data

국가별 위기 정도(2013)[73)]

전 세계적으로 발생하고 있는 위기의 요인들을 살펴보면 아래와 같다.

1) 악의적 공격/사이버

사이버 공격, 개인정보 탈취, 제품의 부당한 변경 등으로 인해 해당 기업이 받는 피해가 증가추세에 있다. 전 세계적으로 연간 4,000 건 이상의 사이버 공격이 발생하고 있고, 매년 8,000 억 건 이상의 개인정보 유출로 4,000 억불 이상의 경제 손실을 야기하고 있다. 신용카드 개인정보 유출 사고가 발생하고 있다. 신용카드를 불법복제하거나, 타인의 카드 정보를 도용하는 행위도 증가하고 있다.

2) 금융범죄

부정 혹은 기타 금융 범죄행위도 증가하고 있다. 글로벌 경제의 확산으로 미국의

73) Maplecroft, Conflict and political violence intensifies in 48 countries since 2013, https://www.maplecroft.com/insights/analysis/conflict-and-political-violence-intensifies-in-48-countries-since-2013/, 2014. 5. 6

경우 매년 700건 이상의 기업 부정과 500 건 이상의 횡령사건이 발생하고 있다. 비윤리적인 트레이드의 거래로 2억 달러 이상의 은행 손실 초래되고 있다.

3) 재무 부실 및 도산

기업의 존립을 위협하는 채무불이행 사례도 많다. 글로벌 금융위기로 개발도상국의 경제성장률이 하락하고, 금융기관 구제조치를 위해 10 조 달러 이상의 혈세를 투입하고 있다. 미국의 정부부채 한도 협상 등의 대책들이 나왔다.

4) 시스템다운, 산업재해

사고, 실수, 태업 등에 의한 복잡한 시스템의 붕괴와 전 세계적으로 연간 50 건 이상의 중요한 산업재해가 발생하고 있다. 인재(人災)에 의한 손실 90억불, 화학공장 폭발사고, 화재사고, 열차탈선, 건물붕괴 등의 위기요인들이 발생하고 있다.

5) 우크라이나 사태 등 종교간, 국가 간, 민족 간 대립, 갈등, 법적, 지리적, 군사적 충돌이 끊임없이 발생하고 있다. 매년 500 건 이상의 치열한 노동쟁의, 폭동과 전 세계 주요 성장시장의 CPVI[74] 등급이 높음 혹은 매우 높게 나타나고 있다.

6) 기타 자연재해 등 엄청난 자연재해나 인재가 발생하고 있다. 기후변화나 난개발에 따른 300 건 이상의 중요한 자연재해 피해로 인해 1,400억불(2013 년 기준)이상의 손실이 발행했다, 또한 글로벌 공급망 붕괴, 허리케인 샌디, 일본 쓰나미, 태국 홍수, 북극의 빙하 감소현상 등 자연재해도 국가나 기업에 큰 위기요인이다.

---

74) Conflict and Political Violence Index

9.2 위기관리 절차

딜로이트사의 위기관리 절차는 3R과정을 반복적으로 실행한다. 평상시 '대비(ready)' 활동에서 사건/사고 발생 직후의 '대응(response)' 및 '복구(recovery)' 활동, 그리고 다시 '대비'활동으로 복귀한다. 이 과정에서 위기대응과정에서 얻은 교훈을 향후 대응계획이나 단계에 반영/개선시켜 나가는 순환과정으로 이해하는 것이 바람직하다.

조직이 위기에 봉착했을 때 이를 효과적으로 대처할 수 있도록 평상시에 위기 대응활동들을 마련하고, 다양한 위기관리 기법(시뮬레이션, 모니터링, 대응, 소통 등)들을 통하여 위기관리 역량을 내재화하는 통합 위기관리시스템의 구축이 필요하다.

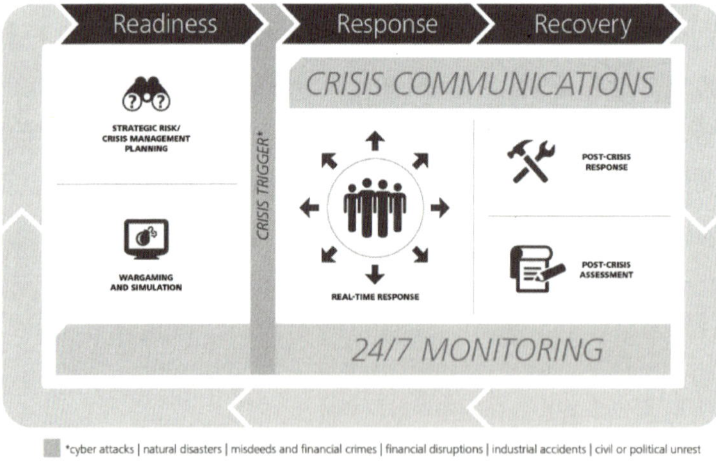

딜로이트사의 Crisis Management Life Cycle[75)]

75) Deloitte, www2.deloitte.com/il/en/pages/risk-advisory/solutions/deloitte-center-for-crisis- management.html

위기관리를 위한 절차는 기업마다, 조직의 특성에 따라 달라질 수는 있으나 일반적으로 공통된 절차를 적용하여 조직에 맞게 활용할 수 있을 것이다. 위기관리의 6단계 절차를 구성하는 요소는 위기진단시스템을 활용하여, 위기상황을 인식하고, 위기발생의 원인을 구명한다. 원인이 규명된 위기에 대한 대응책을 마련하고, 대응책을 실행한다. 위기관리를 위한 대응책이 올바르게 작동하였는지를 평가하고 사후관리를 실시한다. 이와 같은 과정을 반복적으로 실행한다.

첫째, 위기진단시스템은 위기를 사전에 신속하게 감지할 수 있는 조직적 체계를 만들어야 한다.

즉 사람의 힘으로 위기 발생가능성을 정확하고 합리적으로 예측하는 것은 매우 어렵다. 따라서 인공지능기술 혹은 빅데이터분석을 통한 팩트기반의 위기진단시스템을 활용하여야 한다. 위기관련 정보를 감지했을 경우 이를 지속적으로 모니터링 하면서 체계적인 비상계획을 수립해야 한다. 위기의 조짐이 보이면 신속하게 대응하면서 심각한 위기가 도래하기 전에 현장에서 즉각 해결할 수 있는 태세를 강구해야 한다.

예컨대 2010년 말 대한주택보증은 주택보증업의 특성을 살린 전사적 위험 관리시스템인 'K-ERM'을 개발해 특허출원했다고 밝혔다. K-ERM은 주택건설업체의 부도에 따른 대한주택보증의 손실규모와 기간별 현금흐름을 예측하고 각종 위험 지표를 고려해 회사의 위기수준을 진단, 측정해 단계별 대응계획을 마련하는 시스템이다. 특히 위기단계를 정상, 관찰, 주의, 경보, 위기 등 5단계로 구분해 각 단계별로 해당 리스크를 초래한 주요 원인을 분석한 뒤 이에 대한 대응방안을 강구토록 설계됐다. 주택보증 관계자는 "K-ERM 개발로 사전적 위험관리능력이 높아지고 자본 건전성 유지는 물론, 향후 중요한 전략적 의사결정에 매우 유용하게 활용할 수 있을 것"이라고 말했다.[76]

두 번째, 위기상황의 인식이다.

위기와 위기의 유형별 특성과 주변 환경에 대한 분석이 필요하다. 어떤 상황이 조직의 위기로 작용할 것인가? 또는 위기가 큰 의미가 없이 지나갈 것인가를 신속하게 판단해야 한다. 만약 위기라고 판단될 경우 위기의 유형을 분류하고, 어떤 특성을 지

76) 매일건설신문, 주택보증, 부도위기 진단시스템 개발, 2010, 12. 24

닌 것인가에 대해 냉철하게 분석한다.

1997년 12월 3일, 대한민국은 국가부도라는 절체절명의 위기를 맞게 된다. 대한민국의 IMF 구제금융 요청은 국가부도 위기에 처한 대한민국이 IMF으로부터 자금을 지원받는 양해각서를 체결한 굴욕적인 사건이다. 기업이 연쇄적으로 도산하면서 외환보유액이 급감했고 IMF에 20억 달러 긴급 융자를 요청하였다. 외환위기 속에 대한민국은 외환보유액이 한때 39억 달러까지 급감했지만, IMF에서 195억 달러의 구제 금융을 받아 간신히 국가부도 사태는 면했다. 많은 회사들의 부도 및 경영 위기가 나타났고, 이 과정에서 대량 해고와 경기 악화로 인해 대한민국의 온 국민이 큰 어려움을 겪었다.[77] 대한민국의 국가보도 위기는 위기상황을 인식하지 못하고 있던 당시 정부의 안일함 때문이다.

세 번째, 원인규명 단계이다.

위기의 유형과 특성을 파악했을 경우 그에 대한 신속한 의사결정을 내려야 한다. 그나마 위기의 유형과 특성이 파악되었다면 다행이나 그 자체가 규명되지 않을 경우는 더더욱 심각한 피해를 초래한다. 위기발생의 원인이 무엇인가? 외부 환경변화의 문제인가? 아니면 내부적인 문제점으로 인한 것인가?를 신속하게 진단한다. 원인규명시에는 전문가의 진단에만 의지할 것이 아니라 현장의 직원들이나 관련자들의 의견을 경청할 필요가 있다. 또한 조직 내에서 객관적인 사실만을 상호 소통해야 한다. 위기가 닥치면 각종 루머와 거짓, 가짜 소문이 판을 칠 수 있다. 따라서 리더는 균형감각을 잃지 않고, 논리적이고 합리적인 관점을 견지해야 한다.

네 번째, 대응책 마련 단계이다.

전 단계에서 해명된 위기발생의 원인에 최적으로 적합한 합리적인 대응책을 마련해야 한다. 각각의 대응책에 대한 기대효과와 자원의 투입여부, 규모 등에 대한 사전 검토가 이루어지고, 대응책 실행의 우선순위를 고려하여 실행계획을 세워야 한다. 대응책 마련의 면밀성과 구체성에 따라 위기로 부터의 피해를 최소화할 수 있으며, 예산의 낭비를 예방할 수 있다. 또한 위기극복 이후에 조직의 위기극복 역량의 확보가 가능해 진다.

77) 위키백과, https://ko.wikipedia.org/wiki/대한민국의 IMF 구제금융

다섯 번째, 대응책의 실행단계이다.

대응책이 마련되면 위기극복을 위한 신속한 의사결정과 조속한 대응책을 집행해야 한다. 조직의 리더가 빛을 발할 수 있는 단계라 할 수 있다. 리더는 조직의 생존가치를 '인간'에 두어야 한다. 인간을 최우선적으로 여기는 조직은 사람들 즉 조직 구성원들의 신뢰를 얻는 조직이 될 것이며, 구성원들의 단합된 힘을 발휘하여 위기를 극복할 수 있다.

여섯 번째, 대응책 실행 결과에 대한 평가와 사후관리 단계이다.

대응책의 실행도중 혹은 실행이후 위기극복에 얼마나 효과적이었는지? 위기의 극복상황은 어느 정도인지? 위기의 종료 여부를 체크하면서 종합적인 효과평가 작업을 실시한다. 대응책 실행과정에서 발생한 문제점이나 미비점에 대한 보완책을 찾는 것도 병행되어야 한다. 잘된 것은 잘된 대로, 문제점은 문제점대로 구분하여 보완책을 마련해야 한다. 평가 결과는 조직의 위기관리시스템에 반영하여야 한다. 기존의 위기관리시스템에 대한 전반적인 개보수 작업을 통해 강화된 위기관리시스템을 구축해야 한다. 사후평가시에 잘 되었던 대응책도 중요하지만 오히려 잘못된 것에 대한 원인을 찾고, 추후 유사한 위기의 도래시 더욱더 발전된 시스템을 적용할 수 있게 해야 한다.

9.3 위기관리의 중요성에 대하여

조직에 위기가 닥칠 때 준비되지 않은 조직의 경우는 당황하거나 우왕좌왕하다가 더 큰 손해를 당하는 경우가 많다. 위기는 새벽안개처럼 소리도 없이 조직을 파고들어 어느 순간에 조직의 생존을 위협하는 존재로 부각된다. 우리나라 옛말에 도둑을 맞는 날은 개도 짖지 않는다. 는 말이 있다. 평소에는 우렁차게 짖어대던 멍멍이도 도둑이 들어오는 대도 짖지 않는다고 하는 것은 위기가 조직을 파고드는 상황을 잘 비유하고 있다. 사자나 표범 혹은 호랑이 같은 맹수들의 경우도 들판에서 한가롭고 평화롭게 풀을 뜯고 있는 들소를 공격하기 위해서는 정숙보행을 통해 공격대상이 알아채지 못하게 접근한다. 또한 공격의 목표는 힘세고, 건강한 들소보다는 어린 새끼나 늙어서 기동성이 떨어지는 늙은 들소가 공격의 목표가 된다. 부실한 기업의 경우는 위기에 더더욱 취약해 지는 원리와 상통한다.

3차 산업혁명인 지식정보화사회에 이은 4차 산업혁명시대에 접어들면서 위기의 발생 원인이 매우 복잡다단하기 때문에 위기를 예측하거나 측정하는 것에 많은 어려움이 있다. 위기의 본질은 예측이 매우 여렵다는 것인데 특히나 최근에는 환경의 변화양상이 카오스적으로 혼돈의 시대라 할 수 있다. 따라서 원인과 결과 관계를 모형화하거나, 예측을 하는 것이 매우 어려운 것이다. 사소한 듯 보이는 위기를 맞은 거대한 기업들이 하루아침에 무너지는 것을 보면 알 수 있다.

위기를 어떻게 극복해 나가느냐가 기업의 생존을 결정하는 중요한 갈림길이 되기 때문에 위기 극복을 위한 전략을 면밀하게 수립해야 한다. 위기를 독이라고 보면 위기를 극복했을 경우 위기라는 독이 약이 되어 조직의 체질을 개선하고, 더욱더 역량을 향상되고 성장한 조직을 경험할 수 있다.

9.4 위기관리를 위한 리더의 역할

1 위기극복의 원칙

기업은 경영활동의 중요한 내용으로 위기관리를 하고 있다. 그러나 "위기(crisis)"는 조직의 전략적 목표달성이나 생존에 중대한 영향을 미치거나, 나아가 존립까지 위협할 수 있는 중요한 사건 혹은 일련의 사건을 의미한다. 고의적인 행동이건 단순한 실수이건 위기는 때로 작게 시작해서 엄청난 사건으로 이어지기도 한다. 위기는 단순한 면만이 아닌 다각적인 원인이 복합되어 발생한다. 일련의 증폭하는 사건 혹은 복수의 이슈나 사건들이 복합적으로 작용하여 신뢰와 명성을 훼손하기도 한다. 위기관리를 위해서는 조직이 지향하는 가치와 일관되는, 결단력 있는 리더십과 극복방안을 제시해야 한다.[78)]

리더가 조직의 위기를 극복하기 위한 위기관리의 핵심 운영원칙은 다음과 같다.

1) 과감하게 조직을 통솔하라

- 위기상황에서는 결단력 있게 통솔할 수 있는 리더십을 확보하는 것이 가장 중요하며, 전체 위기관리를 위한 리더의 지정이 필수적임.
- 위기상황에서는 위기대응활동에 집중함과 동시에 일상적인 운영활동 역시 지속되어야 하므로 CEO(대표이사, chief executive officer) 가 위기관리 리더를 맡는 것은 최선의 선택이 아닐 수도 있음. COO(최고운영책임자, chief operating officer) 나 CRO(최고위기책임자, chief risk officer), 혹은 법률적인 사건에 있어서는 CLO(최고법무책임자, chief legal officer)를 위기관리 리더로 선정하는 것이 바람직할 수 있음.
- 리더가 조급해 할 경우 부정확한 정보에 기초하여 의사결정 하는 우를 범할 수 있고,

78) Deloitte, "Crisis Leadership-Guiding the Organization through uncertainty & chaos," 2015. 7.

완전한 정보를 기다릴 경우 적시 조치에 실패할 수 있으므로 결단력과 균형감각을 동시에 유지하는 것이 중요함. 과도하게 많은 정보가 취합될 경우 분석활동이 제 기능을 유지하기 힘들기 때문에 결단력 있는 의사결정이 오히려 어려워진다는 것을 알고 있어야 함.

2) 위기를 지속적으로 구조화하라

- 위기관리자는 지속적으로 위기를 분석하고 분 단위, 시간 단위, 주 단위로 위기를 식별하여야 함.
- 위기에 대한 초기의 느낌이나 분석결과를 고수하기보다는 새로이 입수되는 정보를 유연하게 반영하여야 함.
- 복수의 사건들을 지속적으로 분석하고 진행방향을 예측하는 프로세스가 수립되어야 하며, 새로운 분석결과에 따라 필요 시 기존의 대응계획을 수정하여야 함.
- 여러 사건/사고들이 동시에 발생될 경우 위기대응자원의 배분이 어려우므로 관리자원의 선택과 집중이 중요함.

3) 적극적으로 소통하라

- 정보의 원천이 정확하고 일관되게 파악될 수 있도록 소통 채널을 단일화 하여야 함.
- 위기대응의 각 단계에서 입수한 Fact를 기록하여 향후 발생할 수 있는 법적소송 등에 대비하여야 함.

4) 예상하지 못한 것에 대비하라.

- 인간은 극도의 압박감 속에서는 평상시와는 다르게 행동할 수도 있기 때문에 평상 시 조직구조 상의 역할과 책임이 위기 시에는 정상적으로 작동되지 않을 수 있음. 이는 위기상황을 대비하기 위한 활동계획을 수립하는 함에 있어 더욱 예측하기 어려운 변수가 될 수 있음.
- 한 명의 위기관리자가 이러한 변수들에 모두 대응하기 어렵기 때문에 복수의 관리자를 지정하여 예측하지 못한 변수들에 대해서도 대응토록 하여야 함.
- 통신기기나 시스템화된 정보를 활용할 수 없는 상황에 대비할 수 있는 방안을 마련하여야 함. 예를 들어, 자연재해 발생 시 임직원들이 재택 근무할 수 있는 계획을 세우고 별도 데이터 센터를 구축, 시스템 환경을 마련하였으나 허리케인으로 인한 정전 시에는

컴퓨터나 모바일기기, 인터넷망 등이 무용지물이 될 수도 있음을 감안할 것.

2 위기발생시 리더십 스타일[79)]

앞서도 언급한 바와 같이 리더의 진가는 위기가 닥쳤을 때 위기관리능력이 드러난다. 위기를 맞이하는 리더들의 스타일을 7가지로 나눌 수 있다.

첫째는 자기희생적인 자세로 신속하고 명확하게 의사결정을 내릴 줄 아는 리더이다. 화재진압을 하는 소방관들의 경우 화재현장에서는 긴급하게 의사결정을 해야 하는 상황이 빈번하다. 이 같은 상황 하에서 리더는 자기희생적인 자세로 신속하게 의사결정을 내려야 한다. 조직의 위기상황이 시급할수록 리더는 자신에게 닥칠 불이익을 생각하지 않고, 조직을 위해 희생하는 자세로 임하는 리더이다.

둘째는 조직의 숭고한 가치를 지키기 위해 어떤 희생도 불사하는 리더이다.

최근에 국가적으로 사법농단의 심각한 사례들이 발생하고 있어 국민들의 걱정이 많은 상황이다. 검찰총장은 살아있는 권력에 대한 비리 수사를 위해 좌고우면하지 않고, 헌법과 국민의 요구에 입각하여 수사에 집중하고 있다. 살아있는 권력의 인사압박에도 굴하지 않고 끝까지 소신을 다해 권력을 악용한 비리를 척결하겠다는 각오로 수사에 임하고 있는 것을 보며, 이 시대에 보기 드문 리더십이라 인정받고 있다.

셋째는 사적인 문제 보다는 공적인 문제를 우선적으로 해결하려는 리더이다.

백제 장군인 계백은 장군이 되어 죽음을 각오한 5,000명의 결사대를 이끌고 출전하여 북동쪽에서 내려오는 신라군을 방어하게 되었다. 그러나 계백은 이미 전황이 절망적으로 돌아가고 있어 나라를 지킬 수 없음을 직감하고는 "살아서 적의 노예가 됨은 차라리 죽는 것만도 못하다." 라고 하며 출진하기 전에 처자식을 모두 자신의 손으로 베어 죽였다. 결국 계백 휘하 5천 결사대는 거의 전멸하였으며, 계백 본인 역시 이 마지막 전투에서 전사하고 말았다.[80)]

---

79) 김덕수, 파워리더십, 2012, pp.167-169.
80) 나무위키, https://namu.wiki/w/계백

넷째는 조직 구성원의 신체적 안전을 최우선으로 중시하는 리더이다.

2014년 세월호 침몰사건은 대한민국 국민을 충격으로, 오랜 기간 동안 트라우마로 남아있다. 당시 세월호 선장 이 모 씨는 476명의 승객들을 세월호에 묶어두고 지인 및 동료 선원들과 함께 선원 신분을 숨기고 사복으로 갈아입고, 계획적으로 빠져나와 도망쳐서 선박 및 항해에 관한 의무와 규칙을 포함한 법률 및 도의적 책임마저 저버린 추악한 범죄자가 되었다. 청해진해운 소속으로 세월호의 선장이었으나, 세월호 침몰 사고의 주범으로 1년 반에 걸친 재판 끝에 미필적 고의 및 부작위(정확히, 부진정부작위)에 의한 살인죄로 무기징역을 선고받았다. 세월호 선박의 최고 리더였던 이 모선장이 이 사건에서 보여준 비도덕적인 모습으로부터 교훈을 삼아야 한다. 사형으로도 도저히 갚을 수가 없을 정도로 희생자와 유족들의 참담함은 물론 한국 사회에도 커다란 구멍을 뚫어놓은 셈이다. 바람직한 리더는 위기의 상황에 직면했을 때 구성원들의 안전에 최고도의 우선순위를 가지고 대처해야 한다.

다섯째는 침착하고 담담한 자세로 위기를 인식하고, 그것에 대응하려는 리더이다. 이순신은 두만강 어귀에 있는 녹둔도의 둔전관으로 있을 때, 갑자기 오랑캐의 기습공격을 받아 부하 2명이 전사하고 60여명이 포로로 잡혀간 일이 있다. 그때 그는 부하를 보내지 않고 직접 출격하여 오랑캐를 전멸시키고 포로를 구출해 왔다. 당시 이순신 장군은 왼편 다리에 화살을 맞았었는데, 그때도 그는 이 사실을 숨기고 앞장서서 전투에 임했다고 한다. 훗날 적의 함대가 명량 앞바다로 쳐들어왔을 때 그에게는 전선이 12척 밖에 없었지만, "죽고자 하는 자는 살 것이요, 살고자 하는 자는 죽을 것"(必死卽生 必生卽死)이라 외치며 앞에서 전투를 이끌어 결국 10배가 넘는 적군을 물리치는 승리를 거두었다.[81]

3 위기대응시 빈번하게 하는 실수들[82]

어떤 조직이든 위기가 닥치면 당황하게 되고, 적절한 대응책을 찾아서 문제해결을 위해 분주하게 움직이게 된다. 그 같은 위기대응 과정에서 겪게 되는 수많은 도전과 오류들에 직면하게 된다. 공통적으로 발생 가능한 실수들은 다음과 같다.

81) 국제제자훈련원, 이순신에게서 배우는 리더십의 4가지 원칙, http://www.disciplen.com/View.asp?BID=2058
82) 딜로이트, 위기관리 리더십, 2015. 10. 30.

1) 피해복구에만 과도하게 집중하여 위기관리의 전략적 방향성을 제시하지 못하는 실수이다. 이를 해결하기 위해서는

- 전략적 영역(브랜드, 고객, 기타 이해관계자, 신뢰 등)을 적절히 다룰 수 있도록 위기를 구조화하고 구체적으로 정의해야 한다.
- 조직 내 개별 부서나 기능이 아닌 조직 전체를 조망하는 시각을 견지해야 한다.

2) 위기의 규모나 영향 범위, 파급 속도와 결과를 이해하지 못하거나 과소평가하는 실수이다. 이의 해결점으로는

- 리더십과 이사회가 충격을 극복하고 상황의 심각성을 받아들여야 한다.
- 모의훈련을 충분히 경험한 경영진을 사전에 정의하고 위기 시 이들을 중심으로 대응활동을 전개한다.
- 위기로 인해 사업 활동이 크게 지장을 받을 수 있음을 인지하고, 이를 고려하여 개인별 대응책임을 부여해야 한다.

3) 리더들의 잘못된 의사결정 때문에 피해가 확대되는 실수이다.

- 조직 보호와 정직하고, 투명한 소통간의 균형을 유지해야 한다.
- 상황인식 역량을 배양해야 한다.
- 제한된 정보로, 조직의 가치와 직관에 기초하여 의사결정 하여야 한다.
- 창조적이고 틀을 깨는 "위기 관리적 사고"를 할 수 있도록 분위기를 조성한다.
- 각각의 이해관계자 집단에 필요한 정보를 적시에 또한 동시에 제공할 수 있는 소통체계를 수립해야 한다.

4) 중요하지 않은 사소한 정보에 일일이 대응하여 혼선을 초래하는 실수이다.

- 정보 수집, 정보 분석, 질문 응답 및 내·외부 이해관계자와의 소통 등의 역할로 구분하여 대응조직을 구성한다.
- 규제당국의 조치나 소송 등으로 번질 가능성이 있는 경우, 관련 자료와 정보를 지속적으로 식별, 수집 및 유지하는 절차를 시작한다.
- 담당자를 지정하여 의사결정 프로세스를 시간 순으로 문서화해야 한다. 기록을 남기는 것이다.

위기관리 5계명을 기억하자.

1. 위기가 발생하기 전에 사전에 미리 대비하라.
2. 리더의 의사결정이 고객 및 주주 등의 이해관계 당사자 가치에 영향을 미칠 수 있음을

명심하라.

3. 위기 발생 시, 분(分)단위로 대응하라.
4. 조직이 합심하여 위기를 극복한 후에는 더욱 강해질 수 있음을 생각하라.
5. 위기가 끝난 것처럼 보이지만 아직 끝나지 않았다. 위기의 쓰나미는 위기 발생이후에 후폭풍 더 위험하다.

4 리더의 위기관리지침

조직의 리더는 평소 위기관리에 대한 조직 내 지침을 면밀하게 점검하고, 위기상황의 발생 시 신속하게 대처할 수 있도록 위기관리 지침을 점검해야 한다. 리더의 위기관리지침은 아래와 같다.

1. 위기에 대한 대응전략의 적절성과 합리성, 시의 적절성에 부합되는가?
2. 위기상황하에서 리더들의 리더십 발휘를 제대로 할 수 있는 지침이 마련되어 있는가?
3. 조직 내에서 위기상황을 감지할 수 있는 신호는 어떤 것이 있는가?
4. 위기발생시 조직 내부적으로 원활한 소통이 이루어 질 수 있도록 시스템화 되어 있는가?
5. 조직 구성원들을 대상으로 위기상황 시뮬레이션 훈련이 잘 되어 있는가?
6. 위기유형별로 원인과 특성 등에 대해 구성원들 간에 정보 공유가 원활한가?
7. 위기 발생 시 명령과 지휘계통, 인적 물적 자원이 구비된 위기대응팀이 준비외어 있는가?
8. 위기상황에 즉각적으로 대처할 수 있도록 비상계획 수립은 문제없는가?
9. 대응책 집행에 따른 효과 등 사후평가가 제대로 이루어지고 있는가? 문제점과 보완책은 제대로 이루어져 왔는가?

위기를 성공으로 바꾼 여인, 오프라 윈프리[83)]

오프라 윈프리는 미국의 방송인이자 여배우다. 그녀는 미국 쇼 비즈니스 세계에서 가장 영향력 있고 존경받는 인물 중 한 명이다. 그야말로 가난과 절망을 딛고 전 세계 흑인 여성 중 가장 성공한 인물이지 여성으로서도 세계적으로 부와 명예를 가진 유명인이다.

군인이었던 아버지 버논 윈프리와 어머니 버니타 리 사이에서 사생아로 태어났다. 18세에 불과했던 어머니는 가정부로 생계를 해결하기 바빠서 오프라를 돌볼 여력이 없었다. 그래서 여섯 살 때까지 농사일을 하는 외할머니와 함께 살았는데 시골 마을이라 집주변엔 말 건넬 이웃도 없어 오프라는 항상 농장에 있는 가축들에게 말을 건네며 시간을 보냈다고 한다.

83) 나무위키. https://namu.wiki/w/오프라 윈프리

3살 때부터 교회를 다니며 뛰어난 말재간과 암기력을 보여 동네 어른들의 귀여움을 독차지했으며, 6살 때 파출부 일을 하고 있던 어머니의 집으로 이사 가게 되었으나 어머니는 오프라에게는 관심과 애정을 보이지 않았다. 9살 때 집을 드나드는 사촌 오빠나 삼촌에게 성폭행을 당하게 되었다. 성폭행은 그 후 몇 년간 계속되며 오프라를 괴롭혔다. 그러나 그 상처를 잊기 위해 오프라는 공부와 독서를 부지런하게 하여 결국 우수한 성적으로 14살 때 명문사립학교에 입학하게 된다. 그러나 오프라는 학교에서 자신이 유일한 흑인이라는 사실과 부모님의 관심 속에서 부유하고 안정적으로 살고 있는 백인 친구들을 보며 극심한 열등감과 좌절을 느껴야 했다.

설상가상으로 계속되는 친척의 성적 학대로 인해 오프라는 견디다 못해 반항아로 변해 집밖을 나돌게 된다. 이 과정에서 오프라는 원치 않는 임신까지 하게 되었다. 반항아로 변해버린 오프라를 어머니는 감당할 수 없게 되자, 어머니는 오프라를 테네시 주 내슈빌에서 이발소를 하는 아버지 집으로 보낸다. 새어머니와 재혼한 상태였던 아버지는 오프라가 아이를 낳을 수 있게 도왔으나 예정보다 일찍 낳은 아이는 2주 만에 세상을 떠났고, 당시 오프라는 기구한 세월과 죄책감을 견뎌내기 어려워 자살도 생각했고 마약이나 흡연으로 현실을 잊고자 했다.

하지만 아버지와 새어머니의 격려와 지지 덕분에 절망을 딛고 동네 인근 고등학교에 다시 진학하고 전교 회장에 당선되는 등 자신감을 회복하고 다시 꿈과 희망을 갖게 되었다. 이후 미국에서 개최한 여러 말하기 대회나 콘테스트에 출연하며 점점 유명세를 탔고, 19살이 되는 해에 라디오 프로 진행자로 취직했다. 이를 계기로 방송인으로 일하기 시작한 오프라는 어느 지역의 저녁 뉴스의 공동 뉴스캐스터를 시작했지만 뉴스에 감정을 실어서 전달했다는 이유로 8개월 만에 해고되었다.

인생은 새옹지마라 했던가. 오히려 그녀의 즉흥적 감정 전달능력 덕분에 오프라의 활동무대는 낮 시간대의 토크쇼 <People Are Talking>으로 옮겨졌다. 이 당시 지역 방송 토크쇼에 나와 인터뷰를 했는데 "당신이 만약에 100만 달러를 상금으로 받게 된다면 어찌하시겠습니까?"라는 질문에 다른 토크쇼 참가자들은 저축한다느니 부모님에게 뭘 사다드리겠다느니 보통 많이 생각하는 걸로 말을 한 반면, 오프라는 "홀로 마음껏 쓸 거예요. 저를 위해서 말이죠."라고 답했다고 한다. 진행자가 "하지만 그 다음은요? 돈은 쓰면 벌기 어렵지 않습니까?"라고하자 그녀는 똑부러지게 "그만큼 계속 벌 자신이 있어요!"라고 말했다. 그 진행자는 속으론 '뭔 헛소리야?'라고 생각했는데 그로부터 20년도 안가 그녀가 엄청난 부자가 된 걸 보고 근거 없던 헛소리가 아니라고 회고했다고 한다. 2020년 미 대선 '잠룡' 중 한 명으로 부상한 윈프리는 "공직 선거에 출마할 뜻이 없다"며 선을 긋고 있지만, 범 민주당 진영에서는 유력 주자 중 한 명으로 꼽고 있다.[84]

84) SBS뉴스, 오프라 윈프리, 방송 접고 흑인 여성 주지사 후보 지원에 '올인', 2018. 11. 2

PART

III

창의적 리더가 되자

창의력이란 단순히 사물을 연결하는 것입니다.
창의력 있는 사람들에게 그 일을 어떻게 했는지 물어보면
그들은 다소 죄책감을 느낄 겁니다.
왜냐하면 그들은 정말로는 그것을 하지 않았기 때문입니다.
그들은 자신들의 경험을 연결시켜 새로운 것을
합성해 낼 수 있는 능력이 있기 때문입니다.

- 스티브잡스, 1996 -

10장
창의적 사고를 위한 아이디어 발굴

목 차

학습목표

- 창의적으로 사고하는 기법에 대해 학습한다.
- 사물을 관찰하는 방법을 습득한다.
- SCAMPER기법에 대해 학습하고 토론한다.
- 생활 속에 존재하는 제품을 관찰하고 문제점 혹은 불편한 점을 찾아본다.
- 불편한 부분을 개선하여 새로운 아이디어를 모색한다.
- 조별 아이디어를 그림으로 표현하고, 이를 구체화한다.

10.1 창의적 사고란 무엇인가?

1 창의성의 정의

창의성이란 새로움과 적절성, 현실성 그리고 구현가능성 등의 요건을 충족할 수 있는 아이디어를 만들 수 있는 능력이다. 또한 창의성이란 개인의 사고와 성격특성 간의 상호작용을 통해서 새롭고 가치 있는 아이디어나 산출물(작품, 제품, 혹은 상품 등)을 생산해 내는 능력이라고 정의할 수 있다.

창의적인 사람으로 평가 받는 레오나르도 다빈치 작품

출처: 네이버블로그, 레드하우스

위키백과사전에 의하면 창의성(創意性, creativity)이란 새로운 생각이나 개념을 찾아내거나 기존에 있던 생각이나 개념들을 새롭게 조합해 내는 능력과 관련된 정신적이고 사회적인 과정이다. 창조성이라고도 하며 이에 관한 능력을 창의력, 창조력이라고 한다. 창조력은 의식적이거나 무의식적인 통찰에 힘입어 발휘된다. 창조성에 대한 다른 개념은 '새로운 무엇을 만드는 것'이다.

과학적인 관점에서 보면, 창조적인 사고의 산출물은 독창성과 "함께" 적합성을 지닌 것이다. 창의성과 창의적인 행동들은 심리학, 인지과학, 교육, 철학 (특별히 과학

철학), 신학, 사회학, 언어학, 경영학, 경제학 등의 여러 학문 분야에서 연구되어왔다. 그 결과로 창의성에 대한 여러 정의와 접근 방식이 생겨났다.

1995년에 토랜스(Torrance)는 세 가지 측면에서 창의성을 다루었는데, 연구 수행을 위해 만들었으며 창의적 사고의 과정에 초점을 둔 '연구용 정의', 그림으로 창의성을 보여주는 '예술적 정의', 생존하기 어려운 위기 상황에서 생존을 위해 나타나는 창의적인 반응을 다룬 '생존적 정의'가 그것이다. 첫째인 연구용 정의에 따르면, 창의적 사고는 다음과 같은 과정을 거치는데, 어려운 문제나 빈 틈을 인식하고 그러한 빈 곳을 메우는 추측을 하거나 가설을 만들며 그러한 가설을 검증하고 마지막으로 그 결과를 다른 사람에게 말하는 것이다. 둘째인 예술적 정의는 그림을 그려서 창의성이란 이 그림과 같은 것이라는 식으로 비유적인 설명을 하는 것으로, 열린 문을 그린 후에 "창의성이란 문 밖으로 나가는 것과 같다"는 말로 설명하는 것이다.[4] 셋째인 생존적 정의는 미국 공군 생존훈련처럼 춥고 먹을 것이 없는 극한 상황에서 그 상황에 맞는 생존 방법을 찾아내는 능력을 말하며, 이전의 사례를 참조하여 지금 현 상황에 맞는 "새로운 형태의 것으로 상상하여 재조합"하는 능력이라고 하였다.[85)]

창의성에 대한 과학적 연구를 요약하면서 마이클 뭄포드(Michael Mumford)는 다음과 같이 말했다. "최근 10년간의 논의를 통하여 우리는 창의성이 소설을 창작하고 쓸모 있는 제품을 만드는 것을 포함하는 개념이라는 일반적인 일치에 도달한 것으로 보인다."[86)]

또한 창의성에 대해 오해를 하는 경우도 있다. 창의성이란 무질서한 태도가 아니다. 오히려 질서정연하고, 이성적인 사고에 바탕을 두고 있다. 무질서하여 정리되지 않은 사고는 창의성과는 거리가 멀 뿐만 아니라 정리될 수도 없어서 바람직한 창의적 산출물이 나올 수가 없다는 의미이다. 더구나 창의성이란 과상하고 이상한 것 역시 더더욱 아니다. 물론 창의성 훈련을 위한 초기단계에서는 자유분방한 사고의 틀을 작동시켜야 하지만 그것이 지속적으로 유지되어서는 가치 있는 창의적 산출물이 만들어 질 수 없다. 자유분방한 사고를 통해 아이디어를 만들면 이를 지속적으로 수정

85) 김영채 (1999). 《창의적 문제 해결: 창의력의 이론, 개발과 수업》. 서울: 교육과학사
86) Mumford, M. D. (2003). Where have we been, where are we going? Taking stock in creativity research. Creativity Research Journal, 15, 107-120.

보완하여 창의성의 정의에 걸맞은 결과물로 다듬어 가야 하는 것이다.

또한 다른 사람과 유별나게 하는 행동이 창의성 개발에 도움이 될 수는 있으나 창의적이 되기 위해서 반드시 유별나게 행동할 필요는 없다. 즉 유별난 행동을 통해 창의성이 발휘될 수는 있을지 모르나 반드시 유별난 행동을 해야 창의적이라고 할 수는 없는 것이다. 무에서 유를 창조하는 것 역시 창의성에 바탕을 두고 있으나 스티브 잡스의 말처럼 창의성이란 존재하는 것들을 융합하여 새롭거나 개선된 무엇인가를 만들어 낼 수도 있는 것이다. 따라서 창의적이라고 해서 무에서 유를 창조해 내야 한다는 강박 관념적 시간은 바람직하지 않다는 의미이다.

2 창의적 사고의 특성

창의적인 사람들의 사고적 특성으로는 유창성, 유연성, 독창성, 정교성 등이 있다. 창의적 사고를 하는 사람들의 성격적 특성에는 호기심, 자기 확신, 상상, 인내와 집착, 독립성, 모험심, 개방성, 유머성 등이 필요하다.

창의적 사고의 특성중 유창성이란 하나의 화두로부터 많은 것을 연상하는 특성을 말한다. 즉 가능한 한 많은 대안을 제시하고, 이들 대안들을 구체화 시켜나가는 과정을 거치게 된다. 팀별 아이디어를 도출하기 위한 방법으로 브레인스토밍이라는 방법이 사용되는데 팀원들이 자신들의 의견을 최대한 많이 도출하고, 이들 아이디어들을 재정리하여 구체화 해 나가는 방법을 사용한다. 유연성이란 융통성이라고 할 수도 있는데 서로 관계가 없는 듯한 사물이나 현상에 대해 관련성을 찾으려고 노력하는 것이다. 사물이나 현상들에 대한 속성을 도출하고, 이들 속성들에 대해 심사숙고하는 것이다. 예를 들면 장영실이 떨어지는 홍시를 관찰하면서 물시계의 원리를 창안한 것을 들 수 있다. 물이 낙하하는 순간에 발생하는 동력을 이용하여 물시계를 만들었다. 유연하고 융통성 있는 사고를 통해 발상 자체를 전환하거나 다양한 관점을 적용하는 특성이다.

장영실과 자격루

출처: 네이버블로그, 앰코인스토리

창의적 사고특성중 독창성은 기발하고, 새로운 생각을 하는 것이다. 기존의 사물이나 생각을 부정하고 다르게 생각하는 특성이다. 시장에는 나날이 신제품이 쏟아져 나온다. 그 이유는 기존의 제품들에 불편한 점이나 문제점이 있기 때문이다. 일상생활 속에서 제품이나 현상을 관찰하면 개선점이나 문제점이 무엇인지를 찾아낼 수 있고, 이들 문제점이나 개선점을 적용하여 아이디어를 적용할 경우 새로운 제품이나 아이디어를 도출할 수 있다.

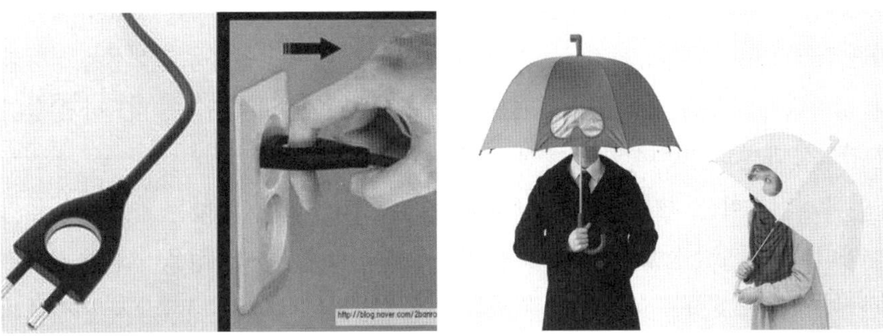

생활 속 불편함을 개선한 아이디어

출처: 패션비즈

정교성이란 주변의 사물이나 현상을 분류하고 세밀하게 만드는 특성을 말한다. 다시 말해 아이디어를 보다 구체적이고 세밀하게 만드는 것을 말한다. 초기의 아이디어는 세련되지 않고, 구체화 되지 않은 상태이므로 이들 아이디어가 가치를 발휘하기 위해서는 객관적인 시각으로 평가하고, 이를 바탕으로 구체화 시켜나가야 한다. 마치 석공이 아름다운 조각물을 탄생시키기 위해서 암석의 불필요한 부분을 잘라내고, 조각품의 모습을 구체화 시켜나가는 과정이라고 생각할 수 있다.

충북 음성군 돌조각공원 조각 작품

출처: 두산백과

3 창의성의 성격적 특성

창의적인 사람들의 성격적 특성중 호기심이란 처음 보는 사물이나 현상을 그냥 지나치지 않는 자세를 말한다. 어떤 사물이나 현상에 대하여 왜? 라는 질문을 하는 것이다(Toyota의 5 Why?s). 남들이 당연하게 여기는 것도 궁금해 하는 자세를 취하다 보면 새로운 아이디어를 도출할 수 있다. 자기 확신이란 자신이 하는 일에 대해 자부심을 갖는 태도이다. 즉 자신을 창의적이라고 생각한다. 자기암시 혹은 자기신뢰 등의 마인드를 가지고 자신이 창의적인 사고를 하기 위한 노력을 기울이는 것이다. 상상력이란 과거나 미래를 상상하기를 좋아한다. 불가능한 일이나 불가능한 현실을 상상한다. 상상력이 풍부한 사람들이라 해서 반드시 창의적이라고 할 수는 없으나 상상력은 창의성 개발의 기반이 되며, 좋은 동기부여 태도라 할 수 있다.

인내와 집착이란 자신이 성취하고자 하는 일에 전념하고 몰두하는 자세이다. 초기의 아디이어는 모호성을 가질 수밖에 없다, 그러나 그 같은 모호성을 당연한 것으로 받아들이고, 모호함을 구체화 하는 과정을 거쳐야 한다. 즉 아이디어의 사활에 대해서는 성급하게 생각할 것이 아니고 깊이 생각하는 과정을 거쳐 결정을 내릴 때까지 결정을 유보하는 자세가 필요하다. 또한 어려운 과제라 할지라도 끝까지 포기하지 않는 태도를 가져야 한다.

독립성이란 주위의 평가나 인정에 얽매이지 않는 특성을 말한다. 즉 자신의 아이디어에 대해 주도저으로 생각하고 행동하며, 스스로 문제를 해결하려는 노력이 필요한 것이다. 모험심은 두려움을 회피하거나 무시하는 것이 아니라 직면하는 것이다. 새롭거나 낯선 상황을 두려워하지 않고, 과감하게 파고 들고자 하는 의식이 필요하다. 창의적 성격이 되기 위해서는 안전하고 익숙한 상황보다는 위험스러운 일을 스스로 시도하려고 하는 자세이다. 개방성이란 다양한 입장과 경험을 받아들인다. 비록 자신이 경험해 보지 못했던 분야라 하더라도 타인의 경험이나 기술들을 받아들이려는 개방된 마음을 가져야 한다는 것이다. 환경적 혹은 기술적 한계나 제한으로부터 벗어나 생각하거나 행동하는 것이다. 즉 자신과 다른 생각이나 태도를 가진 사람과도 잘 어울릴 수 있도록 노력한다. 유머감각이란 장난치기를 좋아하는 태도이다. 유머감각이 많은 사람들과의 대화는 분위기를 유쾌하게 만들고, 해결이 어렵거나 경직된 상황에서도 재미있는 생각이 잘 떠오르는 것을 자주 경험하곤 한다. 유머감각은 개방된 마음으로 긍정적 사고를 하면서 끊임없는 노력이 필요하다. 저자의 경우는 TV의 개그 프로그램을 자주 보면서 유머감각을 많이 배우고 있는 편이다. 개그 프로그램을 보면서 웃을 수 있는 수준까지 간다면 유머감각은 많이 개발될 것이다. 최근 아재개그가 많이 유행하고 있는데 이는 창의적 사고의 결과물이라고 생각한다.

10.2 창의적 사고 기법

1 브레인스토밍기법

1) 브레인스토밍(brainstorming)의 기원[87)]

브레인스토밍이란 창의적인 아이디어를 생산하기 위한 학습 도구이자 회의 기법이다. 브레인스토밍은 집단적 창의적 발상 기법으로 집단에 소속된 인원들이 자발적으로 자연스럽게 제시된 아이디어 목록을 통해서 특정한 문제에 대한 해답을 찾고자 노력하는 것을 말한다. 브레인스토밍이라는 용어는 1930년에 알렉스 오스본(Alex Faickney Osborn)의 저서 『Applied Imagination』이라는 책을 통해 소개되었다.

광고 책임자였던 알렉스 오스본은 1939년에 창의적으로 문제를 해결하는 방법을 개발하기 시작했다. 그는 직원들이 광고 캠페인에 대한 창의적인 생각을 혼자 고안하지 못하는 것에 대해 실망하고, 이에 대처하기 위해 협동 아이디어 회의를 주최하고 직원들로부터 질적이고 풍부한 아이디어를 끌어낼 커다란 개선 방안을 찾아냈다. 오스본은 그렇게 찾아낸 방안을 1948년에 발간한 그의 저서 『Your Creative Power』에서 창조적 생각을 위한 모임을 조직하는 법에 대한 개요를 소개했다.

2) 브레인스토밍의 4가지 규칙

브레인스토밍에 관한 오스본의 방법론에서는 효과적인 발상을 위한 두 가지의 원리를 제안한다. 첫 번째는 판단 보류, 두 번째는 가능한 많은 숫자의 발상을 이끌어낼 것이라는 것이다. 이 두 가지 원리에 따라 그는 브레인스토밍에 대한 4가지 기본 규칙을 언급했고, 브레인스토밍의 4가지 기본 규칙 아래와 같다.

87) https://ko.wikipedia.org/wiki/브레인스토밍

첫째, 질(質)보다는 양(量)에 초점을 맞춘다.

'양이 질을 낳는다.'는 격언을 따라 문제 해결을 꾀하는 것으로 발상의 다양성을 끌어올리는 규칙이다. 많은 숫자의 아이디어가 제시될수록 효과적인 아이디어가 나올 확률이 올라간다는 것을 전제로 두고 있다.

둘째, 다른 사람의 의견에 대해 비판이나 비난을 하지 않는다.

브레인스토밍 중에는 제시된 아이디어에 대한 비판은 추후의 비판적 단계까지 보류하고 계속해서 아이디어를 확장하고 더하는 데에 초점을 둬야 한다. 비판을 유예하는 것으로 참여자들은 자유로운 분위기 속에서 독특한 생각들을 꺼낼 수 있게 된다.

셋째, 특이한 아이디어에 대해 비웃거나 무시하지 않고 적극 환영한다.

많고 좋은 아이디어 목록을 얻기 위해서 엉뚱한 의견을 가지는 것도 장려 된다. 새로운 지각을 통해서 혹은 당연하다고 생각해오던 가정을 의심하는 것으로부터 더 나은 답을 줄 수 있는 새로운 방법이 떠오를 수 있다.

넷째, 아이디어 조합 및 개선

1+1이 시너지를 이루어서 3이 될 수도 있다는 상승효과를 기대하면서 아이디어들을 연계시키는 것으로써 더 뛰어난 성과를 얻을 수 있다고 여긴다.

브레인스토밍 4가지 규칙들은 그룹 멤버들 사이의 사교적 어색함, 거리낌 줄이기, 아이디어 주장에 대한 격려 및 자극, 그룹의 전체적인 창의성 증대 등의 의도를 가지고 제시되었다.

오스본은 브레인스토밍은 하나의 특정한 문제만을 다뤄야 하며, 여러 주제를 다루는 것에는 비효율적이라고 생각했다. 또한, 다루는 문제가 판단을 필요로 하기보다는 다양한 아이디어를 내야 한다. 예를 들면, 세품의 이름을 정하는 데에는 브레인스토밍이 효과적이나, 결혼을 할 지 말지와 같이 분석적인 판단을 필요로 하는 문제에는 브레인스토밍 기법은 효율적이지 않다.

오스본은 브레인스토밍에 참여하는 인원으로 전문가와 초보자를 포함해서 12명 정도를 구성했다. 회의 주최자는 참여자들에게 참신하고 독특한 해답을 내놓도록 독려한다. 제시된 아이디어는 어떠한 비판이나 비난을 받지 않는다. 참여자들은 그저 해결책이 될 수 있는 수단들을 제시할 뿐 실현 가능성이 있는 지의 분석적인 판단은 내리지 않는다. 그에 대한 판단은 브레인스토밍 이후의 회의에서 실시한다.

3) 브레인스토밍(brainstorming)과 브레인라이팅(brainwriting) 기법

가. 브레인스토밍기법

① Gorden법

이 기법은 Arthur D. Little 컨설팅사의 William Gordon이 제시한 기법이다. 문제 해결 자가 문제에 너무 가깝게 근접해 있어서 그 나무로 이루어진 숲을 보지 못하면, 이들은 오직 사소하고 자명한 해결책만을 생각해서 창조적인 아이디어를 제안하지 못할 수 있다. 이 기법은 문제 해결자들을 "숲 밖으로" 끌어내는데 특히 효과적이다(Higgins, 1994).

Gordon법은 처음에는 리더가 원래 문제를 참가자들에게 알려주지 않고 문제를 추상적으로 정의하여 알려주고 아이디어를 요청한다. 시간이 지나면서 점점 구체적으로 문제를 정의하여 알려주고, 그때마다 참가자들에게 아이디어를 요청한다. 맨 마지막에는 원래 문제를 알려주고 그때까지 나왔던 아이디어들을 참조하여 문제해결을 위한 아이디어를 제시해 줄 것을 요청한다. 이 기법은 문제 해결자가 시야를 넓게 가져야 할 필요가 있을 때 사용하는 것이 좋다.

② 역브레인스토밍

리더가 참가자들에게 주어진 문제에 대하여 잘못될 수 있는 것, 해서는 안될일, 일어나서는 안될일, 또는 다른 더 부정적인 접근방식에 대한 아이디어를 내보라고 요청한다. 이런 시간을 짧게 가진 다음에 긍정적인 아이디어를 찾는 원래의 브레인스토밍을 수행한다. 이 기법은 발상의 전환을 통하여 반대의 관점으로 문제를 바라보게 함으로써 새로운 아이디어를 얻고자 할 때 사용하는 것이 좋다.

나. 브레인라이팅 기법

① 브레인라이팅 POOL

이 기법은 Battelle Institute에서 개발된 기법들 중의 하나이다. 6~8명의 사람들이 테이블 주위에 둘러앉아서 주어진 문제에 대한 자신의 아이디어를 종이에 적는다. 참가자가 자신의 아이디어를 네 개 적으면 바로 테이블의 가운데에 놓는다. 그러나 참가자들은 반드시 종이를 테이블 가운데에 놓아야 하는 것은 아니고 계속해서 자신의 아이디어를 적어도 된다. 참가자들이 아이디어가 고갈되었을 때는 자신이 갖고 있던 종이를 테이블 한 가운데에 놓여 있는 종이 중 하나와 바꾸고 그 종이에 적혀있는 아이디어에 편승해서 새로운 아이디어를 산출해낸다. 결국 모든 참가자들은 테이블 가운데에 쌓여있는 종이 중 하나를 자기 것과 바꾸어야 한다. 이 기법은 브레인라이팅에 참가하는 사람들이 적극적이어서 옆 사람이 종이를 건네줄 때까지 기다리지 않도록 해야 할 필요가 있다고 판단될 때 사용하는 것이 좋다.

② 브레인스토밍 게시판

사무실에서 창조적 아이디어를 브레인스토밍하기 위해 게시판을 이용한다. 게시판을 사무실 중앙이나 눈에 잘 띄는 곳에 설치하고, 색종이에 해결해야 할 과제를 적어 흥미를 느끼는 모든 사람들이 쉽게 볼 수 있도록 게시판의 중앙에 붙여 놓는다. 그 문제에 대한 아이디어나 제안을 가진 사람은 누구든지 하얀 종이에 자기생각을 써서 문제의 색종이 아래 부착하거나 쓴다. 누구라도 언제든지 새로운 아이디어를 추가할 수도 있고 기존의 아이디어에 편승할 수도 있다. 몇 주가 경과한 다음에 게시판의 아이디어를 수거한 후 팀이나 한 사람이 평가를 한다. 이 기법은 아이디어를 얻기 위해 참가자들을 별도로 모으기가 어려울 경우에 사용하는 것이 좋다.

4) 브레인스토밍 기법의 장단점

브레인스토밍기법의 주요 장점으로 첫째, 주제의 다양성(variety of subject)을 들 수 있다. 브레인스토밍은 쉽게 실시할 수 있고, 다양한 주제를 가지고 실행할 수 있다. '무엇이 옳은지, 어떠한 대안을 선택해야 하는 것이 좋을지'와 같은 판단을 필요로 하는 주제가 아니라면, 어떠한 주제를 가지고도 브레인스토밍을 할 수 있다. 집단의 작은 의사결정부터 큰 의사결정까지 복잡하지 않은 절차를 통해 팀의 구성원들과 아이디어를 공유할 수 있다.

둘째, 시너지 효과(synergy effect)이다. 브레인스토밍은 아이디어의 질보다 양에 초점을 맞춘 것으로 집단의 구성원들은 즉각적으로 생각나는 아이디어를 제시할 수 있다. 그렇기 때문에 브레인스토밍은 다량의 아이디어를 도출해낸다. 구성원들은 본래 자신이 가지고 있던 기존의 아이디어를 개선하여 더욱 발전된 아이디어를 창출할 수 있다. 다른 사람의 의견을 참고하여 창의적으로 조합할 수 있기 때문이다. 또한 여러 가지 발상들이 모여 수정되고 개선하는 방안을 거치면 대단한 아이디어가 도출될 수도 있다. 즉, 본인은 무심코 제시하였을지 모르는 의견도 다른 사람들에게는 우수한 아이디어를 도출해내는데 좋은 참고가 될 수 있고, 그러한 아이디어들이 모여 새롭고 유용한 아이디어가 창출될 수 있다.

셋째, 표현의 자유(freedom of speech)이다. 브레인스토밍은 비판과 비난을 자제

하는 것을 원칙으로 삼고 있기 때문에 집단의 구성원들이 비교적 부담 없이 의견을 표출할 수 있다. 브레인스토밍을 하면서 제시된 아이디어에 대한 비판은 추후의 비판적 단계까지 유예된다. 즉, 브레인스토밍은 아이디어를 표출하고 확장하는데 초점을 맞추는 것이기 때문에 참여자들은 비교적 자유롭게 자신의 의견을 제시할 수 있는 분위기와 환경 속에서 다양하고 독특한 아이디어들을 도출하고 표현할 수 있게 된다.

넷째, 효율적 시간관리(time management)가 가능하다. 브레인스토밍은 발상 시간의 조정이 가능하다. 회의 마다 임의로 발상 시간을 늘리거나 줄일 수 있기 때문이다. 즉, 브레인스토밍은 발상 시간이 정해져 있으므로, 아이디어 회의의 시간 관리가 효율적으로 이루어진다. 보통 회의에서는 어떤 사람은 적극적으로 의견을 표출하는 반면, 어떤 사람은 거의 말을 하지 않는다. 이런 경우 말이 많은 사람이 자신의 주장만을 이야기하여 예정 시간을 훌쩍 넘기는 일이 종종 발생하기도 한다. 하지만 브레인스토밍을 할 때에는 이러한 문제의 해결이 가능하다. 주어진 발상시간 내에 아이디어를 생각해보고, 모든 참여자들이 자유롭게 말할 수 있기 때문이다. 뿐만 아니라 브레인스토밍은 혼자서도 얼마든지 할 수 있다. 타이머 등을 준비하여 발상의 시간을 정하고, 생각나는 아이디어를 정리 할 수 있다. 이렇게 하면 혼자서 미리 생각해보는 것이기 때문에 업무시간을 효율적으로 관리할 수 있다. 하지만 브레인스토밍이 제대로 이루어지지 않으면 오히려 '시간낭비'를 야기할 수 있으므로, 체계적인 과정 속에서 이루어져야한다.

브레인스토밍의 단점으로 첫째, 아이디어 생성 방해(production blocking) 문제가 있을 수 있다. 즉 타인의 이야기를 경청하도록 되어 있기 때문에 타인의 이야기를 듣는 동안 자신의 사고가 방해 받을 수 있어 개인이 제대로 된 아이디어의 생성을 방해할 수 있다는 것이다. 브레인스토밍은 집단이 커질수록 자신의 아이디어를 표현하는데 방해 또는 지연될 가능성이 높으므로 개인의 역량을 온전히 발휘할 수 없게 된다. 또한 제한된 시간 내에서 아이디어를 산출해야 하기 때문에 창의적인 아이디어를 충분히 설명할 시간을 갖지 못해 좋은 아이디어가 사장될 가능성도 있다. 또한 그룹 내에 집단적 성향을 가진 사람이 많은 경우에, 일치를 강요하는 압력이 있을 경우 자신의 의견을 왜곡하여 발언하기도 한다. 즉 침묵의 나선이론[88]의 문제점을 낳을 수도

88) 각 개인들이 고립에 대한 공포가 있다고 규정한다. 공포는 하나의 사회적인 그룹 또는 사회에서 구성원들을 그들의 의견에 따라 고립, 무시 또는 배제시키는 것의 결과다. 고립에 대한 공포는 자신의 의견을 말하는 것보다 침묵을 유지하는 방향으로 이끈다. 특정한 의견이 다수의 사람들에게 지배적인 의견으로 인정되고 있다면, 반대되는 의견을 가지고 있는 소수의 사람들은 고립에 대한 공포로 인해 침묵하려고 하는 경향이 크다(출처: 위키백과).

있다.

둘째, 평가 불안(evaluation apprehension)의 문제점이 있다. 브레인스토밍을 진행하는 팀 내에 권위적 인물 즉 인사권을 가진 사람이 존재하거나 집단 구성원들의 상호작용에 대해 불안을 느낄 때 훨씬 적은 수의 아이디어가 생성된다. 이는 권위적 인물 또는 상급자가 자신의 아이디어에 대하여 부정적 평가를 내릴 것에 대한 두려움에서 파생된다. 어떠한 아이디어를 말할 때 상급자 혹은 동급자 내에서 자신의 역량에 대한 부정적 평가를 염려하기 때문에 아이디어를 낼 때 자기 검열을 하는 사람이 생기기도 한다. 또한 대다수의 의견과 유사한 아이디어를 제안하는 '강화 현상'이 나타나기도 한다.

셋째, 무임승차/태만(free riding/social loafing)의 문제점이 있을 수 있다. 아이디어들이 집단수준에 합해지기 때문에 다른 구성원들의 노력에 단순히 무임승차하게 될 가능성이 존재한다. 링겔만 효과가 나타날 가능성이 크다. 자신이 낸 아이디어에 대한 보상이 제대로 이루어지지 않는다고 생각될 경우 링겔만 효과[89]가 나타날 가능성이 크며, 자신과 크게 관련이 없는 업무라고 생각될 시 일정 상황에 만족하려는 성향이 나타나기 때문에 덜 비판적인 태도를 취할 가능성도 크다. 또한 브레인스토밍으로 도출된 아이디어나 결론에 대하여 그룹 구성원 모두가 최선의 결과라고 여기게 되어 나온 결론에 대한 단점이나 비판할 점에 대하여 간과하는 현상이 나타나기도 한다.

넷째, 시간의 낭비(wasting time)에 대한 우려이다. 브레인스토밍은 보통 사람들이 빡빡한 마감시한이나 높은 중압감하에서는 제대로 일을 하지 못한다고 생각하기 때문에 넉넉한 시간을 보장해준다. 하지만 브레인스토밍 시 아이디어에 대한 기준이나 목적이 불확실하거나, 목표에 대한 성취동기가 없는 구성원들이 브레인스토밍을 할 경우 과도한 시간이 투자되어 오히려 작업효율성이 떨어질 수 있다. 또한 너무 많은 인원이 브레인스토밍에 참여할 경우 주제에서 벗어나거나 혼란스러워질 우려도 있으며, 그렇게 될 경우 오히려 시간의 낭비가 일어날 가능성이 있다.

89) 링겔만 효과 - 집단 속에 참여하는 개인의 수가 늘어갈수록 성과에 대한 1인당 공헌도가 오히려 떨어지는 현상 즉, 그룹 속에 참여하는 개인의 수가 늘어날수록 1인당 공헌도가 오히려 떨어지는 현상이 발생한 것이다. 이는 혼자서 일할 때보다 집단 속에서 함께 일할 때 노력을 덜 기울이기 때문에 나타나는 현상이다.

2 마인드맵

마인드맵 기법은 영국의 전직 언론인 토니 부잔이 주장하여 유럽에서 선풍을 일으킨 기법이다. 성공의 비결로 기록하는 습관을 가져야 한다는 이론이 유럽의 여러 기업에서 각광을 받았다. 기록하면 시야가 좁아진다는 것이고, 적는 습관은 인간 두뇌의 종합적 사고를 가로막는다는 것이다. 읽고 생각하고 분석하고 기억하는 그 모든 것들을 마음속에 지도를 그리듯해야 한다는 독특한 방법이다.[90)]

마인드 맵 작성의 7가지 원칙은 다음과 같다.

- 종이의 중심에서 시작한다.
- 중심 생각을 나타내기 위해 이미지나 사진을 이용한다. (3가지 이상의 색깔)
- 전체적으로 색깔을 사용한다.
- 중심이미지에서 주가지로 연결한다. 주가지의 끝에서 부터 부가지로 연결한다. 그리고 부가지의 끝에서 세부가지를 연결한다.
- 구부리고 흐름 있게 가지를 만들어라.
- 각 가지마다 하나의 키워드만을 사용하라.
- 전체적으로 이미지를 사용하라.

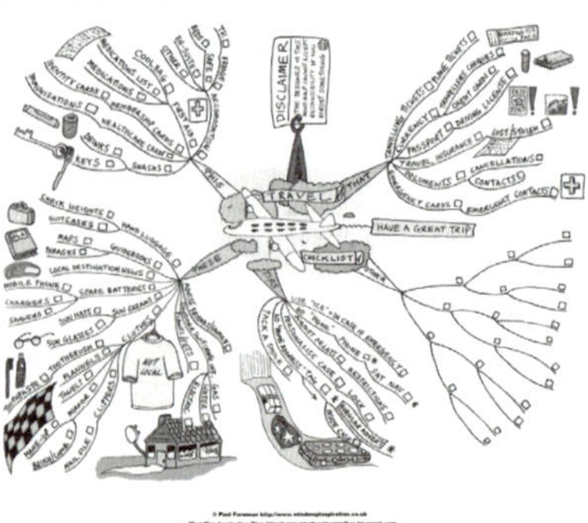

여행준비를 위한 마인드 맵
출처: http://www.mindmapinspiration.co.uk

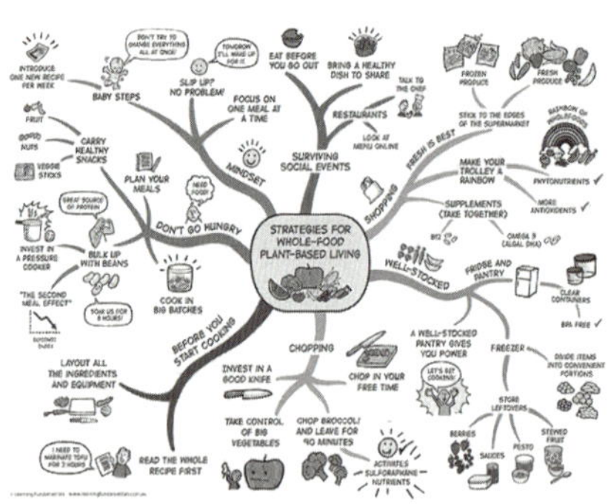

Strategies for Whole-Food Plant-Based Living
출처: https://learningfundamentals.com.au/resources/

90) 위키백과

3 다른 용도로 사용하기

사물이 가진 고유한 기능을 벗어나서 다른 시각으로 바라보면서 다른 용도로 사용할 수 있는 방법을 찾아보는 것이다. 예를 들어 못쓰게 된 CD로 모빌을 만든 다든지, 그림을 그려서 장식용으로 쓰거나, 거울로 사용하거나, 시계로 만들어 사용할 수 있다. 구성원들이 자신의 생각을 자유롭게 이야기할 수 있는 분위기를 조성해준다.

팀의 구성원들의 아이디어가 괴상하고 이상할수록 더욱 더 격려한다. 다른 용도로 사용하기의 예로는 프린트하고 남은 종이를 어떻게 사용할 수 있을까?이용가치가 없는 컴퓨터 디스켓을 어디에 이용할까? 두루마리 휴지를 사용하고 남은 동근 종이 기둥은 어디에 이용할 수 있을까? 등의 예가 있다.

맥주 캔과 전구를 다른 용도로 사용한 사례

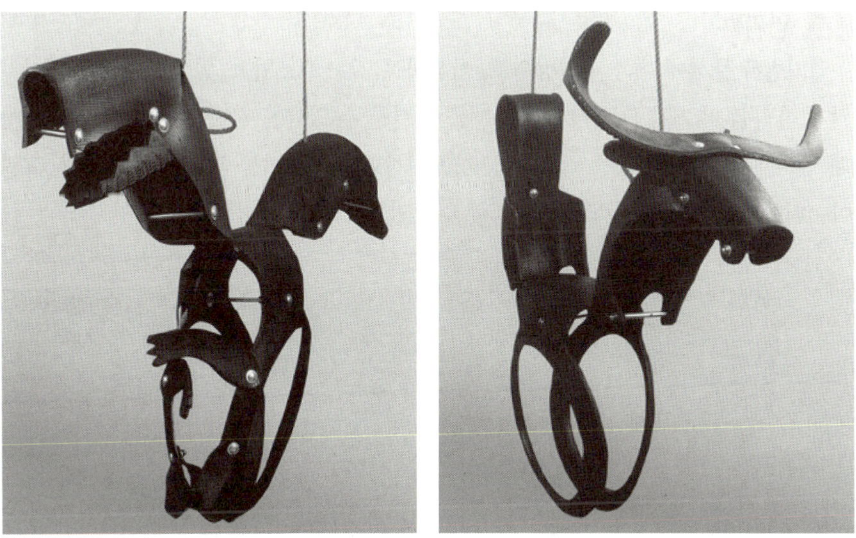

폐타이어를 활용한 사례(개당 130달러)

4 강제 결합법

강제결합법이란 어떤 사물이나 아이디어를 색다르게 생각해 보는 능력을 개발하도록 돕는 연합사고 활동이다. 즉 문제를 창의적으로 해결하기 위해 전혀 관계가 없어 보이는 아이디어나 물건을 강제로 연관시키는 훈련방법을 강제 결합법이라고 한다. 수많은 창의적 아이디어가 남들은 생각하지 못한 사물들 간의 독특한 관계를 발견하는 데서 나올 수가 있다. 예를 들어 연필과 지우개의 만남으로 컴퓨터용 마우스를 개발하였고, 곡식 수확기 즉 탈곡기의 발명 등이 있다. 또 다른 예를 들면 개와 쥐를 섞을 수는 없나요? 시계와 헬리콥터를 섞을 수는 없나요? 전화기와 컴퓨터를 결합할 수는 없을까? 등의 아이디어를 생각해 보자.

개와 쥐를 결합한 아이디어

헬리콥터 원리를 이용한 알람시계

5 엽기법

엽기법은 문제에 대하여 괴상하고, 이상하고, 우스꽝스럽고, 익살맞고, 정상적이지 않게 바라볼 때 새로운 시각으로 문제를 해결할 수 있다는 점에 착안한 기법이다. 첫째, 문제에 대한 해결책 중 가장 괴상하고 이상한 아이디어를 떠올린다. 둘째, 산출된 아이디어를 어떻게 현실적으로 반영할 수 있을 지 살펴본다.

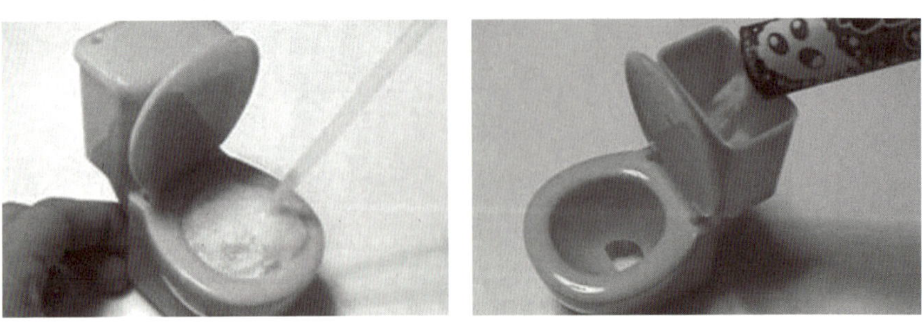

변기모양의 거품 과자의 사례

괴상하고 우스운 아이디어	현실적인 아이디어
▪ 제품을 사지 않으면 벌을 준다. ▪ 센서스를 이용해 모든 사람에게 판다 ▪ 이 제품을 사면 결혼을 시켜준다.	▪ 구매자에게 경품권을 준다. ▪ 센서스를 이용해 구매전략을 파악한다. ▪ 결혼적령기 구매자에게 결혼정보업체에 무료로 등록시켜준다.

6 결점열거법

대상을 제시하거나 주제를 선택한다., 선택된 대상에 대한 결점을 열거한다., 더 나아가서는 결점을 찾는 데서 그치지 않고 결점을 보완하기 위해 어떻게 바꾸면 좋을 것인가에 관련된 아이디어를 찾는다. 예를 들면 오토바이를 운전할 때 뒤가 잘 안보여요? 사진이 항상 뚱뚱하게 나와요., 일회용 생수는 둘이 먹기에는 찝찝하네요. 책상 뒤가 여러 가지 선으로 난리네요 등의 결점을 열거하고 이들 결점을 개선할 수 있는 아이디어를 도출할 수 있다.

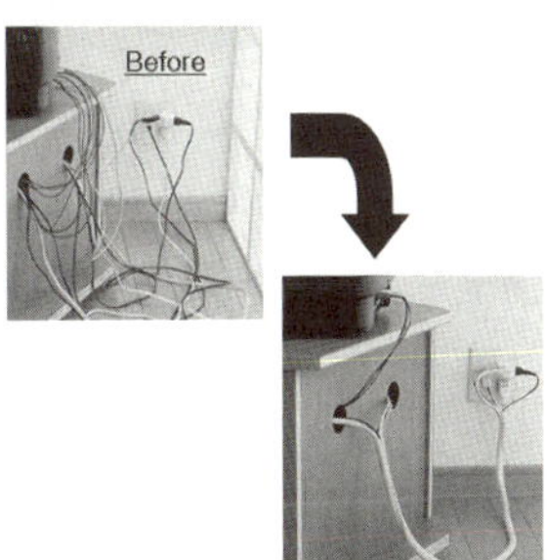

결점 열거법에 의한 아이디어 사례

10.3 S.C.A.M.P.E.R.기법이란?

창의적 사고 방법은 여러 가지가 있다. 그 중 스캠퍼(SCAMPER)란 자유 연상에 의한 문제 도출인 브레인스토밍 기법을 창안한 오스본(Alex Osborn)의 체크리스트를 밥 에벌(Bob Eberle)이란 사람이 약자로 재구성하고 발전시킨 것이다. 이 스캠퍼 기법은 아이디어와 상상력을 자극하는 대표적인 체크리스트 중의 하나로 그 내용이 외우기 쉽고 아이디어 창출에 많은 도움을 주기 때문에 아이디어 발상 관련 교육에 널리 사용되고 있다.

스캠퍼기법의 창의적 사고 활동은 7가지의 사고활동을 통해 아이디어를 발굴하는 기법이다.

- **S : 대체하기(Substitute)**는 기존 시각과는 다른 시각으로 생각을 유발하기 위해 기존의 것을 다른 것으로 대체하면 어떻게 될지에 대한 질문으로 '다른 무엇으로', '다른 누가', '다른 성분이라면' 등과 같은 것으로 해석할 수 있다. 예전에는 장보기를 할 경우 장바구니를 사용하였으나 최근에는 카트를 이용하여 많은 양의 물건을 구매할 수 있도록 유도하고 있다.
- **C : 결합(Combine)**은 두 가지 이상의 것을 결합해 새로운 것을 유발하기 위한 질문으로 '새로운 무엇과 결합시키면' 등과 같은 것이다. 빵과 야채, 소시지를 결합하면 샌드위치나 햄버거가 되는 것이다. 어느 때부터인가 누구나 손안에 스마트폰이 들려져 있는 시대가 되었다. 스마트폰이 어떤 사람보다 어떤 물건보다 떼려야 뗄 수 없는 물건이 된 것이다. 스마트폰은 기존의 이동전화에 컴퓨터 기능을 결합한 제품이라고 할 수 있다.
- **A : 응용(Adapt)**은 어떤 것을 다른 분야의 조건이나 목적에 맞게 응용해 볼 수 있도록 생각을 유발하는 질문으로 '이것과 비슷한 것은', '이것과 다른 것이 어떻게

적용될 수 있나', '과거의 것과 비슷한 것은' 등과 같은 것이다. 하수구가 막히거나 변기가 막힐 경우 사용하는 뚫어 뻥의 경우는 문어다리의 빨판의 원리를 응용한 사례라 할 수 있다. 또한 낙하산의 경우는 민들레 홀씨가 바람에 날리는 모습을 응용하였다고 볼 수 있다.

- **M : 변형(Modify), 확대(Magnify), 축소(Minify)**는 어떤 것의 특성이나 모양 등을 변형하거나 확대 또는 축소하여 새로운 것을 생성할 수 있도록 하는 질문이다. 기존의 개인용 컴퓨터(PC)는 사무실이나 가정에서 사용하는 기기였다. 그러나 그 크기를 줄여서 노트북이나 태블릿PC 형태로 크기를 줄인 경우를 들 수 있다.
- **P : 다르게 활용하기(Put to other uses)**는 다른 용도로 사용될 가능성을 생각하도록 하는 질문이다. 즉 기존의 고유한 용도와는 다른 용도로 사용할 수 없을까? 라는 질문에 기초한다. 예컨대 빈 캔을 이용하여 양초를 만들거나, 컴퓨터 디스켓을 이용하여 각종 장식품을 만들 수도 있을 것이다. 또한 종이재질의 계란 판을 벽면 혹은 천정에 부착하여 방음효과를 내는 등의 아이디어가 이에 해당한다.
- **E : 제거(Eliminate)**는 어떤 것의 일부분을 제거해 봄으로써 새로운 것을 생성해낼 수 있도록 하는 질문으로 '이것을 제거해 버리면', '없어도 할 수 있는 것은', '수를 줄이면' 등과 같은 것이다. 선풍기는 여름철에 에어컨과 함께 사용할 경우 냉방효과를 높일 수 있다. 전형적인 선풍기의 경우 날개가 돌면서 바람을 일으키는 원리였으나 날개 없는 선풍기가 개발되어 인기를 끌고 있다. 즉 기존의 선풍기에서 날개를 제거하여 날개 없는 선풍기를 개발한 경우를 들 수 있다.
- **R : 뒤집기(Reverse) 또는 재배열(Rearrange)**은 주어진 것의 순서나 모양 등을 거꾸로 해 보거나 다시 배열해 보도록 하여 새로운 것을 생성해내도록 하는 질문으로 '거꾸로 하면', '역할을 바꾸면', '순서를 바꾸면', '원인과 결과를 바꾸면' 등이 있다. 일반적으로 액체 제품의 경우 기존에는 뚜껑이 상단에 있고 용기 바닥이 평평하게 만들어서 세워놓은 형태이나 마지막 남아 있는 액체를 치대한 활용하기 위해 뚜껑을 아래로, 바닥을 위로 향하도록 디자인 하는 경우를 들 수 있다.

창의성 교육을 통해 창의적 사고 능력과 기술을 향상시킬 수 있는 창의적 사고 기법은 많은 문제에 대한 유형과 사례를 경험하고 접목해볼수록 많은 발전을 하게 될 것으로 기대한다.[91]

---

91) 경산신문, 2015. 1. 15

10.4 개인과 조직의 SWOT분석을 배운다

1 SWOT분석이란?

SWOT는 개인 혹은 조직이 경쟁사 대비 강점(Strength), 약점(Weakness)을 분석하고, 기업을 둘러싸고 있는 사업적 환경에서 기회(Opportunity), 위협(Threat) 요인을 분석하는 기법이다. SWOT는 기업의 경영 전략을 수립하기 위한 분석 도구이다. 기업 혹은 조직의 내부역량을 분석하는 강점/약점요인의 분석과 기업의 외적 환경을 분석하는 기회/위협요인의 분석으로 나누기도 하며 긍정적인 면을 보는 강점과 기회 그리고 그 반대로 위험을 불러오는 약점, 위협을 저울질하는 도구이다. 보통 X, Y축으로 2차원의 사분면을 그리고 각각 하나의 사분면에 하나씩 배치하여 연관된 사항들을 분석해 나가는 기법이다.

SWOT분석을 통해 경영자는 회사가 처한 시장 상황에 대한 인식을 할 수 있으며, 앞으로의 전략을 수립하기 위한 중요한 자료로 삼을 수 있다.

2 개인의 SWOT분석

21세기 4차산업혁명시대에 진입하면서 개인의 생활뿐만아니라 국가적, 사회적, 경제적 변화가 극심한 시대가 되었다. 급속한 변화의 소용돌이 속에서 개인 개인의 발전적 경쟁 상황도 점점 격화되고 있는 것이 현실이다. 대학을 졸업하는 많은 젊은 인재들이 취업난에 허덕이며, 나를 대로의 돌파구를 찾으려 노력하고는 있지만 길을 찾는 데 많은 어려움이 있음도 현실이다. 중소기업은 해외로부터 유입되는 값싼 노동력을 선호하고, 대기업의 경우는 선택과 집중을 통하여 인력규모를 감축하는 상황이 발생하고 있다. 제조업 현장에서는 자동화와 인공지능 기술도입을 통해 인력을 감축하는 상황이다. 이 같은 무한 경쟁상항에서 자신의 경쟁력에 대한 현주소를 스스로 분석해 보는 것은 의미 있는 일이라고 판단된다. 아래의 기준으로 자신에 대한

SWOT분석을 해보자.

1) 나의 강점(strength)

- 내가 다른 사람보다 잘할 수 있는 일은 무엇인가?
- 내가 경험을 통해서 얻은 노하우는 어떤 것이 있는가?
- 경쟁자에 비해 내가 우월한 능력은 무엇이 있는가?

2) 나의 약점(weakness)

- 경쟁상대보다 내가 약한 부분은 무엇인가?
- 나에게 개선이 필요한 점은 어떤 것인가?
- 경쟁자보다 내가 취약한 부분은 무엇인가?

3) 기회요인(opportunity)

- 앞으로 나에게 기회가 될 만한 외부환경은 어떤 것이 있을까?
- 미래 나의 장래상(비전)을 달성하기 위해 기회가 될 만한 일은 무엇이 있나?
- 내가 기회로 삼을 만한 요인에는 어떤 것들이 있을까?

4) 위협요인(threat)

- 나의 미래 발전을 위해 위협이 될 요인에는 어떤 것들이 있을까?
- 나의 비전을 달성하는 과정에서 위협이 되거나 걸림돌이 될 것으로 예상되는 점은 무엇인가?

[취업을 위한 개인 SWOT분석 사례]

나의 강전요인	나의 약점요인
· 사회봉사 동아리 활동경험 · 학생회 간부로서 리더십 경험 · 어학연수를 통한 외국어실력(상) · 원만한 대인관계	· 전공과목 성적부진 · 집중력이 약함 · 창의성 부족
나를 위한 기회요인	**나에 대한 위협요인**
· 4차산업혁명시대에 새로운 인재상 등장 · 글로벌 비즈니스 환경 확산으로 취업의 문 확대 · 외국기업의 국내 진출 활발	· 경제성장률 하락 · 기업의 신규 투자부진 · 해외 투자자 철수 가속화

1 조직의 SWOT분석

A SWOT analysis is a tool that helps you evaluate the Strengths, Weaknesses, Opportunities, and Threats (SWOT) involved in any business enterprise — including farms and ranches. A SWOT analysis can help you gain insights into the past and think of possible solutions to existing or potential problems — either for an existing business or new venture. For a SWOT analysis to work well, every member of your team (your family and/or employees, lawyer, accountant, and insurance agent) should be involved in the process.

After you read this overview, you will find a description of a sample farm and have a chance to go through a SWOT analysis for it. This exercise should help prepare you for doing your own SWOT analysis.

Strengths

Strengths are considered mostly internal. For example, what do you and your family, employees, and management team bring to the business? If you are planning to start a business, you or an employee or family member may have previous experience in that industry. If not, this may be viewed as a weakness. If you already know where to go to find the help you need, this would be considered a strength for this analysis.

Weaknesses

Weaknesses are also generally considered internal and are the factors you will need to address to run a successful business. For a start-up business, an example might be a lack of experience in the selected industry. Another example may be that your family members do not completely support you in this venture. You may lack qualified employees, or perhaps your business will not support full-time employees. If you identify these as weaknesses, don't worry because existing businesses may have similar weaknesses.

Opportunities

Opportunities are considered mostly external. What opportunities are available for your business? You may be able to take advantage of low interest loan packages for start-ups or grants for feasibility studies. You may have an idea that has not been tried in your area and know there is a demand for the product you plan to produce. Be aware that people with potential businesses tend to be much more optimistic than those with existing operations.

Threats

Threats are also considered mostly external. Threats from outside of your business will directly affect you, but you may have very little control over them. If you are starting a new business, there may be local regulations that negatively impact your business. Unforeseen competition (local or foreign), dissolution of markets, and adverse weather may also have a negative effect on your new business. Many of these threats will also negatively affect an existing business. Rising interest rates may have a greater impact on existing businesses than on start-ups.[92)]

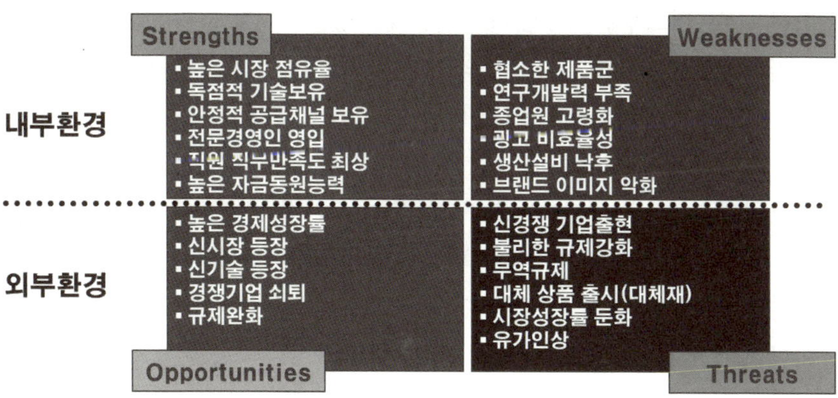

기업의 SWOT분석 사례

---

92) https://www.rma.usda.gov/pubs/2011/swot_brochure.pdf

10.5 마케팅을 아는 리더

조직의 리더가 성공적인 리더십을 발휘하기 위해서는 마케팅 개념을 이해해야 하며, 마케팅 전략을 수립하고 이에 대한 의견 수렴과정에서 리더십을 발휘해야 한다. 마케팅 전략은 조직의 모든 구성원이 그 방향성을 공감해야 하며, 방향성에 대한 공감대 형성에는 리더의 역할이 매우 중요하다. 따라서 훌륭한 리더십을 발휘하고자 하는 리더는 마케팅을 알고 이해해야 한다.

1 마케팅의 정의

1936년 AMT(National Association of Marketing Teachers)가 정의한 마케팅이란 "생산으로부터 소비에 이르는 재화와 서비스의 흐름과 관련되는 여러 가지 기업 활동을 포함 하는 것"이라고 하였다. 1960년 AMA(American Marketing Association)은 "생산자로부터 소비자 또는 사용자에게로 재화나 서비스의 흐름이 원활히 이루어지도록 관리하는 기업 활동의 수행활동"이라고 정의 하였다. 이를 종합하면 "마케팅이란 재화나 서비스의 흐름을 생산자에게서 소비자에게로 흘러가게 하는 전체적인 비즈니스 활동"이라고 할 수 있다. 경영학 분야 특히 마케팅 분야의 석학인 필립 코틀러(Philip Kotler)는 "마케팅이란 개인과 집단이 제품의 가치를 타인들과 함께 창조하고, 교환함으로써 그들의 1차적인 욕구와 2차적인 욕구를 획득하도록 하는 사회적 및 관리적 과정이다."라고 광의적 정의를 내린 바 있다.

마케팅(marketing)이란 시장 경제 또는 수요(demand)를 관리하는 경영학의 한 분야이다. 마케팅은 광고, 영업 등을 포함하여 창의성을 갖는 산업으로 비쳐왔으며 또한 소비자가 가질 만한 미래의 요구와 욕구를 예측하는 일로 한정되었으나 21세기 이후의 마케팅은 어떤 잠재적인 욕구를 자극하여 표면상으로 이끌어 내는 행위나 동기로서 용어의 범위가 시장에서 벗어나 일상의 행위에서도 마케팅이라는 용어가 등장하였다.

마케팅은 판매행위를 어떻게 구성하고 전달할 것인지에 대한 일련의 행위를 포함하며, 또한 상대방의 잠재욕구를 자극하여 필요를 만드는 행위와, 상품과 용역을 생산자로부터 소비자에게 원활히 이전하기 위한 비즈니스 활동을 포함한다. 즉, 생산자와 소비자의 희망을 결합해서 능률적인 공급을 하는 것이 마케팅이다. 그것을 위한 활동으로 시장조사, 상품화 계획, 판매촉진, 선전광고, 디지털 마케팅(digital marketing) 등이 있다.[93]

2 마케팅 전략수립 프로세스

조직이 마케팅 활동을 하기 위해서는 마케팅 전략을 체계적으로 수립하는 절차가 매우 중요하다. 빅데이터 시대로 접어들면서 많은 기업들은 데이터기반의 의사결정 시스템을 도입하거나 컨설팅을 통해 조직의 마케팅 전략을 수립하고 있다. 마케팅 전략수립의 프로세스는 첫 번째 단계로 기업을 둘러싸고 있는 환경 분석이 중요하다. 환경 분석의 요소로는 3C라고도 하는데 고객(customer), 자사분석(company), 경쟁사 분석(competitor) 등을 실시한다. 최근에는 네 번째 C로 채널(channel) 즉 판매경로 분석을 추가하여 분석한다. 자사분석과정에서 SWOT분석을 실시하여 자사의 강약점, 기회와 위협요인을 분석한다.

두 번째 단계로는 STP전략을 수립한다. 자사 제품 혹은 서비스를 공급하고자 하는 잠재적 시장을 세분화(market segmentation)하는 과정을 거치게 된다. 시장 세분화의 기준은 여러 가지 기준을 들 수 있다. 즉 인구통계학적 기준(연령, 성별, 가족 규모 등), 지리적 기준(거주 지역, 도시규모 등), 심리적 기준(사회계층, 개성, 라이프 사이클 등), 행동 분석적 기준(구매계기, 사용경험 여부 등) 등이 있다.

STP전략

93) 위키백과, https://ko.wikipedia.org/wiki/마케팅

세 번째는 4P(product, price, place, promotion)전략을 수립한다. 4P는 마케팅 믹스(marketing mix)라고도 하며, 제품전략, 가격전략, 유통전략, 홍보전략 등을 수립하는 것이다.

1) 제품과 서비스 전략(상품/제품, Product)

제품과 서비스 전략은 해운대 해수욕장에서 팔고 싶은 물건이 아이스크림이라 가정하자. 여러분의 제품이나 서비스는 어떻게 정의할 수 있는가? 여러분이 시장에 출시할 제품이나 서비스에 대해 다음의 3가지 질문에 대답할 수 있어야 한다.[94] 제품전략의 제1원칙은 시장에 출시할 제품이 고객의 니즈를 충족할 수 있는 자신감이 있는가? 제2원칙: 기존의 제품에 비해 가격 수준은 적절하다고 생각하는가? 그 이유는 무엇인가? 기존의 제품보다 저렴한 가격대인가? 기존 제품보다 더 나은 기능과 특징을 가지고 있는가? 만약 더 나은 제품이나 서비스를 제공한다면 어떠한 면들이 차별화 포인트인가? 등에 대해 명확한 답을 가지고 있어야 한다. 제3원칙은 잠재적 경쟁자가 유사한 제품이나 서비스를 보고 시장에 등장할 경우 그들과의 경쟁에서 우위를 가져갈 수 있는가? 그 이유는 무엇인가? 잠재적 경쟁자의 등장시 경쟁에 이길 방안은 무엇인가? First Mover Advantage를 누리기 위해서는 어떤 방법이 있을까? 실용신안 혹은 특허 등의 지적재산권을 이용하여 여러분의 제품이나 서비스를 보호할 수 있는지 생각해 보자.

2) 가격전략(Pricing)

해운대 해수욕장에서 팔려는 아이스크림의 가격은 얼마를 받는 게 적절할까? 제품이나 서비스의 가격은 어느 선이 적당할 것인가? 기업가들이 가장 어려워하는 전략중 하나가 가격전략이다. 가격을 결정할 때 명심해야 하는 사실은 제품의 생산원가를 기반으로 가격을 결정하는 것은 지양해야 한다. 그렇다면 무엇을 기반으로 가격을 책정하는 것이 바람직할까? 가격결정의 기본은 고객에게 전달하는 가치를 기준으로 해야 한다. 여러분의 아이디어를 사용하는 고객에게 주는 가치를 어느 정도로 평가할 수 있을까? 얼마의 가격으로 표현될 수 있을까? 제품에 대한 최적의 가격은 어느 정도일까? 원가 등을 고려한 적절한 선의 제품 가격 선택은 단순한 문제가 아닙

94) 새로운 모색과 창조, 한국청년기업가정신재단

니다. 낮은 가격은 제품 수익에 영향을, 높은 가격은 제품 판매량에 영향을 주기 때문이다. 따라서 가격 전략은 무척 복잡하며, 몇 가지 전략적인 가격 전략을 준비하는 것보다 단일 가격은 오히려 수익을 악화시킨 다는 사실을 명심해야 한다.

3) 유통전략(Place)

해운대 해수욕장에서 어디를 가면 아이스크림을 많이 팔 수 있을까? 여러분의 제품이나 서비스를 어디에서 판매할 것인가? 어떻게 전달할 것인가? 고객의 입장에서 제품이나 서비스를 어디서 구입할 수 있도록 할 것인가? 유통채널 즉 판매경로는 어떤 경로가 있을 것인가?(예: 대리점, 인터넷 쇼핑몰, 모바일SNS, 방문판매, TV홈쇼핑 등) 원하는 유통채널을 확보할 수 있는 방안은 무엇이라고 생각하는가? 등에 대해 답해야 한다.

4) 홍보전략(Promotion)

해운대 해수욕장에서 아이스크림을 팔고 있다는 사실을 어떻게 알릴 것인가? 여러분의 제품이나 서비스에 대해 고객과 어떻게 커뮤니케이션 할 것인가? 고객과의 커뮤니케이션 하는 방법은 여러 가지를 종합할 수 있다. 홍보 전략의 주요 실행 내용은 광고(advertising), 홍보(public relation), 개인판매(personal selling), 인쇄물 배포(printed materials), 이벤트(events), 로드쇼(road show), 전시회(exhibition), 평가판(evaluation version) 배포, 맛보기 제공 등의 활동이 있다.

단계	분석내용	비고
STEP 1	환경 분석(3C 분석)	• Customer, Company, Competitor • 때로는 4C 즉 3C + Channel 분석 • 자사 즉 Company를 분석하는 과정에서 SWOT분석 실시
STEP 2	마케팅전략수립(STP)	• 시장세분화(market segmentation • 표적시장(targeting market) • 위치선정(positioning)
STEP 3	실행계획수립 (4P & PLC)	• 4P – Price, Place, Promotion, Production • PLC – Product Life Cycle 관리
STEP 4	실행 및 평가 (Implementation & Monitoring)	• 전략의 실행 • 전략의 수행이후 결과 평가 • 문제점 도출 및 개선 방안 도출

마케팅 전략 수립 절차

활동지 양식 ㉑ 자신의 미래비전 달성을 위한 SWOT분석을 해보자.

● 아래의 활동지 양식에 자신의 미래 비전을 달성하기 위해 필요한 SWOT분석 내용을 작성하시오.

[SWOT분석표]

강점요인 (Strengths)	
약점요인 (Weaknesses)	
기회요인 (Opportunities)	
위협요인 (Threats)	

활동지 양식 ㉒ 조별 아이디어에 대해 3C분석을 해 봅시다.[95)]

● 아래의 활동지에 자신이 속한 조의 아이디어를 제품화하여 사업화한다는 가정 하에 빈칸을 작성하시오.

[3C분석표]

3C	평가요소	목표/현황
고객 (Customer)	▪ 전체시장규모	
	▪ 연평균 시장성장률	
	▪ 고객 만족(인지)도(자사)	
경쟁사 (Competitor)	▪ 직접 경쟁사(현존 기업)	
	▪ 잠재적 경쟁사 (가상기업 혹은 조직)	
자사 (Company)	▪ 기업의 전략적 매출목표	
	▪ 2019목표시장 점유율	
	▪ 보유자산(인적, 물적)	

[SWOT분석표]

강점요인 (Strengths)	
약점요인 (Weaknesses)	
기회요인 (Opportunities)	
위협요인 (Threats)	

95) 참조: 새로운 모색과 창조, 한국청년기업가정신재단

새벽안개

-박 기 호

산허리 춤에
떠억 걸터앉아
물끄러미 세상을 보다.

세상은 잠에 취해
사리분별 못하는 즈음에.
지난 시간의 잡다한 상념을
잠재우고 있다.

동녘이 밝기전
치맛자락 거두고
갈 길 가야지.

내 치맛자락에
묻은 세월의 얼룩까지
동이고 가련다.

새벽안개는 흐르고
그리움도 속절없이 흐르다.

누가 시키지 않아도
우기며 제 갈 길만 간다.
그 놈의 세월은.